Die Rechtsgüter des strafbewehrten Organhandelsverbotes

RECHT *&* MEDIZIN

Herausgegeben von den Professoren
Dr. Erwin Deutsch, Dr. Bernd-Rüdiger Kern, Dr. Adolf Laufs, Dr. Hans Lilie,
Dr. Andreas Spickhoff, Dr. Hans-Ludwig Schreiber

Bd./Vol. 99

PETER LANG

Frankfurt am Main · Berlin · Bern · Bruxelles · New York · Oxford · Wien

Stefanie Schulte

Die Rechtsgüter des strafbewehrten Organhandelsverbotes

Zum Spannungsfeld
von Selbstbestimmungsrecht und
staatlichem Paternalismus

PETER LANG
Internationaler Verlag der Wissenschaften

Bibliografische Information der Deutschen Nationalbibliothek
Die Deutsche Nationalbibliothek verzeichnet diese Publikation
in der Deutschen Nationalbibliografie; detaillierte bibliografische
Daten sind im Internet über http://dnb.d-nb.de abrufbar.

Zugl.: Marburg, Univ., Diss., 2009

D4
ISSN 0172-116X
ISBN 978-3-631-58730-0
© Peter Lang GmbH
Internationaler Verlag der Wissenschaften
Frankfurt am Main 2009
Alle Rechte vorbehalten.

Meinen Eltern
In Liebe und Dankbarkeit

Vorwort

Die vorliegende Arbeit hat der juristischen Fakultät der Philipps-Universität zu Marburg im Wintersemester 2008/2009 als Dissertation vorgelegen.

Mein ganz besonderer Dank gilt meinem verehrten Doktorvater Herrn Prof. Dr. Georg Freund, der diese Arbeit stets intensiv betreut und gefördert hat. Ich bedanke mich herzlich für die zahlreichen Diskussionen und Fachgespräche, für die er sich immer viel Zeit nahm.

Bei Herrn Prof. Dr. Dieter Rössner bedanke ich mich für die Erstellung des Zweitgutachtens.

Zudem möchte ich mich ganz herzlich bei meinen Eltern bedanken. Ihre uneingeschränkte Förderung meiner Ausbildung und ihre liebevolle Unterstützung haben die Anfertigung dieser Arbeit erst ermöglicht.

Schließlich bedanke ich mich bei Johannes Lohmeyer, der mir die Kraft und Ruhe gegeben hat, diese Arbeit zu schreiben.

Hannover, im Mai 2009   Stefanie Schulte

Inhaltsverzeichnis

15

A. Einleitung

I. Problemaufriss

Das Recht auf Selbstbestimmung gehört zu den wichtigsten verfassungsrechtlich geschützten Rechten, die dem Menschen zustehen. Ohne das Recht auf Selbstbestimmung wäre eine freiheitliche Gesellschaftsordnung, wie sie in Deutschland besteht, nicht möglich.

Es gibt viele Situationen, in denen der Staat das Recht des Bürgers auf freie Selbstbestimmung einschränkt. Solche Einschränkungen sind dann legitim, wenn das Verhalten eines Bürgers widerrechtlich einen anderen Bürger an der Ausübung seiner Rechte hindert. Es gibt jedoch auch Bereiche, in denen staatliche Verhaltensnormen zumindest prima facie (auch) den Zweck haben, den Bürger vor sich selbst zu schützen. Eine solche Verhaltensnorm findet sich z. B. in den §§ 17, 18 des Transplantationsgesetzes (TPG). Die §§ 17, 18 TPG regeln das Organhandelsverbot. Danach ist es verboten, mit Organen oder Geweben, die einer Heilbehandlung zu dienen bestimmt sind, Handel zu treiben[1]. Ebenso ist es verboten, solche Organe oder Gewebe zu entnehmen, auf einen anderen Menschen zu übertragen oder sich übertragen zu lassen[2]. Ein Verstoß gegen dieses Verbot kann sogar mit den Mitteln des Strafrechts geahndet werden.

Im Rahmen dieser Arbeit wird thematisiert, ob der Staat – sowohl in grundsätzlicher Hinsicht als auch im Besonderen im Bereich der Organspende und des Organhandels – das Recht hat, das Selbstbestimmungsrecht des Bürgers einzuschränken, um diesen vor seinen eigenen Entscheidungen zu schützen.

Der Bereich des Organhandels ist in diesem Zusammenhang besonders interessant, da hier das Verbot u. a. mit der Kommerzialisierung und damit einhergehenden (Selbst-)Entwürdigung des Menschen begründet wird. Die Kommerzialisierung des Menschen bzw. des menschlichen Körpers findet jedoch in den meisten Bereichen des Lebens statt. Zu denken ist in diesem Zusammenhang an bezahlte Arbeit, die Nutzung menschlicher Körper zu Werbezwecken, den Verkauf von Blut oder Haaren oder auch die Prostitution. All diese Formen der Selbstkommerzialisierung sind erlaubt oder teilweise sogar im Hinblick auf das Funktionieren unseres gesellschaftlichen und wirtschaftlichen Systems erwünscht.

---

1 Vgl. § 17 TPG.
2 Vgl. § 17 TPG.

Auch beschränken sich Kommerzialisierungsverbote – wie z. B. im Rahmen der Grundrechtecharta oder der Biomedizinkonvention – auf die Bereiche Medizin und Biologie[3]. Es kommt daher der Verdacht auf, dass das Organhandelsverbot in Teilbereichen lediglich gesellschaftliche Tabus schützen soll[4]. Der Frage, ob – und falls ja, inwieweit – man Organhandel verbieten darf, schenkt diese Untersuchung daher besonderes Augenmerk. Dabei wird davon ausgegangen, dass die Funktion des Rechts lediglich darin besteht, ein angemessen geordnetes Zusammenleben zwischen den Menschen zu ermöglichen. Gesetze und andere Normen schaffen einen Rahmen für das Verhalten von Bürgern, die in ihren Entscheidungen grundsätzlich frei sind. Es ist nicht Aufgabe des Rechts, dem Bürger Verhaltensweisen konkret vorzuschreiben, die ihm zu einem „besseren" Leben verhelfen oder ihn zu einem „guten" Menschen machen[5].

Neben der Beleuchtung des Spannungsfeldes zwischen Selbstbestimmungsrecht und Paternalismus wird aber auch die grundsätzlichere Frage der gesetzgeberischen Normsetzungsbefugnis diskutiert[6]. Der Staat stellt in allen Lebensbereichen Normen auf, die das Verhalten der Bürger regeln sollen. Es stellt sich die Frage, woher genau der Staat dieses Recht bezieht und warum er es hat. Im Falle des Organhandelsverbotes gibt der Gesetzgeber bestimmte Gründe an, Rechtsgüter, aus denen sich – bei Vorliegen weiterer Voraussetzungen[7] – die Einschränkung des Selbstbestimmungsrechtes legitimieren lassen soll. Die Arbeit wird untersuchen, inwiefern diese Rechtsgüter tatsächlich geeignet sind, eine

---

3 So *Taupitz*, in: Taupitz, Kommerzialisierung, S. 1, 3; *Zech*, in: Taupitz, Kommerzialisierung, S. 325, 329.

4 Es soll nicht geleugnet werden, dass man unter rein moralischen Gesichtspunkten natürlich durchaus die Kommerzialisierung des Leibes an sich als partielle Selbstaufgabe sehen und ablehnen kann. Ein Verbot dieser Selbstinstrumentalisierung ist deshalb jedoch noch lange nicht angebracht. In einer pluralistischen Gesellschaft wie der unseren gehen Auffassungen über Moral immer auseinander. Es kann daher nicht Aufgabe des Staates sein, den Bürger moralisch zu bevormunden. Das Organhandelsverbot befürwortende Stimmen erwecken den Eindruck, als solle das Bild einer selbstlos handelnden Hilfsgemeinschaft heraufbeschworen werden, die jedoch – trotz einiger Ausnahmeerscheinungen wie z. B. ehrenamtlicher Arbeit – mit der Realität in unserer Gesellschaft nicht viel zu tun hat.

5 Wobei der Staat derjenige wäre, der entscheidet, was ein „besseres" Leben und einen „guten" Menschen ausmacht.

6 Dazu *Freund*, Erfolgsdelikt, S. 51 ff.

7 Es reicht zur Legitimation einer Norm nicht aus, dass der Gesetzgeber einen bestimmten Grund bzw. ein Ziel oder eine Zwecksetzung angibt, die durch die Norm erreicht bzw. verwirklicht werden soll. Als weitere Voraussetzungen kommen hinzu, dass die Norm im Hinblick auf dieses Ziel geeignet, erforderlich und angemessen sein muss. Da die Verhaltensnormen immer die Freiheit eines Bürgers verkürzt, ist dies notwendig.

Einschränkung der Handlungsfreiheit zu rechtfertigen. Die vom Gesetzgeber genannten Rechtsgüter lassen sich in zwei Kategorien unterteilen. Zum einen handelt es sich um Rechtsgüter des Individuums, zum anderen um Rechtsgüter der Allgemeinheit. Zu den Rechtsgütern des Individuums zählen die Menschenwürde, die körperliche Unversehrtheit und der Schutz vor Ausbeutung von existentiellen Notlagen. Als Rechtsgüter der Allgemeinheit werden die Bekämpfung des Organhandels in der Dritten Welt, das Pietätsgefühl der Allgemeinheit und die Integrität der Transplantationsmedizin genannt. Zur Rechtfertigung der Verhaltensnorm müsste bereits jedes Rechtsgut isoliert betrachtet zumindest grundsätzlich geeignet sein, das Organhandelsverbot und damit die Einschränkung des Rechts auf Selbstbestimmung zu rechtfertigen. Es entsteht jedoch der Eindruck, der Gesetzgeber habe alle möglichen Gründe zusammen gesucht, die jeweils einzeln betrachtet keinen tragfähigen Legitimationsgrund bilden, die dann aber zusammen genommen eine Legitimationsgrundlage bilden sollen. Nur weil man mehrere – einzeln betrachtet – nicht überzeugende Gründe für ein Verbot zusammennimmt, entsteht aber noch kein ausreichendes Argument. In diesem Kontext müssen zwei Fragen unterschieden werden: Zum einen geht es darum, ob der Staat überhaupt das Recht hat, das Selbstbestimmungsrecht seiner Bürger einzuschränken, um diese vor sich selbst zu schützen. Die zweite Frage dreht sich um die spezielle Legitimation des Einsatzes von Strafe als besonderem Mittel der Gehorsamserzwingung[8].

II. Gang der Untersuchung

Am Beispiel des Organhandelsverbotes soll das Spannungsfeld zwischen Selbstbestimmungsrecht und staatlichem Paternalismus geprüft werden.

Ein Hauptaspekt der Untersuchung ist dabei die Frage, ob die vom Gesetzgeber genannten Rechtsgüter tatsächlich geeignet sind, ein Organhandelsverbot zu rechtfertigen. Nur wenn dies bejaht werden kann, stellt sich in einem zweiten Schritt die Frage, ob zur Aufrechterhaltung der Geltungskraft der Verhaltensnorm tatsächlich das Strafrecht notwendig und angemessen ist. Bevor jedoch auf die einzelnen Rechtsgüter eingegangen werden kann, bedarf es der Klärung des Grundlagenproblems.

Im ersten Kapitel wird deshalb auf das Selbstbestimmungsrecht sowie den staatlichen Paternalismus eingegangen. Zuerst werden die Begrifflichkeiten

---

8 Mit diesen Fragen befasst sich auch die aktuelle Entscheidung des *BVerfG* zur Verfassungsmäßigkeit des Geschwisterinzestverbotes, *BVerfG*, Beschl. des Zweiten Senats vom 26.02.2008, 2 BvR 392/07.

„Selbstbestimmungsrecht", „Paternalismus" und insbesondere „Strafrechtspaternalismus" erörtert. Es folgt die Diskussion, in welcher Beziehung diese Begriffe zueinander stehen und inwiefern ein das Selbstbestimmungsrecht einschränkender Paternalismus wünschenswert oder sogar notwendig ist. Der Staat erlaubt dem Individuum viele gefährliche Verhaltensweisen, wie z. B. das Auto- oder Motorradfahren oder das Trinken von Alkohol. Solche Aktivitäten sind aber häufig an bestimmte Verhaltensanforderungen respektive Pflichten – wie z. B. das Tragen eines Schutzhelms – geknüpft. Es wird in diesem Teil der Arbeit gezeigt, warum das Aufstellen solcher Verhaltensanforderungen trotz des grundsätzlich beachtenswerten Rechts auf Selbstbestimmung durchaus legitim sein kann.

In einem weiteren Kapitel wird der Begriff des Rechtsguts geklärt. Nach einer Darstellung und Analyse verschiedener Definitionsversuche aus der Vergangenheit und Gegenwart erfolgt eine Begriffsbestimmung, mit der im Rahmen dieser Untersuchung gearbeitet wird.

Nachdem die Grundlagen geschaffen wurden, um eine spezielle (strafbewehrte) Verhaltensnorm auf ihre Rechtmäßigkeit hin zu prüfen, erfolgt eine Untersuchung der unterschiedlichen Rechtsgüter des Organhandelsverbotes. Jedes Rechtsgut wird daraufhin begutachtet, ob es für sich genommen bereits geeignet ist, das Verbot *in seiner jetzigen Form* zu legitimieren. Diese Frage ist – um schon hier das klare Ergebnis vorwegzunehmen – für jedes der zu untersuchenden Rechtsgüter zu verneinen.

In einem weiteren Schritt wird die Ebene der Sanktionsnorm untersucht. Da bereits geklärt wurde, dass das in den §§ 17, 18 TPG normierte Organhandelsverbot sich in der gegenwärtigen Form nicht rechtfertigen lässt, wird auf dieser Ebene eine weniger umfassende Verhaltensnorm zugrunde gelegt, und zwar eine solche, die sich hinsichtlich der von dem Verhalten betroffenen Rechtsgüter tatsächlich legitimieren lässt.

Als Ergebnis ist festzuhalten, dass der Staat den Handel mit menschlichen Organen grundsätzlich einschränken und reglementieren darf. In weiten Teilen ist das bestehende Organhandelsverbot jedoch im Hinblick auf das Selbstbestimmungsrecht viel zu weit geraten. In einer Situation, in der sich ein mündiger Bürger nach freiem Willen für die Veräußerung eines nicht lebensnotwendigen Organs entscheidet – sei es zu Lebzeiten oder im Fall des Todes – darf der Staat ihn grundsätzlich nicht daran hindern. Staatlicher Paternalismus kann in Lebensbereichen angebracht sein, in denen der Bürger sich eines Risikos schon nicht bewusst ist oder ein solches jedenfalls nicht ausreichend erfasst. Er darf aber nicht dazu führen, einer vollverantwortlich – insbesondere im Bewusstsein der zutreffend eingeschätzten Gefahren – handelnden Person risikoreiche Entscheidungen zu versagen.

B. Allgemeine Grundlagen: Das Verbot des Organhandels im Spannungsfeld zwischen Selbstbestimmungsrecht und staatlichem Paternalismus

Im Folgenden soll die Basis für die in dieser Arbeit thematisierte Problematik gelegt werden. In Frage steht ein Recht des Staates, das Selbstbestimmungsrecht des Bürgers einzuschränken, um diesen vor seinen eigenen Entscheidungen zu schützen. Da – wie sich zeigen wird – dieses Recht grundsätzlich zu bejahen ist, müssen in einem weiteren Schritt die Grenzen des gesetzgeberischen Handelns aufgezeigt werden.

Nach der Erörterung der Rechte des Einzelnen auf körperbezogene Selbstbestimmung und Selbstkommerzialisierung stellt sich die Frage, was genau unter den Begriffen „staatlicher Paternalismus" bzw. „Strafrechtspaternalismus" verstanden wird. Es folgen Ausführungen darüber, in welcher Beziehung diese beiden Begrifflichkeiten stehen und inwiefern einschränkender Paternalismus wünschenswert oder sogar notwendig sein kann.

I. Die Rechte auf körperbezogene Selbstbestimmung und Selbstkommerzialisierung

1. Die verfassungsrechtliche Verankerung des Rechts auf körperbezogene Selbstbestimmung

Das Recht auf körperbezogene Selbstbestimmung umfasst die Freiheit, grundsätzlich mit dem eigenen Körper tun und lassen zu können, was man möchte. Hinsichtlich der Frage, an welcher Stelle in der Verfassung dieses Recht genau verankert ist, herrscht bislang keine Einigkeit. Dieses Recht ist nach verbreiteter Auffassung vom Schutzbereich der in Art. 2 I GG normierten allgemeinen Handlungsfreiheit umfasst.

Lange Zeit war nicht klar, ob der Begriff der freien Entfaltung der Persönlichkeit alle menschlichen Verhaltensweisen umfasst oder ob Art. 2 I GG lediglich bestimmte Verhaltensweisen meint, „ohne [die] der Mensch seine Wesensanlage als geistig-sittliche Person überhaupt nicht entfalten kann"[9] [10]. Das *BVerfG*

---

9 BVerfGE 6, 32, 36.
10 *Starck*, in: v. Mangoldt/Klein/Starck, Art. 2 I Rn. 4.

hat in der aus diesem Grund berühmt gewordenen Elfes-Entscheidung[11] klargestellt, dass Art. 2 I GG alle Handlungen umfasst, unabhängig von ihrem „Wert" für die geistig-sittliche Entfaltung der Persönlichkeit. Dieser Auffassung sind sowohl die Mehrheit im Schrifttum als auch die übrige Rechtsprechung gefolgt[12]. Auch wenn es heute noch Gegner[13] dieser Auslegung gibt, gewährt Art. 2 I GG richtigerweise einen umfassenden Freiheitsschutz und kann als Recht der allgemeinen Handlungsfreiheit bezeichnet werden. Dazu gehört auch das Recht auf körperbezogene Selbstbestimmung.

Bei der allgemeinen Handlungsfreiheit handelt es sich allerdings um einen „Auffangtatbestand"[14], der nur dann einschlägig ist, wenn die betroffene Handlung nicht in den Schutzbereich eines speziellen Freiheitsrechts fällt. Als spezieles Freiheitsrecht im Falle der körperbezogenen Selbstbestimmung wird von einigen Stimmen in Rechtsprechung und Literatur Art. 2 II S. 1 Alt. 2 GG genannt. Art. 2 II S. 1 Alt. 2 GG enthält das Grundrecht auf körperliche Unversehrtheit. Das Grundrecht hat vor allem die Aufgabe, den einzelnen Bürger gegen den Staat zu schützen und damit in jedem Fall eine abwehrrechtliche Dimension[15]. Grundsätzlich steht das Recht auf körperliche Unversehrtheit zu Art. 2 I GG im Verhältnis der Spezialität[16]. Ob aus Art. 2 II S. 1 Alt. 2 GG jedoch ein Recht abgeleitet werden kann, eigenverantwortlich über die körperliche Integrität zu disponieren, wird kontrovers diskutiert. *Pfeiffer* spricht sich für eine Einordnung unter Art. 2 II S. 1 Alt. 2 GG aus mit der Begründung, das körperbezogene Selbstbestimmungsrecht sei Teil des Rechts am Körper und an der Gesundheit. Eine Unterscheidung zwischen dem Rechtsgut und dem Selbstbestimmungsrecht über das Rechtsgut im Rahmen einer Verankerung in der Verfassung würde einen einheitlichen Sachverhalt künstlich aufspalten[17]. Zu diesem Ergebnis kommt auch *Kübler*[18], wenngleich mit einer anderen Begründung. Für sie ist das Recht auf körperliche Unversehrtheit die negative Komponente des Grundrechts aus Art. 2 II S. 1 Alt. 2 GG. Folglich sieht sie in dem Recht, über die eigene körperliche Unversehrtheit zu verfügen, die entsprechende, das Grundrecht vervollständigende, positive Komponente. Dieser Ansicht nach handelt es sich bei der körperbe-

---

11 BVerfGE 6, 32 ff.
12 Vgl. z. B. BVerwGE 45, 224, 227; BVerfGE 54, 145, 146; BVerfGE 80, 137, 152; *Kunig*, in: v. Münch/Kunig, Art. 2 Rn. 13; *Schnapp*, NJW 1998, 960; a.A. *Peters*, FS für Laun, S. 669, 673; *Duttge*, NJW 1997, 3353 ff.
13 *Hesse*, Grundzüge, Rn. 428.
14 *Erichsen*, in: Isensee/Kirchhof, Handbuch Band 6, § 152 Rn. 13.
15 *Murswiek*, in: Sachs, Art. 2; *Starck*, in: v. Mangoldt/Klein/Starck, Art. 2 II; *Esser*, Verfassungsrechtliche Aspekte der Lebendspende, S. 68.
16 *Starck*, in: v. Mangoldt/Klein/Starck, Art. 2 Abs. 1 Rn. 58.
17 *Pfeiffer*, Lebendorganspende, S. 52.
18 *Kübler*, Verfassungsrechtliche Aspekte, S. 37 f.

zogenen Selbstbestimmung, im Speziellen bei der Spende von Körpersubstanzen, um ein in Art. 2 II 1 Alt. 2 GG mitgeschütztes Recht. Diesem Ansatz widersprechend führt *Kunig* aus, dass das „Recht zu leben" kein Recht auf Beendigung des eigenen Lebens beinhalte, das Grundrecht somit keine Negativkomponente besitze. So äußert sich auch *Schwabe*, der bereits im Wortlaut verdeutlicht sieht, dass das Grundrecht auf körperliche Unversehrtheit eine rein abwehrrechtliche Dimension hat und dem Einzelnen nicht die Freiheit gibt, über den eigenen Körper „nach Gutdünken zu verfügen"[19]. Für eine Verankerung des körperbezogenen Selbstbestimmungsrechts in Art. 2 II 1 Alt. 2 GG könnte sprechen, dass der Einzelne das Recht hat, den Grundrechtsschutz nicht wahrzunehmen. Der Staat soll nicht die Möglichkeit haben, den Bürger zur Wahrnehmung seiner Grundrechte zu verpflichten und ihn zu „seinem Glück zu zwingen"[20].

Dagegen wendet sich *Esser*, der zu Bedenken gibt, dass eine negative Komponente prinzipiell nur bei den in der Verfassung verankerten Handlungsfreiheiten anerkannt sei, im Rahmen des Rechts auf körperliche Unversehrtheit aber keine entscheidende Rolle spiele[21]. Nach *Esser* ist eine Verallgemeinerung nicht möglich und auch die meisten Stimmen in der Literatur[22], die eine negative Komponente grundsätzlich als vorhanden ansehen, halten immer eine Prüfung im Einzelfall für erforderlich[23]. Verallgemeinernde Aussagen ablehnend diskutiert *Esser*, inwiefern das Recht auf körperbezogene Selbstbestimmung unter Auslegungsgesichtspunkten dem Schutzbereich des Art. 2 II 1 Alt. 2 GG zuzuordnen ist. Seiner Auffassung nach könne das Recht auf körperbezogene Selbstbestimmung nicht in Art. 2 II 1 Alt. 2 GG verankert sein, da sowohl der Wortlaut („Recht auf körperliche Unversehrtheit" und nicht „Recht, über die körperliche Unversehrtheit") als auch die historische[24] und die teleologische Auslegung zu dem Ergebnis kämen, dass Art. 2 II S. 1 GG allein eine abwehrrechtliche Funktion habe[25].

Gegen das entstehungsgeschichtliche Argument *Essers* spricht zwar, dass der Anlass der Entstehung nicht den normativen Gehalt begrenzt[26]. Selbst wenn

---

19 *Schwabe*, JZ 1998, 66, 67.
20 So beschrieben bei *Esser*, S. 68 f. und Fn. 262.
21 *Hellermann*, Die sogenannte negative Seite der Grundrechte, S. 33.
22 *Bleckmann*, Staatsrecht II – Die Grundrechte, S. 358.
23 *Esser*, Verfassungsrechtliche Aspekte, S. 69.
24 Die Aufnahme des Art. 2 II GG in die Verfassung begründet sich mit den Erfahrungen der Deutschen im Dritten Reich. Eine Wiederholung dieser Zeit sollte rigoros ausgeschlossen werden, um eine weitere Missachtung des Anspruchs auf Leben und körperliche Unversehrtheit durch den Staat unmöglich zu machen, vgl. dazu BVerfGE 39, 1, 36; *Stein*, Staatsrecht, S. 266; *Jarass*, in: Jarass/Pieroth, Art. 2 Rn. 43.
25 *Esser*, Verfassungsrechtliche Aspekte, S. 70 f.
26 BVerfG NJW 1979, 1925, 1931.

Art. 2 II GG Ausdruck einer durch die Väter und Mütter des Grundgesetzes gesehenen Gefahr der Wiederholung des Dritten Reiches ist, heißt das nicht, dass ihm nicht die negative Komponente inne wohnen kann, über die eigene körperliche Unversehrtheit zu verfügen[27]. Die Freiheit zur Selbstbestimmung wird vielmehr durch Art. 2 II 1 GG besonders hervorgehoben und verbürgt[28]. Insofern ist die Argumentation *Essers* nicht ganz schlüssig. Demgegenüber bringt die Auslegung des Wortlauts mehr Klarheit. Hier heißt es eindeutig „Recht auf körperliche Unversehrtheit". Der Verfassungsgeber, der wohl tatsächlich in erster Linie ein Abwehrrecht für den Bürger schaffen wollte, hätte wahrscheinlich einen anderen Wortlaut gewählt, hätte er das körperbezogene Selbstbestimmungsrecht unter den Schutzbereich der Norm fassen wollen. Wer das „Recht auf körperliche Unversehrtheit" hat, ist berechtigt, Eingriff des Staates in seine körperliche Integrität abzuwehren. Dass ihm ein darüber hinausgehendes Recht durch Art. 2 II 1 Alt. 2 GG zustehen soll, ist nicht ersichtlich[29]. Auch die teleologische Auslegung der Norm spricht eher gegen eine Einbeziehung des körperbezogenen Selbstbestimmungsrechts in den Schutzbereich. Im Rahmen der teleologischen Auslegung wird das Telos einer Norm – d. h. der Sinn und Zweck einer Regelung – zu deren Konkretisierung herangezogen. Es geht somit um die Frage, welche Rechtsgüter die gesetzliche Regelung schützen will und welche Interessen sie verfolgt[30]. An dieser Stelle kann wieder die Historie, die bei der teleologischen Auslegung meistens mit einfließt, herangezogen werden. Es ging dem Gesetzgeber darum, die Schrecken der Naziherrschaft zu verarbeiten und eine Wiederholung dieser Zeit zu verhindern. Angesichts der Tatsache, dass sehr viele Menschen in missbräuchlicher Weise in ihrer körperlichen Integrität beeinträchtigt wurden, ist davon auszugehen, dass der Gesetzgeber die Intention hatte, den Menschen durch die Verfassung den nötigen Schutz gegen eine solche Schreckensherrschaft zu geben.

Dementsprechend ist eine Einbeziehung der Selbstschädigungskomponente des allgemeinen körperbezogenen Selbstbestimmungsrechts in den speziellen Schutzbereich des Art. 2 II S. 1 Alt. 2 GG wohl eher zu verneinen. In diesem Sinne äußert sich auch *Schroth*, der den Schutzbereich des Art. 2 I GG als Auffanggrundrecht tangiert sieht, wenn einer autonomen, geschäftsfähigen Person

---

27 Negativ heißt in diesem Zusammenhang, dass die körperliche Unversehrtheit nicht geschützt, sondern beeinträchtigt wird. Eine Bewertung, ob diese Beeinträchtigung der körperlichen Unversehrtheit mit Vor- oder Nachteilen verbunden ist, erfolgt nicht.

28 BVerfG NJW 1979, 1925, 1931.

29 So in Bezug auf Art. 2 II 1 Alt. 1 GG *Kunig*, in: v. Münch/Kunig, Art. 2 Rn. 50, der ausführt, dass das Recht auf Leben nicht das Recht über das eigene Leben beinhaltet; vgl. auch *Esser*, Verfassungsrechtliche Aspekte, S. 70 f.

30 *Gern*, Verwaltungsarchiv 80, 415, 419.

das Recht abgesprochen wird, aus altruistischen Motiven ihr körperbezogenes Selbstbestimmungsrecht auszuüben[31].

Da – zur Vermeidung unangemessener Schutzlücken – der weiten Auslegung des Art. 2 I GG als Auffangtatbestand zu folgen ist, unterfällt das Recht auf körperbezogene Selbstbestimmung nach allem Bisherigen immerhin dem Grundrecht der allgemeinen Handlungsfreiheit.

2. Die verfassungsrechtliche Verankerung des Rechts auf Selbstkommerzialisierung

Art. 2 I GG ist nach richtiger Auffassung extensiv auszulegen. Allerdings handelt es sich um ein „Auffanggrundrecht", das nur einschlägig ist, sofern nicht der Schutzbereich eines speziellen Freiheitsgrundrechts betroffen ist. Die Frage, von welchem Grundrecht die menschliche Selbstkommerzialisierung erfasst ist, lässt sich nicht einheitlich beantworten. Für die eigene Arbeitskraft wird meistens der Schutzbereich des Art. 12 GG zur Verfügung stehen. Wenn es aber um die Veräußerung eigener Körperteile geht, dann ist in der Regel weder Art. 12 GG noch ein anderes spezielles Freiheitsrecht einschlägig. Mangels eines speziellen Freiheitsgrundrechts ist deshalb diese Form der Kommerzialisierung des Körpers vom Auffangtatbestand des Art. 2 I GG umfasst.

3. Zusammenfassendes Ergebnis

Das Recht auf körperbezogene Selbstbestimmung ist in seiner Funktion als Abwehrrecht des Bürgers gegen staatliche Eingriffe vom Schutzbereich des Art. 2 II S. 1 Alt. 2 GG umfasst. Ein Recht auf Beeinträchtigung der eigenen Körperintegrität lässt sich Art. 2 II S. 1 Alt. 2 GG jedoch nicht entnehmen. Indessen unterfällt dieses Recht dem Schutzbereich der allgemeinen Handlungsfreiheit, Art. 2 I GG. Ebenso verhält es sich grundsätzlich mit dem Recht auf Kommerzialisierung des eigenen Körpers.

---

31 *Schroth*, JZ 1997, 1149.

II. Staatlicher Paternalismus

1. Der Begriff des Paternalismus

„Paternalismus" bezeichnet Regelungen und Maßnahmen, die einem anderen Schutz aufzuzwingen, unabhängig davon, ob dieser Schutz erwünscht ist oder nicht[32]. Die Freiheit der Person wird eingeschränkt, indem diese eine Handlungsalternative nicht treffen darf, weil sie dem vermeintlichen oder tatsächlichen Wohl dieser Person abträglich ist[33]. Der Staat nimmt den Bürger bildlich gesprochen an die Hand und entscheidet für ihn in Bezug auf Risiken und Selbstschädigungen („Vater Staat"). Paternalismus ist somit gekennzeichnet durch die Komponenten „(vermeintliches) Wohl des Betroffenen" und „Zwang"[34]. Letzteres unterscheidet ihn von anderen staatlichen Hilfsmaßnahmen, bei denen der Betroffene wählen kann, ob er sie annehmen möchte oder nicht[35]. Bei staatlicher Bevormundung kann es um trivial erscheinende Verhaltensweisen gehen, wie z. B. die Gurt- und Helmpflicht, aber auch um solche, die den Bürger stark einschränken. Ein vieldiskutiertes Beispiel für staatlichen Paternalismus ist die Peep-Show-Entscheidung des *Bundesverwaltungsgerichts*[36]. In der Peep-Show-Entscheidung hat das Gericht Peep-Shows[37] mit der Begründung untersagt, die Darstellerinnen würden ihre Menschenwürde verletzen. Obwohl die Frauen sich freiwillig den Blicken der Männer aussetzten, wurde ihnen dieses Verhalten verboten. Im Gegensatz zu anderen freiheitseinschränkenden Maßnahmen des Staates geht es bei paternalistischen Normen nicht darum, Dritte oder die Allgemeinheit zu schützen. Der spezifische Zweck einer paternalistischen Norm liegt vielmehr darin, eine Person vor sich selbst zu schützen. Genau hier liegt der „Knackpunkt". Dass die eigene Freiheit zum Schutze anderer eingeschränkt wird, können die meisten Menschen einsehen. So setzt der Staat zum Beispiel in § 242 StGB die Verhaltensnorm voraus[38], dass man andere Menschen nicht bestehlen darf. Die Freiheitsbeschränkung des einen Bürgers resultiert hier also aus dem Schutzbedürfnis des anderen Bürgers.

---

32 *Heinig*, in: Anderheiden, Paternalismus und Recht, S. 157, 165 f.; *Möller*, Paternalismus, S. 11.
33 *Möller*, Paternalismus, S. 11; *Schroth*, in: FS für Roxin, S. 869, 875.
34 *Eidenmüller*, Effizienz, § 9 A.
35 *von Hirsch*, in: Anderheiden, Paternalismus und Recht, S. 235, 236.
36 BVerwGE 64, 274 ff; zu der Entscheidung äußert sich auch *Eidenmüller*, Effizienz, § 9 A.
37 Bei Peep-Shows können Männer durch eine Art Loch in der Wand (nackte) Frauen beobachten, die wiederum die Männer nicht sehen können und daher nicht wissen, ob und von wem sie tatsächlich beobachtet werden.
38 Normentheoretisch handelt es sich bei § 242 StGB um eine Sanktionsnorm.

Die Einschränkung der Freiheit zum Schutz ihrer selbst behagt jedoch vielen Menschen nicht, sie fühlen sich in ihrer Autonomie beschnitten.

Diese kritische Haltung gegenüber staatlichem Paternalismus ist eine Erscheinung der modernen Zeit, viele Jahrhunderte wurde es als absolut legitim angesehen, dass der Staat über Wohl und Wehe der Bürger bestimmen konnte.

2. Paternalismus und Organhandelsverbot

Auch das Organhandelsverbot ist in weiten Teilen eine paternalistische Norm. Das Verbot wird unter anderem damit begründet, dass es sowohl den Spender als auch den Empfänger schützen will[39]. Der Spender soll vor einer Verletzung seiner Würde, seiner körperlichen Integrität und der Ausnutzung einer finanziellen Notlage bewahrt werden. Der Schutz vor Ausbeutung in einer gesundheitlichen Notlage steht bei dem Empfänger im Vordergrund[40]. Da beide Adressaten der Verhaltensnorm sind, werden sie durch das Verbot vor eigenen Entscheidungen geschützt. Das Organhandelsverbot macht es faktisch unmöglich, mit Organen Handel zu treiben. Selbst wenn sich Spender und Empfänger finden würden, ist es schwierig, in Deutschland ein Krankenhaus für die Operation zu gewinnen. Auch die Mediziner müssten mit staatlichen Gegenmaßnahmen bis hin zu Sanktionen rechnen. Folglich nimmt der Staat dem Einzelnen faktisch die Entscheidung ab, ob er das Risiko eingeht, eines seiner Organe zu verkaufen oder das Organ eines anderen zu erwerben. Das Recht auf Selbstbestimmung wird zurückgesetzt, um einen erwachsenen Menschen davor zu schützen, sich selbst einen „größeren persönlichen Schaden zuzufügen"[41].

Beim Organhandelsverbot handelt es sich allerdings nicht um reinen, sondern um mit anderen Schutzaspekten vermischten Paternalismus[42]. Neben dem Schutz von Spender und Empfänger soll es um den Schutz bestimmter Gemeinschaftsrechtgüter gehen[43].

Zudem ist auch der Arzt, der die Transplantation vornimmt, von einem Verbot betroffen. Im Fall des Verbotes gegenüber dem Arzt enthält der Drittschutz ebenfalls einen paternalistischen Aspekt. Im Unterschied zu den meisten anderen drittschützenden Normen will der Dritte den Schutz nicht. Das Aufstellen einer

---

39 Vgl. BT-Drucks. 13/4355, Begründung zu § 16 Abs. 1 S. 1.
40 Vgl. BT-Drucks. 13/4355, Begründung zu § 16 Abs. 1 S. 1.
41 BVerfG – Beschluss v. 11.08.1999, NJW 1999, S. 3339.
42 *Möller*, Paternalismus, S. 15.
43 Als Gemeinschaftsrechtgüter werden in der Gesetzesbegründung die Integrität der Transplantationsmedizin, das Pietätgefühl der Allgemeinheit und die Bekämpfung des Organhandels in der dritten Welt genannt.

(strafbewehrten) Verhaltensnorm, die einem Menschen untersagt, anderen Personen Hilfe bei einer bewussten Selbstschädigung zu leisten, bezeichnet man als indirekten Paternalismus[44]. Folglich ergibt sich hinsichtlich des Arztes ein Problem, das dem des direkten Paternalismus ähnlich ist[45].

3. Paternalismus im Bereich des Strafrechts

Das Strafrecht dient typischerweise dem Schutz des Einzelnen oder der Gesellschaft vor dem Verhalten eines Anderen oder mehrerer Anderer. In bestimmten Konstellationen versucht der Staat jedoch mit den Mitteln des Strafrechts, den einzelnen Bürger vor sich selbst zu schützen. Paternalismus im Strafrecht liegt vor, wenn selbstschädigende Verhaltensweisen nicht nur verboten sind, sondern mit den Mitteln des Strafrechts geahndet werden.

Problematisch dabei ist, dass eine Person kriminalisiert wird, die niemanden außer sich selbst schädigt. Paternalismus im Strafrecht stellt mit seinen möglichen Folgen den schärfsten Paternalismus dar, den der Staat zu bieten hat. Die Aufstellung paternalistischer Strafnormen durch den deutschen Gesetzgeber ist zwar nicht die Regel, es gibt sie jedoch. Abgesehen von dem Verbot des Organhandels spielt Paternalismus im Strafrecht vor allem im Bereich des Erwerbs und Besitzes von Drogen eine Rolle[46].

---

44 Siehe dazu auch *von Hirsch*, in: Anderheiden, Paternalismus und Recht, S. 235, 235.

45 Für indirekten Paternalismus kann es jedoch (auch im Strafrecht) gute Gründe geben. Ein Beispiel ist § 216 StGB, der die Tötung auf Verlangen bestraft. Man bestraft den Dritten, der die Tötung vollzieht, selbst wenn dessen Handeln dem geäußerten Willen des Opfers entsprach. Dabei geht es nicht – wie man vordergründiger Betrachtung entnehmen könnte – um eine Einschränkung des Rechts auf Selbstbestimmung, sondern vielmehr um dessen Gewährleistung: Die Schwelle, sich selbst zu töten, übersteigt man nicht so leicht wie die, einen anderen Menschen um die Tötungshandlung zu bitten. Man verlangt also dem Sterbewilligen ab, selbst „Hand an sich zu legen", um zu gewährleisten, dass der Tod tatsächlich seinem wahren Willen entspricht. Vgl. dazu *Freund*, in: Janich, Orientierungswissenschaft, S. 149, 158 f.; *Roxin*, AT/1, § 2 Rn. 33.

46 Es ist umstritten, ob es sich bei § 29 I BtMG tatsächlich um eine paternalistische Norm handelt oder ob die Norm nicht doch dem Schutz anderer Menschen, z. B. Minderjähriger, dient. Richtigerweise hat sie jedoch zumindest einen stark paternalistischen Aspekt. Ansonsten könnte man die Absolutheit des Verbotes – im Vergleich z. B. mit starken Alkoholika – nicht erklären.

4. Die Rechtfertigung paternalistischer Gesetzgebung

Die Rechtfertigung paternalistischer Normen ist vor allem im angelsächsischen Bereich intensiv diskutiert worden. Es würde den Rahmen dieser Arbeit sprengen, alle Argumentationsstränge und Ansichten darzustellen und zu erörtern. Im Folgenden werden daher nur die wichtigsten Begründungsversuche nachgezeichnet und diskutiert. Es soll dargelegt werden, weshalb gemäßigter Paternalismus – trotz der in ihm wohnenden Gefahr für das Selbstbestimmungsrecht – in einigen Lebensbereichen durchaus sinnvoll und legitimierbar sein kann.

a. Begründungsversuche für einen staatlichen Paternalismus

aa. Die Gefahr unvernünftiger und unfreiwilliger Entscheidungen

Als Argument für paternalistische Normen wird vor allem die Gefahr unvernünftiger oder unfreiwilliger Entscheidungen genannt[47]. Diese Argumentation spielt auch im Bereich des Organhandelsverbotes eine Rolle. Der Gesetzgeber hält den Bürger nicht für ausreichend fähig, eine freie und verantwortungsvolle Entscheidung zu treffen, wenn er bei einer Entscheidung zugunsten der Spende eine Gegenleistung zu erwarten hat.

(1) Unvernünftige Entscheidungen

In Bezug auf die Vernünftigkeit der Entscheidung lässt sich entgegnen, dass es immer subjektiv ist, was genau als vernünftig angesehen wird. Was für den einen sehr vernünftig ist, kann für einen anderen wiederum sehr unvernünftig sein. Es kommt immer auf eine subjektive Wertung der Vor- und Nachteile einer Entscheidung an. Wer darf einen Mann, der eine Niere verkauft, um sich und seiner Familie ein Leben ohne Schulden oder eine Eigentumswohnung zu ermöglichen, als unvernünftig bezeichnen? Selbst wenn der Mann davon eine Weltreise oder ein Studium finanzieren möchte, darf dies in Anbetracht der doch relativ geringen Mortalitätsrate bei Nierenspenden nicht pauschal als unvernünftig angesehen werden. Wir leben in einem System, in dem erwachsene Bürger eigenständig Entscheidungen treffen (dürfen *und* müssen) und für deren Konsequenzen ausschließlich selbst verantwortlich sind[48]. Dabei spielen immer unsere persönlichen

---

47 Zu diesem Argument bereits *Möller*, Paternalismus, S. 107 ff; zu dem grundsätzlichen Verhältnis zwischen (Un-)Freiwilligkeit und (Un-)Vernunft äußert sich auch *Feinberg*, Harm to self, S. 101 ff.

48 So auch *Frisch*, in: Leipold, Selbstbestimmung in der modernen Gesellschaft, S. 103, 124 f.

Erfahrungen und Werte eine Rolle. Es kann in einem freiheitlichen Rechtssystem weder Aufgabe des Staates sein, dem Bürger Entscheidungen darüber abzunehmen, was vernünftig ist noch darf er von ihm als unvernünftig abgestempelte Verhaltensweisen allein aus diesem Grund verbieten[49].

(2) Unfreiwillige Entscheidungen

Hinsichtlich der Freiwilligkeit der Entscheidung ist das Ergebnis nicht ganz so einfach. Hier stellt sich sofort die Frage, was genau unter dem Begriff der „Freiwilligkeit" zu verstehen ist und wie weit ein solcher Begriff reichen kann[50]. Im Bereich des Organhandels geht der Gesetzgeber davon aus, dass die Freiwilligkeit der Entscheidung nicht mehr gewährleistet ist, wenn der Spender eine Vergütung erhält[51]. Für die Leistung eines Menschen wird jedoch sehr häufig eine Gegenleistung gewährt, meistens in Form von Geld. Es ist davon auszugehen, dass die meisten Menschen viele täglich erbrachte Leistungen nicht erbringen würden, wenn sie keine Gegenleistung oder zumindest Entschädigung dafür bekämen[52]. Folglich stellt sich die Frage, ob die bloße Gabe einer Gegenleistung tatsächlich dazu führen kann, die Freiwilligkeit einer Entscheidung in Frage zu stellen. Diese Frage lässt sich sicherlich nicht in einem Satz beantworten. Ob eine Person freiwillig handelt oder nicht, ist immer eine Frage des Einzelfalls. Die bloße Erwartung eines (finanziellen) Ausgleichs führt nicht automatisch zu einer unfreiwilligen Handlung. Nach *Gutmann* handelt eine Person unfreiwillig bzw. nicht autonom, wenn sie unter Zwang steht[53]. Zwang ist dabei zu unterscheiden von psychischem Druck. Zwang liegt vor, wenn eine Person keine *von ihr selbst* als vernünftig angesehene Alternative zu dem geforderten Verhalten hat und derjeni-

---

49 So auch *Frisch*, in: Leipold, Selbstbestimmung in der modernen Gesellschaft, S. 103, 123.

50 Zu den Fragestellungen, die in diesem Bereich vorhanden sind, gehören die, ob die Freiwilligkeit so weit reicht, die Möglichkeit freier Entscheidungen für immer aufzugeben, sich also selbst zu versklaven oder zu töten. Kann Freiwilligkeit nur so weit reichen, dass diese nicht vollständig aufgegeben werden kann? Die Beantwortung dieser Fragen ist sehr komplex und kann im Rahmen dieser Arbeit nicht geleistet werden.

51 Vgl. dazu auch *Schroth*, in: FS für Roxin, S. 869, 880.

52 Hier soll nicht geleugnet werden, dass Menschen häufig irrationale Entscheidungen treffen, gerade wenn sie dafür eine Gegenleistung bekommen. Es ist Realität, dass Menschen sich häufig nicht rational verhalten und suboptimale Entscheidungen treffen. Der „homo oeconomicus" existiert wahrscheinlich überhaupt nicht. Die Begriffe Rationalität und Freiwilligkeit dürfen also in diesem Zusammenhang nicht verwechselt werden. Vielmehr gehört es gerade zur Freiheit eines Individuums, sich auch irrational verhalten zu dürfen, vgl. dazu *Gutmann*, in: Patientenautonomie, S. 228 f.; *ders.*, Freiwilligkeit als Rechtsbegriff.

53 *Gutmann*, in: Patientenautonomie, S. 245.

ge, der fordert, Unrecht tut. Beide Komponenten müssen erfüllt sein, damit man von Zwang und damit einer unfreiwilligen Entscheidung sprechen kann[54]. Wenn lediglich ein psychischer Druck vorliegt, d. h. einer Person eine Entscheidung wegen der damit verbundenen starken Nachteile oder Nebenwirkungen nicht leicht gemacht wird, dann könne man noch nicht von Unfreiwilligkeit sprechen. Sogar eine Entscheidung, die von der betreffenden Person selbst als alternativlos betrachtet würde, sei demnach nicht unfreiwillig, wenn sie mit dem Wertesystem dieser Person in Einklang stünde[55]. Als Beispiel sei hier der Elternteil genannt, der sich für eine Leberspende entscheidet, weil das Kind ansonsten keine Überlebenschancen hat. Auch wenn hier ein erhöhtes Mortalitätsrisiko bestünde, muss die Entscheidung nicht zwingend unfreiwillig sein. Vielmehr lastet „lediglich" ein enormer psychischer Druck auf dem Elternteil, der sich aufgrund seiner Rolle oder der Liebe zu seinem Kind zu der Operation durchringt. Von einem Zwang kann jedoch nicht notwendigerweise gesprochen werden. Zwang – und damit eine unfreiwillige Entscheidung – läge z. B. vor, wenn der eine Elternteil dem anderen mit starker Misshandlung drohen würde, um diesen zu einer Spende zu veranlassen. Eine Entscheidung ist demnach nicht schon deshalb unfreiwillig, weil es sich um keine leichte Entscheidung handelt. So ist es auch bei dem Verkauf eines Organs. Niemand wird die Frage, ob er ein Organ verkaufen würde, leicht beantworten können. Eine solche Entscheidung bedarf immer einer gewissen Phase der Überlegung und Abwägung, in der alle Vor- und Nachteile gegeneinander abgewogen werden müssen. Die Feststellung, ob die Entscheidung für einen Verkauf freiwillig getroffen wurde, ist immer im Einzelfall zu treffen. Pauschalisierungen hinsichtlich der (Un-)Freiwilligkeit sind daher abzulehnen. Das bedeutet auf der anderen Seite aber auch, dass paternalistische Normen nicht per se unzulässig sind. In den Fällen, in denen Zwang vorliegt oder zu erwarten ist, kann Paternalismus folglich sinnvoll sein.

bb. Unverfügbarkeit und Unantastbarkeit der Menschenwürde

Für das Verbot von Selbstgefährdungen und Selbstschädigungen wird zudem der Gedanke der Unverfügbarkeit und der Unantastbarkeit der Menschenwürde herangezogen[56]. Dieses Argument wird auch vom Gesetzgeber des Organhandelsverbotes vorgebracht. Eine nähere Auseinandersetzung mit dieser Problematik wird in einem späteren Kapitel erfolgen[57]. Soviel schon einmal vorab: Die Men-

---

54 Ausführlicher dazu *Gutmann*, Freiwilligkeit, S. 107 ff.
55 *Gutmann*, in: Patientenautonomie, S. 245 ff.
56 So *Hinrichs*, NJW 2000, 2173, 2175; dazu auch *Eidenmüller* (Effizienz, § 9 B.), der zu dieser Position eine kritische Haltung einnimmt.
57 Vgl. dazu auch *Schroth*, in: FS für Roxin, S. 869, 876.

schenwürde beinhaltet auch, als mündiges Individuum selbständig Entscheidungen treffen zu können und zu dürfen. Wenn der Staat dem Bürger diese Möglichkeit nimmt, beschneidet er damit auch seine Menschenwürde. Deshalb ist es nicht möglich, Selbstgefährdungen und Selbstverletzungen ohne weiteres mit dem Menschenwürdeargument zu verbieten.

cc. Die Maximierung von Autonomie in der Zukunft

Befürworter paternalistischer Normen beharren darauf, dass aktuelle Entscheidungen eines Menschen nicht zu beachten seien, wenn dies die Summe seiner künftig möglichen freien Entscheidungen erhöht[58]. Paternalistische Normen sollen also der Maximierung von Autonomie in der Zukunft dienen. Das Eingreifen des Staates in das Selbstbestimmungsrecht des Bürgers sei dann legitim, wenn es dazu führe, dass der Betroffene in der Zukunft mehr Wahlmöglichkeiten hinsichtlich seines Lebens habe. Eine solche Ansicht würde z. B. dazu führen, dass der Staat das Recht habe, den Bürger von einem freiverantwortlichen Suizid abzuhalten. Schließlich nimmt die Selbsttötung die Möglichkeit, künftig Wahlmöglichkeiten hinsichtlich des eigenen Lebens zu treffen. Eine ähnliche Situation liegt bei der Tötung auf Verlangen vor. Hier wird der Einzelne mittelbar durch das (strafbewehrte) Verbot gegenüber dem potentiellen Täters davor geschützt, sich töten zu lassen. Der Tote hat hinterher per saldo weniger Entscheidungsmöglichkeiten, so dass das Tötungsverbot mit diesem Argument legitim wäre[59]. Dem ist jedoch Folgendes entgegenzuhalten: Jede Entscheidung führt zur Abschneidung von Wahlmöglichkeiten für die Zukunft[60]. Das ist der normale Lauf der Dinge. Wer sich für ein Jurastudium entscheidet, nimmt sich damit in aller Regel die Möglichkeit, später Arzt zu werden. Wer einmal katholisch geheiratet hat, wird nie wieder einen anderen Menschen in einer katholischen Kirche heiraten können. Auf der anderen Seite führt eine getroffene Entscheidung dazu, dass sich Handlungsoptionen für das eigene Leben eröffnen. Die Wahl des Jurastudiums ermöglicht es einem Menschen, später Richter oder Rechtsanwalt zu werden. Hätte er sich nicht für ein solches Studium entschieden, würden ihm diese Berufe verschlossen bleiben. Auch eine Organexplantation zum Zwecke des Organhandels ist eine Entscheidung, durch die dem Individuum Nachteile entstehen, die ihm aber auch viele neue Entscheidungsmöglichkeiten gewähren. Ohne das durch die Transplantation als „Dankeszoll" Erworbene sind ihm viele dadurch eröffnete

---

58 So z. B. *Enderlein*, S. 52 ff. und 552.
59 Die Legitimität des § 216 StGB soll hier trotz der Kritik an diesem Begründungsmodell nicht angezweifelt werden.
60 Vgl. dazu auch *Gutmann*, in: Patientenautonomie, S. 204 f.

Möglichkeiten nicht gegeben. Das ganze Leben besteht somit aus Entscheidungen, mit denen man den Verlauf seines Lebens bestimmt und die einen Menschen einschränken. Im Fall des Tötungsverbotes[61] liegt ein Extremfall vor. Wer sich einmal getötet hat (oder im Falle des § 216 StGB hat töten lassen), dem ist jedwede Entscheidungsmöglichkeit genommen. In einem solchen Fall ließe sich das oben genannte Argument eventuell hören. Aber im Falle des Organhandels und in allen anderen Lebenssituationen, in denen eine Entscheidung Optionen verschließt und andere eröffnet, ist es nicht überzeugend. Es gibt keine „richtige" Antwort darauf, welche Entscheidungen man treffen sollte und welche nicht. Es gibt lediglich unterschiedliche subjektive Bewertungen, die der Einzelne für sich treffen muss. Diese Tatsache führt das oben genannte Argument der Paternalismus-Befürworter ad absurdum.

dd. Der Vorrang von Langzeitpräferenzen

In eine ähnliche Richtung geht die Idee, Paternalismus sei angebracht, wenn die Langzeitpräferenzen einer Person gegen die Zulassung der Kurzzeitpräferenzen sprächen. Man müsse dann in die Kurzzeitpräferenzen eingreifen, um die Langzeitpräferenzen zu schützen. *Cooter* äußert sich dazu wie folgt: „Most normative systems that respect individual values may yet impose some restrictions on preferences that are irrational or destructive, especially those run preferences that undermine the decision maker's ability to follow his long run preferences. Selling oneself into slavery is the classic example"[62]. Langzeitpräferenzen sind allerdings Prognosen. Folglich stellt sich sofort die Frage, wer derjenige ist, der die Langzeitpräferenz festlegt[63]. Letztlich geht es um von der Außenwelt festgelegte Werte, die dem Individuum aufoktroyiert werden sollen[64].

b. Selbstbestimmungsrecht, Ziele und Wertvorstellungen des Individuums

Die bisherigen Überlegungen haben gezeigt, dass staatlicher Paternalismus wegen seines Spannungsverhältnisses zum Selbstbestimmungsrecht – wenn überhaupt – nicht einfach zu begründen ist. Das Selbstbestimmungsrecht ist immer Ausgangspunkt der Frage, ob paternalistische Normen legitim sind. Es ist insbesondere zu beachten, welchen Stellenwert das Selbstbestimmungsrecht für den Einzelnen im konkreten Fall hat. Je bedeutsamer die Entscheidungsfreiheit ist,

---

61 Sowohl im Sinne eines (hypothetischen) Suizidverbotes als auch im Sinne des § 216 StGB.
62 *Cooter*, The Best Right Laws, S. 825.
63 *Eidenmüller*, Effizienz, § 9 C. I.
64 *Eidenmüller*, Effizienz, § 9 C. I.

desto mehr muss sich der Staat in seiner Beschützerrolle beschränken – mag diese auch gut gemeint sein. Wie *Möller* darlegt, muss „der Schutz vor Paternalismus an Intensität gewinnen [...], je größer die Persönlichkeitsrelevanz des unterbundenen Verhaltens in grundrechtlicher Sicht ist"[65].

In vielen Fällen des staatlichen Paternalismus ist es indessen nicht so, dass der Bürger sich tatsächlich selbst schädigen will, er geht nur aus den unterschiedlichsten Gründen das – mehr oder weniger zutreffend eingeschätzte – *Risiko* einer Selbstschädigung ein. Im Falle einer tatsächlichen Schädigung wird er die Folgen jedoch meistens nicht gewollt haben. In einer solchen Konstellation stehen paternalistische Normen und Maßnahmen nicht im Widerspruch zu den Werten und Lebensvorstellungen des Einzelnen. Vielmehr geht der Bürger mit den Werten, die hinter der Norm stehen, grundsätzlich konform. So ist es z. B. bei der Gurt- und Helmpflicht. Bereits in einer Befragung von 1974[66] gaben 90% der Befragten an, dass sie Gurte für ein sinnvolles Schutzsystem halten. Man kann daraus schließen, dass Menschen, die sich nicht an die Gurtpflicht halten, dies meistens nicht aus Überzeugung tun, sondern aus Nachlässigkeit oder irrationaler Bagatellisierung der Gefahr[67]. Folglich ist eine paternalistische Norm hinnehmbar in den Sachverhalten, in denen die Betroffenen sich gefährden, ohne jedoch tatsächlich eine Selbstschädigung zu wollen. Die Autonomie des Einzelnen steht dann nicht tatsächlich entgegen. Das Selbstbestimmungsrecht wird nicht über Gebühr eingeschränkt, wenn die paternalistische Norm seinen Werten und Vorstellungen von einer guten Lebensführung nicht widerspricht. In einem solchen Fall können paternalistische Normen sogar geboten sein[68].

In Bezug auf Selbstgefährdungen und Selbstschädigungen müssen folglich zwei Situationen unterschieden werden: Zum einen die, in der die Person sich quasi „mit offenen Augen" in eine Gefahrensituation begibt und trotz der richtigen Einschätzung ihrer Lage handelt, und zum anderen die, in der sie die Gefahr nicht richtig einschätzt oder irrational bagatellisiert. Hinsichtlich der Person, die die Gefahr nicht richtig einschätzt, kann eine paternalistische Verhaltensnorm viel eher begründet werden. Diese Person ist nämlich weiterhin schutzbedürftig

---

65 *Möller*, Paternalismus, S. 186 f.
66 Man kann davon ausgehen, dass die Sensibilität gegenüber den Gefahren des Straßenverkehrs seitdem eher zugenommen hat.
67 So bereits *Möller*, Paternalismus, S. 187 u. 197 f.
68 In Bezug auf die Gurt- und Helmpflicht lässt sich vielleicht auch die Vermeidung von Kosten für die Allgemeinheit im Falle schwerer Unfälle als weiterer Grund anführen, vgl. *Frisch*, in: Leipold, Selbstbestimmung, S. 123. Zudem kommt ein Schutz Dritter, wie z. B. der Familie oder traumatisierter Zeugen, in Betracht, vgl. *Feinberg*, Harm to self, S. 140 f.

und auch schutzwürdig[69], da sie der Sache nach nur „Fahrlässigkeitstäter gegen sich selbst" ist – also in Bezug auf die (mögliche) Selbstschädigung gerade nicht „sehenden Auges" handelt. Ihr Selbstbestimmungsrecht steht einem Schutz von staatlicher Seite nicht entgegen. Die Gurt- und Helmpflicht ist daher schwieriger zu begründen gegenüber einer Person, die sich gefahrbewusst gegen einen Helm entscheidet, weil sie z. B. ihre langen Haare unbedingt im Wind flattern lassen will[70].

In diesem Zusammenhang muss auch das Ziel Beachtung finden, das der Bürger durch sein selbstgefährdendes oder selbstschädigendes Verhalten erreichen will. Dieses Ziel muss mit auf die Waagschale gelegt werden, wenn es darum geht, ob Paternalismus von Seiten des Staates gerechtfertigt ist oder nicht[71]. Wie wichtig ein bestimmter Zweck einzuschätzen ist, ist immer auch eine Frage subjektiver Wertung. Schließlich geht es gerade um das Individuum und die Wichtigkeit der Erreichung dieses Zwecks für es selbst. Das Ziel muss daher immer in die Bewertung einfließen, wenn es um die Legitimität paternalistischer Normen geht.

Im Falle der Gurt- und Helmpflicht wird der Bürger in aller Regel gar keinen bestimmten Plan verfolgen, er handelt aus Unbedachtheit oder Leichtfertigkeit. Ein hohes Ziel, dessen Erreichen sein weiteres Leben nach seinen Wünschen beeinflussen soll, liegt nicht vor. Auch das spricht für die Legitimität einer paternalistischen Norm in diesem Bereich. Anders liegt es hingegen beim Handel mit einem Organ: Der Empfänger verfolgt den Wunsch, seine Überlebenschancen zu erhöhen. Auch der Spender kann – neben dem Willen, schnell an einen hohen Geldbetrag zu gelangen – das Ziel verfolgen, ein Menschenleben zu retten.

Weiteres Augenmerk muss auf die Belastungen gerichtet werden, die mit einer Norm verbunden sind. Die Belastungen für das Individuum und die Pläne, die es mit seinen Handlungen verfolgt, müssen in Beziehung zueinander gesetzt werden und in die Abwägung einfließen. Bei der Gurt- und Helmpflicht wären das z. B. die Kosten für den Helm oder auch der Zeitaufwand, der für das Erfüllen der Sicherheitsvorgaben benötigt wird. Weitere Belastungen können eintreten, wenn ein Verstoß gegen die Norm geahndet wird. Im Falle der Gurt- und Helmpflicht sind die Belastungen in jeglicher Hinsicht marginal im Verhältnis zu den Vorteilen, die sich durch das Aufstellen der Norm ergeben. Auch das Organhan-

---

69 Vgl. dazu *Freund/Klapp*, JR 2003, 431, 434.
70 Wobei man auch in einer solchen Situation im Zweifel davon ausgehen kann, dass eine Selbstschädigung nicht gewollt ist und sich diese Person im Falle eines Unfalls wünschen würde, sie hätte einen Helm getragen.
71 So auch *Frisch*, in: Leipold, Selbstbestimmungsrecht in der modernen Gesellschaft, S. 103, 125. *Frisch* geht ebenfalls davon aus, dass die Frage der Rechtmäßigkeit eines Verhaltens auch von den Motiven im Verhältnis zum Grad der Gefährdung abhängt.

delsverbot geht mit Belastungen für die Betroffenen einher. Die Verhaltensnorm selbst führt zu (indirekten) Belastungen, indem man dem Spender z. B. verwehrt, durch den Verkauf an eine große Geldsumme zu gelangen. Dem Empfänger wird die Möglichkeit genommen, nicht mehr auf der Warteliste stehen zu müssen. Es besteht zudem eine Belastung in der Sanktion, die der Staat bei Zuwiderhandlung verhängt.

Gerade für den potentiellen Empfänger ist das Organhandelsverbot eine Norm, die ihn in hohem Maße einschränkt. Sein Leben verkürzt sich häufig stark ohne Transplantation bzw. Organkauf. Die Menschenleben der Organkranken, die durch das Bestehen des Organhandelsverbot verkürzt werden, müssen somit auch und gerade Beachtung finden, wenn es um den Schutz dieser Menschen durch ein Handelsverbot geht.

Man kann also festhalten, dass paternalistische Normen um so eher mit dem Selbstbestimmungsrecht vereinbar sind, je mehr sich der Bürger durch sein selbstgefährdendes Verhalten in Widerspriech zu seinen sonstigen Werten, Wünschen und Lebensvorstellungen setzt und je geringer die mit der Norm verbundenen Belastungen sind. Zudem muss das Ziel bzw. der Zweck seiner Handlung Beachtung finden.

c. Bedeutung für das Organhandelsverbot als Verhaltensnorm

Für das Organhandelsverbot als Verhaltensnorm bedeutet das Folgendes: Die Gefahr, bei einer Nierentransplantation zu sterben, wird heutzutage als relativ gering eingestuft (0,03 – 0,06 %)[72] und mit der normalen Teilnahme am Straßenverkehr gleichgesetzt. Folglich sind die Gefahren, die dem Spender drohen, gering[73]. Wenn auch die Werte und Lebensvorstellungen nicht immer genau bekannt sein dürften, so stellt doch die Tatsache, dass die Lebenserwartung nicht sinkt und in aller Regel keine Langzeitschäden entstehen, ein starkes Indiz dafür dar, dass die Lebensvorstellungen des Betroffenen und die Möglichkeiten ihrer Realisierung durch die Organentnahme nicht wesentlich tangiert werden. Die längerfristigen Ziele, die mit dem Verkauf eines Organs verbunden sind, können unterschiedlich sein. Es ist jedoch nicht zu erwarten, dass jemand ein Organ veräußert, ohne sich ernsthaft und lange Gedanken über diesen Vorgang zu machen. Vielmehr handelt es sich um eine Selbstschädigung, über die der Betroffene intensiv nachgedacht

---

72 *Zillgens*, Lebendspende, S. 74.
73 Diese Aussage gilt natürlich nur, wenn die medizinischen Standards von westlichen Industrienationen gelten und regelmäßige medizinische Nachsorge betrieben wird.

haben wird[74]. Folglich werden auch die Ziele dieses Organverkaufs immer subjektiv wichtig und hoch für den Betroffenen sein. Wohl kaum wird es – wie bei vielen anderen durchaus erlaubten Selbstschädigungen oder -gefährdungen – um Nervenkitzel, Leichtsinn oder Unüberlegtheit gehen. Es handelt sich somit nicht um eine Situation, die mit der Gurt- und Helmpflicht vergleichbar ist. Das heißt nicht, dass es nicht auch in der Situation des Organverkaufs paternalistische Normen geben darf. So ist es sicherlich angebracht, den Organverkauf allenfalls bei Volljährigen zuzulassen, eine bestimmte Phase der Reflexion zu fordern und z. B. durch eine Kommission die Freiwilligkeit der Entscheidung zu überprüfen. Das bedeutet aber keineswegs, dass der Organverkauf durch paternalistische Normen vollkommen unterbunden und die eigene Entscheidung des Einzelnen pauschal missachtet werden darf[75]. Hier sollte vielmehr dem Selbstbestimmungsrecht aus den genannten Gründen der gebührende Stellenwert eingeräumt werden.

5. Einwände gegen staatlichen Paternalismus

Die bisherigen Überlegungen zum Paternalismus haben zu dem Ergebnis geführt, dass das Selbstbestimmungsrecht nur in beschränktem Maße „beschnitten" werden darf. Es muss immer danach differenziert werden, ob der Betroffene die Gefahr falsch einschätzt, sich – ohne sich dessen bewusst zu sein – selbst gefährdet[76] oder ob er genau weiß, wie gefährlich sein Verhalten ist. Paternalismus ist also grundsätzlich möglich und in vielen Lebensbereichen auch sinnvoll. Eine ganz andere Frage ist es, ob man zu diesem Zweck das Mittel des Strafrechts benutzen darf. Im Folgenden werden einige der gängigen Argumente gegen Paternalismus allgemein und speziell im Strafrecht dargelegt und gewürdigt.

---

74 Eine solche (gesetzlich festgesetzte) Phase zum Nachdenken und Abwägen der Vor- und Nachteile ist sicherlich angebracht. Sie kann und darf vom Gesetzgeber auch gefordert werden, wie z. B. bei der Abtreibung in Form eines Beratungsgespräches.
75 Ein Modell, in dem die Organspende gegen Entgelt im Rahmen einer starken staatlichen Regulierung erlaubt ist, wird – zu Unrecht – von manchen als widersprüchlich und inkonsequent empfunden, siehe *Schneider*, in: Taupitz, Kommerzialisierung, S. 109, 113 f. *Schneider* übersieht, dass Regulierungen eines Organmarktes das Selbstbestimmungsrecht letztlich nicht einschränken, sondern es wahren, in dem der potentielle Spender vor unüberlegten Entscheidungen geschützt wird.
76 Zu dieser Bagatellisierungsproblematik siehe *Freund/Klapp*, JR 2003, 431 ff.

a. Begründungsmodelle gegen staatlichen Paternalismus

aa. Die ausschließliche Fremdnützigkeit der Beschränkung bürgerlicher Freiheit

Ein Argument resultiert aus der These, dass die Freiheit des einen Bürgers nur beschnitten werden darf, wenn es der Freiheit des anderen Bürgers dient[77]. Schon der Philosoph *John Stuart Mill*[78], „Ahnherr der Paternalismusforschung"[79], ging davon aus, dass sich der Staat nur dann in die Angelegenheiten des Einzelnen einmischen dürfe, wenn dies notwendig sei, um Schaden von anderen abzuwenden[80]. *Mill* führt zur Begründung an, dass das Individuum seine Gefühle und Lebensumstände selbst am besten kenne und deshalb niemand besser als es selbst wisse, was ihm gut tue[81].

bb. Der Gedanke der Autonomie

In diese Überlegungen spielt auch der Gedanke der Autonomie hinein. Die Annahme, dass grundsätzlich jeder Bürger das Recht hat, freie Entscheidungen zu treffen und seine Angelegenheiten selbst zu regeln, ist ein Grundpfeiler unseres gesellschaftlichen Systems und ein Wert, der u. a. in der Verfassung in Art. 2 I

---

77 *Heinig*, in: Anderheiden, Paternalismus und Recht, S. 157, 165 f.; *Schroth*, in: FS für Roxin, S. 869, 875.

78 *John Stuart Mill* ist ein englischer Philosoph, der im 19. Jahrhundert lebte. Sein im Jahre 1859 erschienenes Werk „On Liberty" (Über die Freiheit) bestimmt vor allem im angelsächsischen Bereich die Paternalismusdebatte. *Mill* ist ein scharfer Gegner des staatlichen Paternalismus. Er sieht nur zwei Ausnahmefälle, in denen er Paternalismus für legitim hält. Zum einen in Bezug auf Kinder und Geisteskranke, die es vor sich selbst und vor Dritten zu schützen gelte. Zum anderen hinsichtlich des Verkaufs in die Sklaverei. Die einzige Freiheitseinschränkung, der das mündige Individuum unterliegen solle, sei die, sich nicht selbst in die Sklaverei zu verkaufen, vgl. dazu *Möller*, Paternalismus, S. 31 ff.

79 So *Heinig*, in: Anderheiden, Paternalismus und Recht, S. 157, 165 f.

80 *Möller*, Paternalismus, S. 31; *Gutmann*, in: Patientenautonomie, S. 198.

81 *Mill*, On Liberty, S. 91 ff; wenn auch *Mill* i. E. Recht gegeben wird, so muss in Bezug auf diese These doch eine gewisse Kritik erfolgen. Sicherlich kann man nicht verallgemeinernd sagen, dass der einzelne Bürger in jeder Lebenssituation besser als der Staat weiß, was ihm gut tut. Als Beispiel sei hier der Konsum von illegalen Drogen angeführt. Hier ist es durchaus nicht unwahrscheinlich, dass der Staat besser als der Einzelne entscheiden kann, ob der Konsum dieser Drogen mehr negative als positive Folgen für den Betroffenen hat. Vgl. dazu bereits *Gutmann*, in: Patientenautonomie, S. 200.

GG verankert ist. Eine Bestrafung[82] autonomen und lediglich selbstschädigenden Verhaltens würde die Gefahr in sich tragen, unter dem Vorwand des Schutzes vor Selbstschädigung eine Art Diktatur zu errichten, in der eine staatliche Obrigkeit die Entscheidungen darüber trifft, was für den Einzelnen gut ist[83]. Die Verfassung und das in ihr verbürgte Recht auf Selbstbestimmung sind gerade als Schutz vor einer solchen staatlichen Bevormundung geschaffen worden.

b. Begründungsmodelle gegen staatlichen Paternalismus insbesondere im Strafrecht

aa. Die Bestrafung des Bürgers laufe paternalistischen Zielen zuwider

Es wird argumentiert, paternalistische Strafnormen liefen dem Ziel des Paternalismus zuwider, da eine Sanktion nicht im Interesse des Bürgers liege. Paternalistische Normen sollen den Bürger von bestimmten Verhaltensweisen abhalten, weil dieser sich damit selbst schadet. Der Staat schädigt diesen nun aber ebenfalls, wenn er sich nicht normgemäß verhält. Obwohl der Staat also eigentlich im Sinn hatte, den Bürger vor Schaden zu bewahren, schädigt er ihn bei selbstschädigendem Verhalten noch ein zweites Mal (durch den Tadel und die sonstigen Nachteile, die ihm durch die Sanktion entstehen)[84]. Eine solche Argumentation klingt plausibel, gilt jedoch uneingeschränkt wohl nur in Bezug auf scharfe Sanktionen. Wenn der Staat z. B. den (versuchten) Suizid mit Freiheitsentzug bestrafen würde, wäre das Argument überzeugend. Einer Person, die so verzweifelt ist, den Freitod zu wählen, auch noch die Fortbewegungsfreiheit zu nehmen, wäre für das Weiterleben-Wollen dieses Menschen sicherlich abträglich. Bei leichten Sanktionen, deren Androhung tatsächlich dazu führen kann, dass das selbstschädigende oder selbstgefährdende Verhalten nicht mehr ausgeübt wird, kann dem vorgebrachten Argument jedoch nicht ohne Weiteres gefolgt werden. Wenn eine Sanktion eher mild ist und gleichzeitig eine Person tatsächlich davon abhalten kann (ex ante-Perspektive), sich selbstschädigend zu verhalten, sind die Nachteile nicht generell als so gravierend einzustufen, dass von einem Verfehlen der Ziele des Paternalismus gesprochen werden kann. Als Beispiel mag hier wieder die Gurt- und Helmpflicht dienen. Die Gurt- und Helmpflicht hat nachweislich zur Steigerung der Überlebensrate bei Verkehrsunfällen geführt. Die staatliche Reaktion bei Zuwiderhandlung ist eine Geldbuße, somit eine verhältnismäßig geringe Sanktion. In Anbetracht der Rettung zahlreicher Menschenleben durch „aufge-

---

82 Richtigerweise bereits ein Verbot.
83 *Eidenmüller*, Effizienz, § 9 C.
84 *von Hirsch*, in: Anderheiden, Paternalismus und Recht, S. 235, 240 f.

zwungene" Gurte und Helme kann per saldo nicht von einem Verfehlen der paternalistischen Zielsetzung gesprochen werden[85].

bb. Die Funktion des Tadels

Die Funktion des Tadels, die der Sanktionierung eines Verhaltens zugrunde liegt, ist für Kritiker ein weiterer entscheidender Gesichtspunkt gegen Strafrechtspaternalismus[86]. Wenn ein Verhalten bestraft wird, fällt der Gesetzgeber damit ein sozialethisches Unwerturteil. Das Verhalten wird missbilligt, dem Täter soll deutlich vor Augen geführt werden, dass er verwerflich gehandelt hat. Wenn eine dritte Person durch ein Verhalten beeinträchtigt wird, leuchtet die entsprechende Missbilligung des Verhaltens leicht ein. Der Täter hat in der Regel Schuld auf sich geladen und es bedarf einer angemessenen staatlichen Reaktion, um einen Normgeltungsschaden zu verhindern. Bei selbstschädigendem Verhalten ist jedoch zweifelhaft, worin die für einen *strafrechtlichen* Vorwurf ausreichende Verwerflichkeit des Verhaltens, das spezifische Unrecht, der spezifische Grund für den entsprechenden Tadel, zu erblicken sein soll. Wenn eine Person entscheidet, sich selbst zu gefährden oder zu schädigen, dann ist dies jedenfalls kein für die Rechtsfolge der Strafe ausreichendes Unrecht. Damit ist nicht gemeint, dass gar kein Unrecht vorliegt und der Staat den Bürger gar nicht tadeln darf. Im Falle eines Verstoßes gegen die Gurt- und Helmpflicht z. B. begeht der Bürger Unrecht[87] und darf dafür richtigerweise auch getadelt werden. Es handelt sich vom Unwertcharakter jedoch lediglich um eine Ordnungswidrigkeit. Eine Ordnungswidrigkeit zeichnet sich im Vergleich mit dem Strafrecht durch einen nicht sehr schwerwiegenden Rechtsverstoß aus, der keinen kriminellen Gehalt hat[88]. Die Verhaltensnormverstöße haben in der Regel einen geringeren Unrechtsgehalt, weil sie sich normalerweise nicht durch eine grobe und rücksichtslose Gesinnung des Täters auszeichnen, sondern durch sozialübliche menschliche Schwächen wie Bequemlichkeit, Nachlässigkeit und Unzuverlässigkeit[89].

---

85 Vgl. dazu bereits *von Hirsch*, in: Anderheiden, Paternalismus und Recht, S. 235, 241; dieses Argument richtet sich natürlich nicht nur gegen strafrechtlichen Paternalismus, sondern gegen Paternalismus im Allgemeinen. Trotzdem ist es auch und gerade im Kontext des strafrechtlichen Paternalismus von Relevanz.

86 *von Hirsch*, in: Anderheiden, Paternalismus und Recht, S. 235, 241ff.

87 Das Unrecht ist in einem solchen Fall richtigerweise darin zu sehen, dass der Bürger keine Vorbildfunktion mehr ausübt und andere Mitbürger seinem schlechten Beispiel gedankenlos folgen. In einem solchen Fall liegt kein gesteigertes Unrecht vor, wohl aber reicht es aus, ein entsprechendes Verhalten zu verbieten.

88 *Thieß*, Ordnungswidrigkeitenrecht, S. 31 f.

89 *Mitsch*, Ordnungswidrigkeiten, S. 17.

Die Gesellschaft darf auch auf den einzelnen Bürger einwirken, um Selbstschädigungen zu verhindern. So ist z. B. in bestimmten Fällen eine Zwangseinweisung in ärztliche Obhut zum Schutze des Betroffenen möglich. Auch das Festhalten eines Betrunkenen in der Ausnüchterungszelle ist für kurze Zeit erlaubt. Verhaltensanforderungen an den Einzelnen zum Schutze seiner selbst sind in vielen Lebensbereichen richtig. Häufig kann oder will der Einzelne gar nicht abschätzen, welche Konsequenzen sein Verhalten hat. Im Bereich des Arbeiterschutzes z. B. ist es deshalb angemessen, dem einzelnen Arbeiter bestimmte Schutzkleidung vorzuschreiben, um ihn vor Selbstschädigungen oder Selbstgefährdungen zu bewahren. Eine sozialethische Missbilligung durch Sanktionierung ist deshalb aber noch lange nicht angebracht. Man muss sich immer die Frage stellen, ob eine Person durch ihr Verhalten tatsächlich eine kriminelle Handlung begangen hat. Im Falle der Selbstschädigung ist diese Frage zu verneinen. Wer allein sich selbst schädigt, begeht dabei noch kein strafrechtlich relevantes Unrecht.

c. Gegenkritik Jherings an der Paternalismuskritik

Abschließend soll noch kurz auf ein von *Jhering* entwickeltes Gegenargument zur Kritik am Rechtspaternalismus eingegangen werden: Danach handele es sich bei der Kritik am Rechtspaternalismus um ein Scheinproblem, da es keine Handlungen des Individuums gebe, deren Wirkungen nicht mittelbar auch andere bzw. die Gesellschaft träfen. Folglich gebe es keine staatlichen Regelungen, die nur den Einzelnen als Individuum schützen[90].

Eine solche Argumentation ist jedoch mit einem freiheitlichen und liberalen Rechtsstaat, der das Individuum als solches mit all seinen Rechten anerkennt, nicht zu vereinbaren[91].

d. Bedeutung für das Organhandelsverbot als Sanktionsnorm

Die bisherigen Ausführungen haben deutlich gemacht, dass rein paternalistische Normen im Strafrecht nicht angebracht sind, im Ordnungswidrigkeitenrecht aber durchaus Bestand haben können. Das als gering einzustufende Unwerturteil muss dazu führen, dass die Bestrafung einer sich selbst schädigenden Person zu unter-

---

90 *Jhering*, Der Zweck im Recht, S. 419 ff; dazu *Gutmann*, in: Patientenautonomie, S. 196.
91 *van der Daele* hält dieser Begründung zudem zu Recht entgegen, sie löse das Problem nicht. Man müsse bei der Bewertung einer Handlung zwingend differenzieren, ob durch sie Rechte Dritter verletzt würden oder ob man nur Pflichten gegen sich selbst verletze, vgl. *van der Daele*, in: Taupitz, Kommerzialisierung, S. 127, 130.

bleiben hat. Bei dem in §§ 17, 18 TPG normierten Organhandelsverbot handelt es sich jedoch nicht um eine rein paternalistische Norm. Bei den Teilen der Norm, die nicht paternalistischer Natur sind, sind ein Verbot und eine entsprechende Strafbewehrung somit bei Vorliegen weiterer Voraussetzungen möglich. Die Bestrafung von Spender und Empfänger im Falle eines Organhandels ist somit nicht notwendigerweise ausgeschlossen. Das heute bestehende, umfassende und wenig differenzierende strafbewehrte Organhandelsverbot ist in weiten Teilen jedoch nicht mit dem grundlegenden Legitimationserfordernis vereinbar, dass das Strafrecht lediglich der Verhinderung drittschädigenden oder jedenfalls drittgefährdenden Verhaltens durch Aufrechterhaltung der Normgeltung zu dienen hat. Eine weitergehende inhaltliche Differenzierung hinsichtlich der relevanten Verhaltensnormen und der Eingrenzung der Strafbarkeit ist dringend geboten.

6. Ergebnis

Staatlicher Paternalismus findet sich in der deutschen Gesetzgebung an vielen Stellen und ist auch dem Strafgesetzgeber nicht fremd. Paternalismus ist in manchen Fällen auch nicht zu beanstanden, sondern kann angebracht sein. Meistens geht es dabei um Situationen, in denen der Betroffene sich gar nicht selbst schädigen möchte, sondern aus Unüberlegtheit, Leichtfertigkeit oder auch Abenteuerlust bestimmte Risiken eingeht. Bei Eintreten des Schadens wird sich die Person in vielen Fällen gewünscht haben, sie wäre das Risiko nicht eingegangen[92]. Es handelt sich also um Lebensbereiche, in denen die Freiheit des Individuums nicht in relevanter Weise eingeschränkt wird und bei denen die Belastung des Eingriffs nicht unverhältnismäßig ist. Auch im Bereich der Organtransplantation finden sich paternalistische Verhaltensnormen. So ist eine Lebendspende nur bei Erwachsenen erlaubt und darf nur durch einen Arzt vorgenommen werden[93]. Der Sinn solcher Verhaltensnormen erschließt sich in den meisten Fällen ohne größere Begründung.

Eine ganz andere Frage ist jedoch, ob speziell das Strafrecht als „Überzeugungshilfe" genutzt werden darf, um den Bürger von Selbstgefährdungen und Selbstschädigungen abzuhalten. Falls überhaupt – als Grundvoraussetzung – ein Verbot legitimierbar ist, ist u. U. das Ordnungswidrigkeitenrecht ausreichend und

---

92 Von diesen Fällen der Fehleinschätzung sind Situationen zu unterscheiden, in denen sich eine Person unter Berücksichtigung aller Risiken bewusst selbst gefährdet. Hier gestaltet sich die Begründung von staatlichem Paternalismus schwieriger.
93 Vgl. § 8 TPG.

allein angemessen, um den Verhaltensnormverstoß zu ahnden und den Bürger zur Gesetzestreue zu animieren.

Wenn es sich tatsächlich um rein paternalistisch motivierte Normen handelt, ist diese Frage – wie dargelegt – zu verneinen. Das Strafrecht ist die schärfste Waffe des Staates im Kampf gegen unerwünschte Verhaltensweisen der Bürger. Wegen der Bedeutung der allgemeinen Handlungsfreiheit muss die Unterbindung bestimmter Verhaltensweisen exakt geregelt sein und bedarf immer einer genauen Begründung. Im Falle des Verbotes des Organhandels muss also immer begutachtet werden, ob es sich um paternalistische Teile der Sanktionsnorm handelt oder nicht. Eine Bestrafung hat zu unterbleiben, wenn die der Sanktionsnorm zugrunde liegende Verhaltensnorm lediglich dazu dient, den Adressaten vor sich selbst zu schützen. Dient eine zugrunde liegende Verhaltensnorm oder ein Teil dieser Verhaltensnorm jedoch auch dem Schutz anderer Personen, bedarf es einer näheren Untersuchung, um in dieser Hinsicht die Frage der Legitimität einer Strafbewehrung zu klären.

C. Die Legitimation strafbewehrter Verhaltensnormen am Beispiel des Organhandelsverbotes

I. Das Organhandelsverbot als Eingriff des Staates in das Recht auf körperbezogene Selbstbestimmung und Selbstkommerzialisierung

Sowohl das Recht auf körperbezogene Selbstbestimmung als auch das Recht, die eigenen Körpersubstanzen zu kommerzialisieren, werden vom Schutzbereich des Art. 2 I GG umfasst. Das in §§ 17, 18 TPG geregelte Verbot, mit Organen zu handeln, muss einen Eingriff in den Schutzbereich darstellen. Als Eingriff ist jedes staatliche Handeln zu qualifizieren, das dem einzelnen ein in den Schutzbereich eines Grundrechts fallendes Verhalten erschwert oder unmöglich macht[94]. Dabei ist es unerheblich, ob der Eingriff final oder ohne Absicht, unmittelbar oder mittelbar, in rechtlicher oder in tatsächlicher Hinsicht erfolgt[95].

Durch das Organhandelsverbot wird es dem Bürger zumindest erschwert, seine eigenen Körpersubstanzen zu veräußern, wenn diese in den Anwendungsbereich des TPG fallen. Einen legalen Markt gibt es schließlich nicht. Bei Missachtung haftet ihm das Stigma eines Rechtsbrechers oder sogar Kriminellen an. Das Organhandelsverbot stellt somit einen Eingriff in die Rechte des potentiellen Spenders auf körperbezogene Selbstbestimmung und Selbstkommerzialisierung dar. Der Staat ist zu solchen Grundrechtseingriffen zwar grundsätzlich berechtigt, diese Eingriffe müssen jedoch verfassungsrechtlich gerechtfertigt sein.

II. Die Notwendigkeit einer verfassungsrechtlichen Rechtfertigung solcher sanktionsbewehrter Verhaltensnormen

(Sanktionsbewehrte) Verhaltensnormen stellen immer einen Eingriff in das Recht auf Selbstbestimmung dar. Aus diesem Grunde bedürfen sie der Legitimation. Im Folgenden wird zuerst die Notwendigkeit der verfassungsrechtlichen Rechtfertigung von Verhaltensnormen erörtert. Im Anschluss folgt die Untersuchung der spezifischen Rechtfertigung von Sanktionsnormen.

---

94 *Maurer*, Staatsrecht I, S. 289 f.
95 *Maurer*, Staatsrecht I, S. 289 f.; *Pfeiffer*, Lebendorganspende, S. 53 f.

1. Die Notwendigkeit der verfassungsrechtlichen Rechtfertigung von Verhaltensnormen

a. Das Erfordernis der Legitimation von Verhaltensnormen

Staatliche (Straf-)Gewalt bedarf, wie im Folgenden unter C. II 2. a. noch ausführlicher erörtert werden wird, der Legitimation. Verhaltensnormen müssen sich ebenfalls sachlich legitimieren lassen. Reine Verhaltensnormen greifen zwar nicht so massiv in die Rechte des Bürgers ein wie strafbewehrte Verhaltensnormen. Dennoch stellt auch schon eine reine Verhaltensnorm einen Eingriff in das Recht auf Selbstbestimmung dar. Wenn der Betroffene auch nicht für sein Verhalten bestraft wird, so ist er bei Zuwiderhandlung gegen die Norm doch immerhin ein Rechtsbrecher und ist als solcher Gefahren der Stigmatisierung durch die Gesellschaft ausgesetzt. Mitunter muss er auch damit rechnen, dass er durch staatlichen Zwang (etwa der Polizei) an seinem als rechtswidrig etikettierten Verhalten gehindert wird. Eine Verhaltensnorm muss daher einen legitimen Zweck verfolgen und zur Erreichung dieses Zwecks geeignet, erforderlich und angemessen sein[96]. Die Kriterien des legitimen Zwecks, der Eignung und der Erforderlichkeit entfalten an dieser Stelle eine starke Filterwirkung. Als Beispiel kann das Geschwisterinzestverbot dienen, das u. a. mit dem Schutz von Ehe und Familie begründet wird[97]. Der Schutz von Ehe und Familie ist unbestritten grundsätzlich ein legitimer Zweck. Ob das Inzestverbot in seiner jetzigen Form jedoch geeignet ist, den Schutz von Ehe und Familie zu fördern, ist mehr als zu bezweifeln. Die Sanktionsnorm richtet sich nur an volljährige Personen, also solche, die im Normalfall ein eigenständiges Leben außerhalb des engen häuslichen Familienverbandes anstreben. Wie *Hassemer* ausführt, wird die Familie also erst zu einem Zeitpunkt geschützt, in dem „es sie womöglich in der Form der Haus- und Lebensgemeinschaft gar nicht mehr gibt und auch ansonsten schädliche Auswirkungen auf sie nicht mehr zu erwarten sind"[98]. Dieses Beispiel macht deutlich, dass bei Verhaltensnormen bereits das Kriterium der Geeignetheit

---

96 Vgl. *BVerfG*, Beschl. des Zweiten Senats vom 28.02.08.
97 Die Bundesregierung führt in der Gesetzesbegründung dazu aus, dass Inzest grundsätzlich eine schwere Belastung für die Familie bedeute und in der Regel ehezerstörend wirke, vgl. Deutscher Bundestag, a.a.O., 34. Sitzung, S. 1247 ff.; vgl. auch BT-Drucks. VI/1552, S. 14; BT-Drucks. VI/3521, S. 17 f.; dazu auch das Urteil des *BGH*, das ebenfalls den Schutz von Ehe und Familie als einen der tragenden Gründe für ein Verbot sieht, vgl. BGHSt 39, 326, 329.
98 Abweichende Meinung des Richters *Hassemer* zum Beschluss des Zweiten Senats vom 26.02.2008, S. 109.

schnell dazu führen kann, dass sie sich in Bezug auf einen bestimmten Zweck nicht legitimieren lassen.

b. Die Verhaltensnorm und ihre Rechtsgüter

Verhaltensnormen geben dem Einzelnen einen Verhaltenskodex vor, dem er zu folgen hat. Hält er sich nicht an diese Ge- und Verbote, werden die zu schützenden Rechtsgüter und schützenswerten Interessen einer anderen Person oder der Allgemeinheit gefährdet oder sogar in Mitleidenschaft gezogen. Der Staat nimmt seine Bürger durch Aufstellung solcher Normen an die Hand und weist ihnen den richtigen Weg, um Beeinträchtigungen anderer Bürger und ihrer Rechtsgüter zu unterbinden[99]. Eine Verhaltensnorm dient damit unmittelbar dem Schutz von Rechtsgütern des Individuums und der Allgemeinheit[100]. Verhaltensnormen liegen jedoch meist nicht in direkt kodifizierter Form vor. Es gibt kein rechtlich anerkanntes Gesetz oder eine sonstige Regelung, die explizit besagt: „Du darfst nicht töten". Daneben fehlt meistens die Konkretisierung der Verhaltensnorm für bestimmte Situationen. So ist es z. B. bei der sog. indirekten Euthanasie, bei der einem sterbenden Menschen Medikamente gegeben werden, die schmerzlindernd, aber auch lebensverkürzend sind. Wenn die Medikamentengabe mit Einwilligung des Betroffenen erfolgt, wird sie für zulässig gehalten, obwohl ohne diese Einwilligung tatbestandlich eine Tötungshandlung vorläge[101]. Woher also soll der Bürger erkennen, welche Verhaltensweisen ihm erlaubt und welche verboten sind? Denn nur wenn er die Ge- und Verbote erkennen kann, kann er sie befolgen. Und nur dann ist letztlich auch eine Sanktionierung der Verhaltensnormverstöße möglich und legitimierbar.

---

99 *Freund*, AT, § 2 Rn. 23; *ders.*, GA 1991, 387, 389; *Frisch*, Vorsatz und Risiko, S. 76; *Mir Puig*, FS für Jescheck, S. 337, 340; *ders.*, GS für Kaufmann, S. 253, 254 f.; *ders.*, ZStW 108, 759, 781; *Münzberg*, Verhalten und Erfolg, S. 51; *Rudolphi*, NStZ 1991, 237, 238; *ders.*, GS für Kaufmann, S. 371, 377; *Stein*, Beteiligungsformlehre, S. 67; *Walter*, Pflichten des Geschäftsherren, S. 97 f.; *Zippelius*, Methodenlehre, S. 6; *ders.*, AcP 157, 390, 395.
100 *Freund*, AT, § 1 Rn. 6; *ders.*, in: MünchKomm StGB, Vor § 13 ff. Rn. 63; *ders.*, GA 1995, 4, 7; *Guhra*, Versuch, S. 16; *Rudolphi*, GS für Kaufmann, S. 371, 377; *ders.*, in: Schünemann, Grundfragen, S. 69, 69 und 75.
101 Die Begründung für die Zulässigkeit im Schrifttum variiert. Für eine Herleitung aus § 34 spricht sich z. B. *Achenbach* aus in der Jura 2002, 542, 547. Daneben wird auf das Selbstbestimmungsrecht des Patienten bzw. die tatsächliche oder mutmaßliche Einwilligung abgestellt (*Verrel*, JZ 1996, 224, 226) oder auf den sozialen Sinn- und Bedeutungsgehalt (*(Jäger*, ZStW 115 (2003), 765, 770 Rn. 14); vgl. dazu auch m. w. N. *Lackner/Kühl*, Vor § 11, Rn. 7.

Die Antwort auf diese Frage findet sich immerhin teilweise in den Sanktions-normen. Auch wenn diese dogmatisch von den Verhaltensnormen zu trennen sind, stellen sie doch die Rechtsquelle zur Auffindung (strafbewehrter) Verhaltensnormen dar[102]. Wenn das Gesetz in § 212 I StGB sagt: „Wer einen Menschen tötet, ohne Mörder zu sein, wird als Totschläger ... bestraft", dann kann man daraus ableiten, dass es grundsätzlich verboten ist, einen anderen Menschen vorsätzlich zu töten[103]. Wer gegen die hier *mittelbar* aufgestellte Norm verstößt, wird dafür durch den Staat sanktioniert. Eine Strafnorm ist damit „ein mit staatlicher Autorität versehenes Unwerturteil über die von der Strafnorm pönalisierte Handlungsweise"[104]. Die strafbewehrten Verhaltensnormen sind somit mittelbar kodifiziert innerhalb der Sanktionsnormen und damit für den Bürger in vielen Situationen offenkundig. Das Problem der Verhaltensnormkonkretisierung bleibt allerdings häufig bestehen. In bestimmten Fällen, so z. B. bei der bereits angesprochenen indirekten Euthanasie, ist die konkrete Verhaltensnorm auch bei Betrachtung der Sanktionsnorm nicht direkt erkennbar. In diesen Fällen bedarf es u. a. eines Blickes in die Verfassung, um zu erkennen, ob eine Handlung unter das Tötungsverbot fällt oder nicht.

Da das Aufstellen einer Verhaltensnorm mit einem Eingriff in das Selbstbestimmungsrecht verbunden ist, muss es verfassungsrechtlich gerechtfertigt sein. Erstes Gebot einer verfassungsrechtlichen Rechtfertigung ist die Verfolgung eines legitimen Zieles. Dieses Ziel ist bei Verhaltensnormen der Schutz von Rechtsgütern wie Leben, körperliche Unversehrtheit, Freiheit etc. Im Kapitel D wird auf die Bedeutung des Begriffes „Rechtsgut" im Kontext der Verhaltensnorm noch ausführlicher eingegangen. Soviel sei allerdings schon an dieser Stelle angemerkt: Was genau unter den Begriff des Rechtsguts zu fassen ist bzw. ob sich überhaupt eine griffige und aussagekräftige Definition finden lässt, wurde bislang nicht einheitlich beantwortet. Das Rechtsgut einer Verhaltensnorm ist jedenfalls nicht gleichzusetzen mit ihrem Handlungsobjekt. Dieser Aspekt darf nicht aus dem Blickfeld geraten, trotz seiner Wichtigkeit und Richtigkeit wurde ihm lange Zeit nicht die gebührende Beachtung geschenkt[105].

c. Weitere Voraussetzungen

Auch die Verhaltensnorm bedarf zu ihrer Rechtfertigung nicht nur eines legitimen Zwecks in Form eines Rechtsgutes, sondern auch sie muss in Bezug auf den

---

102 *Freund*, Erfolgsdelikt und Unterlassen, S. 112.
103 Ebenso ist es natürlich grundsätzlich verboten, einen Menschen in fahrlässiger Weise zu töten.
104 So BVerfGE 25, 269, 286; 27, 18, 29.
105 *Amelung*, in Hefendehl/von Hirsch/Wohlers, S. 155, 166.

Schutz dieses Rechtsguts eine geeignete und erforderliche Maßnahme darstellen, die bei Beachtung der Zweck-Mittel-Relation angemessen ist. Das Verhalten muss gegen die vorstrafrechtliche Normenordnung verstoßen. Auch hier ist wieder zu beachten, dass im Normsetzungsverfahren mit Prognosen gearbeitet werden muss und dem Gesetzgeber deshalb ein gewisser Einschätzungsspielraum zusteht.

2. Die Notwendigkeit der verfassungsrechtlichen Rechtfertigung von Sanktionsnormen

a. Das Erfordernis der Legitimation staatlicher Strafgewalt

Die Legitimation des Gesetzgebers zu strafen – ius puniendi – ergibt sich aus Art. 74 Nr. 1 GG. Durch die Zuweisung des Strafrechts zum Gebiet der konkurrierenden Gesetzgebung folgt das Bestehen eines staatlichen Bestrafungsrechts[106]. Der Staat ist also kraft seiner staatlichen Hoheitsgewalt legitimiert, Strafgesetze zu erlassen und diese auch durchzusetzen, also einen Bürger, dessen Verhalten eine Strafnorm erfüllt, zu sanktionieren. Das Strafrecht ist damit Teil des Öffentlichen Rechts. Das grundsätzliche Vorhandensein dieses Rechts ist heutzutage unbestritten.

Das Bestehen eines solchen Rechts gibt jedoch noch keine Auskunft darüber, ob ein bestimmtes Verhalten tatsächlich rechtlich missbilligt und mit Strafe bedroht werden darf.

Durch die Verhängung von Freiheits- und Geldstrafen ist es dem Staat möglich, (dem Schutzbereich eines Grundrechts angehörende) Verhaltensweisen des Bürgers zu steuern und in seine durch die Verfassung gesicherten Rechtspositionen einzugreifen[107]. Der Staat kann somit massiv in die Lebensgestaltungsfreiheit des Einzelnen eingreifen und diesem sogar durch eine Freiheitsstrafe das Recht auf körperliche Fortbewegungsfreiheit entziehen. Aus diesem Grund ist der Strafgesetzgeber nicht berechtigt, nach eigenem Gutdünken Verhaltensweisen rechtlich zu missbilligen und entsprechende strafbewehrte Ver- und Gebote aufzustellen, sondern jedes (strafbewehrte) Ver- und Gebot muss sich wiederum legitimieren lassen[108].

Aus der Tatsache, dass der Staat bei der strafrechtlichen Sanktionierung bestimmter Verhaltensweisen staatliche Hoheitsgewalt ausübt, ergibt sich, dass die-

---

106 *Roxin*, Strafrecht AT/1 , § 2 Rn. 1.
107 *Amelung*, Rechtsgüterschutz, S. 1; *Roxin*, JuS 1966, 377, 381 ff.
108 Dass der Einsatz von Strafe der Legitimation bedarf, ist unbestritten.

selben Legitimationsvoraussetzungen gelten, denen Aufmerksamkeit geschenkt werden muss, wenn der Staat in anderen Bereichen in grundrechtlich geschützte Rechte eingreift[109].

Eingriffe des Staates in grundrechtlich geschützte Positionen des Einzelnen sind nur dann zulässig, wenn das Vorgehen des Staates verfassungsrechtlich gerechtfertigt ist. Das ist der Fall, wenn der Staat mit seinem Handeln einen legitimen Zweck verfolgt und die Maßnahme im Verhältnis zu diesem Zweck geeignet, erforderlich und angemessen ist[110].

b. Die Aufgabe des Strafrechts

Diese Aufgabe des Strafrechts wird von einer großen Mehrheit im Schrifttum im Schutz vor der Gefährdung oder Verletzung von Rechtsgütern gesehen[111]. Die Rechtsgüter des Einzelnen und der Allgemeinheit sollen vor Schädigungen durch Dritte bewahrt werden, um das friedliche Zusammenleben der Menschen in einer Gesellschaft und ein Minimum an Gerechtigkeit zu gewährleisten[112].

Dass der Rechtsgüterschutz Aufgabe des Strafrechts ist, ist nicht unumstritten[113]. *Jakobs* sieht die Aufgabe staatlichen Strafens vielmehr (allein) in der „Generalprävention durch Einübung in Normanerkennung" [114] [115]. Aufgabe des

---

109 *Rudolphi*, in: SK StGB, vor § 1 Rn. 1 ff.; *Eser*, in: Schönke/Schröder, vor § 1 Rn. 27 ff.; *Vogel*, StV 96, 110 ff.; *Freund*, Strafrecht AT, § 1 Rn. 1; *ders.*, in: MünchKomm StGB, Vor §§ 13 ff.

110 Siehe dazu das Urteil des *BVerfG* zum Geschwisterinzest, Beschl. des Zweiten Senats vom 26.02.2008, 2 BvR 392/07.

111 *Rudolphi*, in: FS für Honig, S. 151, 156 ff.; *Jescheck/Weigend*, AT, § 1 III 1; *Baumann/Weber/Mitsch*, AT, § 2 II 2a; *Bockelmann/Volk*, AT, S. 10; *Maurach/Zipf*, AT/1, § 19 Rn. 4 ff.; *Otto*, AT, S. 7; *Schmidhäuser*, AT, 2/30 ff.; *Strathenwerth*, AT/1, Rn. 53 ff.; *Roxin*, Strafrecht AT/1, § 2 Rn. 1; *Wessels/Beulke*, AT, S. 4; *Sternberg-Lieben*, Die objektiven Schranken der Einwilligung, S. 361; *Hohmann*, Das Rechtsgut der Umweltdelikte, S. 136 ff.; *Müssig*, Schutz abstrakter Rechtsgüter und abstrakter Rechtsgüterschutz, S. 1 ff.; *Schünemann*, in FS für Roxin, S. 1, 27 ff.

112 BVerfGE 51, 324, 343; *Roxin*, ZStW 116 (2004), 929, 929 ff.; *Schmitz*, Unglücksfall, S. 43.

113 Nach der in dieser Arbeit vertretenen Auffassung ist es mittelbare Aufgabe des Strafrechts, Rechtsgüter des Individuums und der Allgemeinheit zu schützen. Wie sich noch zeigen wird, sind Sanktionsnormen nicht direkt in der Lage, Rechtsgüter wie Leben und körperliche Unversehrtheit zu schützen. Ein mittelbarer Schutz besteht durch die Sanktionierung des Verhaltensnormverstoßes jedoch schon.

114 *Jakobs*, AT 1/15; *Jakobs* ist sicherlich einer der wichtigsten Kritiker der Rechtsgutstheorie. *Welzel*, der ebenfalls als Kritiker der Rechtsgutstheorie eingeordnet wird, sieht den Schutz der einzelnen Rechtsgüter im Schutz der positiven sozialethischen Handlungswerte eingeschlossen, vgl. dazu *Welzel*, Strafrecht. Er leugnet den Rechtsgüterschutzaspekt des Strafrechts damit jedoch nicht, sondern lässt den

Strafrechts ist in diesem Sinne die Verhinderung von Normgeltungsschäden. Ausgangspunkt dieser Lehre sind die Verhaltenserwartungen, die in einer Gesellschaft existieren. Diese Verhaltenserwartungen seien unabdingbar für die Aufrechterhaltung des gesellschaftlichen Systems. Ein Straftäter enttäusche mit seinem Verhalten diese Erwartungen. Die Strafe sei nun notwendig, um die Normgeltungskraft in der Gesellschaft wieder zu stabilisieren[116]. Richtig an dieser Auffassung ist, dass durch strafrechtliche Sanktionen das Vertrauen der Bevölkerung in die Geltung von Normen bestärkt bzw. wiederhergestellt werden soll, wenn diese von einem Täter gebrochen wurden[117]. Dieser Aspekt des staatlichen Strafanspruchs wird auch von den Vertretern der Rechtsgutstheorie nicht geleugnet. Strafrecht kann jedoch nicht alleine den Zweck verfolgen, die Geltungskraft der Normen um der Normen Willen zu schützen. Das soziale (Gesellschafts- und Rechts-)System, in dem wir leben, soll um der in ihm lebenden Bürger erhalten bleiben, nicht um seiner selbst Willen[118]. Alles andere würde bedeuten, dass auch Normen, die Gehorsam um des Gehorsams Willen verlangten („Der Gruß des Geßler Hutes"[119]), legitimiert wären. Die Aufgabe von Sanktionen bedarf weitergehender Legitimation und kommt ohne den Rechtsgüterschutz im Verhaltensnormbereich nicht aus. Verhaltensnormen sollen nicht Gehorsam um seiner selbst Willen bezwecken, sondern sind darauf gerichtet, den Bürger zu bestimmten Verhaltensweisen zu veranlassen („Du sollst bei einem Unglücksfall Hilfe leisten, wenn dies erforderlich, dir möglich und zumutbar ist") oder ihn davon abzubringen („Du sollst nicht stehlen; nicht betrügen") um der „Herstellung eines bestimmten [gesellschaftlichen] Zustandes"[120] zu dienen. Letztlich hat das

---

Rechtsgütern einen mittelbaren Schutz angedeihen. *Welzel* wird vorgehalten, eine Art Gesinnungsstrafrecht zu betreiben und dem Rechtsgüterschutz nicht mehr die ihm gebührende Priorität zukommen zu lassen, vgl. dazu *Rudolphi*, in: SK StGB, Vor § 1 Rn. 2; *Hassemer*, Theorie, S. 88. Letztlich wird die Aufgabe des Strafrechts als Mittel des Rechtsgüterschutzes jedoch nicht geleugnet, so dass in diesem Zusammenhang eine nähere Betrachtung der Ansicht *Welzels* unterbleiben kann.

115 Es ist auch nicht unumstritten, ob *Jakobs* überhaupt an der Rechtsgutstheorie teilnimmt. *Seher* ist der Ansicht, dass *Jakobs* Lehre ohne einen Rechtsgutsbegriff auskommt, da das Strafwürdige eines Verhaltens eben nicht die Verletzung von Gegenständen der Außenwelt, sondern allein das Infragestellen der Normgeltung sei. Die Frage nach dem Rechtsgut stelle sich überhaupt nicht, vgl. *Seher*, in: Hefendehl/von Hirsch/Wohlers, S. 39, 40 f.

116 Vgl. *Seher*, in: Hefendehl/von Hirsch/Wohlers, S. 39, 41.

117 *Hassemer*, in: SK StGB, Vor § 1 Rn. 254.

118 Vgl. dazu *Roxin*, AT/1, § 2 Rn. 110.

119 In *Schillers* „*Wilhelm Tell*" lässt der Landvogt *Geßler* seinen Hut aufstellen, damit jeder diesen zu grüßen habe, der daran vorbeigeht. Der Hut des *Geßler* ist zu einem Symbol des Gehorsams um des Gehorsams Willen geworden.

120 *Roxin*, AT/1, § 2 Rn. 111.

Strafrecht als an die primäre rechtlich legitimierte Verhaltensnordung anknüpfende sekundäre Sanktionsordnung die Aufgabe, *mittelbar* „die elementaren Grundwerte des Gemeinschaftslebens zu sichern, die Erhaltung des Rechtsfriedens im Rahmen der sozialen Ordnung zu gewährleisten und das Recht im Konfliktfall gegenüber dem Unrecht durchzusetzen"[121]. Grundvoraussetzung für die Erfüllung dieser Aufgabe ist der Schutz von Rechtsgütern durch die Verhaltensnormen, deren Geltung die strafrechtliche Sanktionierung absichert.

c. Der akzessorische Charakter des Strafrechts

Der Staat hat die Aufgabe, Rechtsgüter zu schützen. Dieser Aufgabe dient die Aufstellung von Normen im Haupt- und Nebenstrafrecht[122]. Bei näherer Betrachtung fällt jedoch auf, dass diese Normen auf den ersten Blick gar nicht geeignet erscheinen, die in den Gesetzesbegründungen genannten Individual- und Gemeinschaftsrechtsgüter[123] tatsächlich zu schützen. Wie *Freund* ausführt, ist in dem Fall, in dem eine strafrechtliche Sanktion ausgesprochen wird, „das Kind bereits in den Brunnen gefallen"[124], sprich: Das Rechtsgut ist bereits in nicht mehr rückgängig zu machender Weise gefährdet oder verletzt. Wenn eine Beleidigung einmal ausgesprochen ist, ist die Ehre der Person verletzt. Wenn ein Mensch durch einen anderen rechtswidrig und schuldhaft getötet wurde, dann ändert eine Bestrafung des Täters nichts am Tod dieser Person. Eine Bestrafung ändert somit nichts an der einmal geschehenen Rechtsgutsgefährdung oder -verletzung. Sie dient somit niemals dem Schutz des Rechtsguts, das konkret gefährdet oder ver-

---

121 *Wessels/Beulke*, AT, § 1 Rn. 6. Neben dem Strafrecht bestehen weitere Möglichkeiten der Sozialkontrolle, wie etwa das Zivilrecht oder auch das Recht der Ordnungswidrigkeiten. Wenn ein Mensch z. B. einen anderen Menschen körperlich misshandelt oder dessen Eigentum mutwillig beschädigt, hat das Opfer einen Anspruch auf Schadensersatz und Schmerzensgeld. Das Zivilrecht, das Ordnungswidrigkeitenrecht und andere Formen der (informellen) Sozialkontrolle, wie etwa Familie und Freunde, reichen aber nicht immer aus, um den Rechtsfrieden innerhalb einer Gemeinschaft und deren Interesse an der Erhaltung gemeinsamer Ideale und Zielsetzungen zu wahren. Wer keine (ausreichenden) sozialen Bindungen hat und wen Geldforderungen nicht erreichen können, der muss mit den Mitteln des Strafrechts dazu gebracht werden, sozialschädliche Verhaltensweisen zu unterlassen, vgl. dazu *Wessels/Beulke*, AT, § 1 Rn. 4.
122 Zum Hauptstrafrecht zählt dabei das StGB, zum Nebenstrafrecht gehören strafrechtliche Regelungen wie z. B. das strafbewehrte Organhandelsverbot nach §§ 17, 18 TPG oder die Strafvorschriften des BtMG.
123 Zu diesen Rechtsgütern gehören das Leben, die körperliche Unversehrtheit, die Fortbewegungsfreiheit, das Vermögen, aber auch eine funktionierende Rechtspflege und ein funktionierendes Staatswesen.
124 *Freund*, AT, § 1 Rn. 6; *ders.*, Erfolgsdelikt und Unterlassen, S. 80.

letzt wurde. Geschützt werden kann ein Rechtsgut nur für die Zukunft[125]. Strafrechtliche Tatbestände sind insofern akzessorischer Natur.

Diese Einsicht zeigt, dass eine zweite Normenkategorie neben den Sanktionsnormen existieren muss[126]. Strafrechtliche Normen bestehen nicht aus sich selbst heraus, sondern sie fußen auf Normen, die vorstrafrechtlicher Natur sind[127]. Diese Normen, die Verhaltensnormen, sind für sich genommen „strafrechtsneutral"[128]. Das erklärt auch, weshalb der Täter eines Vergehens oder Verbrechens bei genauerem Hinsehen einen Straftatbestand erfüllt, und nicht gegen ihn verstößt[129]. Obwohl man also sagen kann, dass, wer stiehlt, betrügt oder mordet, gegen die Rechtsordnung verstößt, verstößt er nicht gegen die Sanktionsnormen des StGB oder des Nebenstrafrechts. § 242 I StGB sagt gerade: „Wer eine fremde bewegliche Sache einem anderen in der Absicht wegnimmt, die Sache sich oder einem Dritten rechtswidrig zuzueignen". Folglich verhält sich der Dieb genauso, wie der Straftatbestand es fordert[130]. Der Normverstoß erfolgt also auf einer anderen Ebene. Eine solche Normkategorie, die in der Lage ist, die in den Strafnormen zum Ausdruck kommenden Rechtsgüter zu schützen, sind die Verhaltensnormen, also die Ver- und Gebote („Du sollst nicht stehlen")[131].

Wenn jedoch die Verhaltensnorm und nicht die Sanktionsnorm in der Lage ist, Rechtsgüter wie z. B. das Leben oder die körperliche Unversehrtheit einer konkreten Person zu schützen, stellt sich die Frage, welchen Sinn dann eine

---

125 *Freund*, AT, § 1 Rn. 6.
126 Zum sekundären Charakter des Strafrechts vgl. *Appel*, Verfassung und Strafe, S. 490 u 569; *Freund*, Erfolgsdelikt und Unterlassen, S. 27 ff; *Gössel*, in: FS für Bengl, S. 23, 26; *ders.*, in: FS für Bruns, S. 43, 44.
127 So auch *Heghmanns*, Grundzüge, S. 39.
128 *Appel*, Verfassung und Strafe, S. 490, 569; so auch *Freund*, Erfolgsdelikt und Unterlassen, S. 51f; *Frisch*, in: FS für Stree.
129 Vgl. *Heghmanns*, Grundzüge, S. 38 ff.
130 Dieser scheinbare Widerspruch lässt sich mit der Normentheorie *Bindings* am besten lösen. *Binding* geht davon aus, dass sich die im StGB genannten Normen nicht an den Bürger, sondern nur an den die Sanktion aussprechenden Richter wenden. Die Sanktionsvoraussetzungen müssen, um legitimiert zu sein, so bestimmt werden, dass der Täter einem Ver- oder Gebot zuwider handelt. Den Straftatbeständen des StGB müssen also Normen vorgelagert sein, die dem Einzelnen sagen, was er zu tun und was er zu unterlassen hat, und die damit eine Missbilligung von Verhaltensweisen aussprechen; dazu Binding, Handbuch des Strafrechts, § 30 S. 155 ff.: „Das Strafgesetz folgt begrifflich der rechtswidrigen Tat erst nach: es bezweckt ihre Folge, nicht ihren Inhalt zu bestimmen. Kein Verbrechen der Welt verstösst wider das Strafgesetz, nach dem es gestraft wird: jedes verletzt einen Rechtssatz, der von dem Strafgesetze fundamental verschieden ist, und der neuerdings als die „Norm" bezeichnet wird.".
131 *Schünemann*, JA 1975, 435, 438; *Freund*, AT, § 1 Rn. 6 f.; *Schmitz*, Unglücksfall, S. 44 f.

Sanktionsnorm neben der Verhaltensnorm hat. Vereinfachend kann man sagen: Die Sanktionsnorm zielt letztlich in dieselbe Schutzrichtung wie die Verhaltensnorm. Sie dient auch dem Schutz eines bestimmten Rechtsguts. Da sie allerdings nicht dem unmittelbaren Schutz von konkreten Individual- und Gemeinschaftsrechtsgütern dienen kann, muss sie ein anderes spezifisches Rechtsgut schützen. Dieses Rechtsgut muss geeignet sich, sich durch eine Sanktionsnorm schützen zu lassen, d. h. es muss auch nach dem Verstoß gegen die Verhaltensnorm noch zu retten sein. Bei diesem Rechtsgut handelt es sich um die Geltungskraft der Verhaltensnorm[132]. Der Straftäter stellt die Geltungskraft durch seine Straftat in Frage. Die angemessene strafrechtliche Reaktion auf sein Fehlverhalten nebst Folgen dient der Beseitigung der Gefahr eines Normgeltungsschadens. Ohne Vorhandensein der Geltungskraft könnte eine Verhaltensnorm nur die wenigsten Menschen davon abhalten, sich normwidrig zu verhalten.

Es ist somit zu unterscheiden zwischen den die Individual- und Gemeinschaftsrechtsgüter unmittelbar schützenden Verhaltensnormen und den Sanktionsnormen, deren Rechtsgut richtigerweise in der *Geltungskraft der übertretenen Verhaltensnormen* besteht, welche durch angemessene Reaktion auf den Verhaltensnormverstoß vor einem (Normgeltungs-)Schaden bewahrt werden soll.

d. Die Sanktionsnorm und ihr Rechtsgut

Wie im Vorstehenden dargelegt, können Individual- und Gemeinschaftsrechtsgüter nicht direkte Schutzobjekte der Sanktionsnorm sein. Wenn das Strafrecht einen Mord sanktioniert, schützt es damit nicht mehr das konkrete Opfer. Dessen Leben ist ja bereits unwiderruflich erloschen und kann nicht mehr gerettet werden. Es schützt jedoch die Geltungskraft der Verhaltensnorm, die auch in der Zukunft noch Menschen davor bewahren soll, Opfer eines Mordes zu werden[133]. Es ist gesellschaftliche Realität, dass schon simpelste Normen des Zusammenlebens („Hunde sind an der Leine zu führen" oder „Leergut ist nur an Werktagen in den Altglascontainer zu werfen") nicht immer und von jedem befolgt werden. Vielmehr gibt es bestimmte Faktoren oder Umstände, die dazu führen, dass Normen mehr oder weniger befolgt werden[134]. In Parks, in denen es weder eine Aufsicht

---

132 *Kölbel*, GA 2002, 403.
133 *Amelung*, in: Hefendehl/von Hirsch/Wohlers, S. 155, 181.
134 Schreckliche Gewissheit bekam diese Aussage durch den Wirbelsturm „Katrina", nach dessen Auftreten in verwüsteten Stadtteilen von New Orleans viele eigentlich selbstverständliche Normen nicht mehr beachtet wurden. Wegen des durch den Sturm verursachten Chaos wurden Häuser und Supermärkte durch ganze Menschenmengen geplündert. Man berichtet, dass viele Frauen Opfer von Vergewaltigungen wurden. Dieses Beispiel zeigt deutlich, dass eine Gesellschaft, in der be-

gibt noch jemanden, der sich beschwert und die Polizei ruft, werden sich wesentlich weniger Menschen an den Leinenzwang halten als dort, wo es viele Kontrollen (und damit auch Bußgeldbescheide) gibt. Dem Täter, der gegen eine Verhaltensnorm verstößt, droht als Resultat dieses Verstoßes eine Bestrafung. Diese Bestrafung soll dazu führen, dass der Täter sich in Zukunft an die Verhaltensnorm hält. Die meisten Menschen überlegen, welche Vor- und Nachteile ein Verhalten für sie hat, bevor sie in einer bestimmten Weise agieren. Wenn es nicht überwiegend nachteilig für sie ist, werden sie keinen Grund sehen, der gegen einen (erneuten) Verhaltensnormverstoß spricht. Strafe dient damit (auch) der Abschreckung des Täters[135]. Weiteres wichtiges Ziel ist es, die Normtreue innerhalb der restlichen Bevölkerung zu erhalten. Diese soll sehen, dass das Verhalten des Täters nicht folgenlos bleibt, und feststellen, dass sich ein Rechtsbruch nicht lohnt[136]. Die Sanktionsnorm schützt damit die faktische Geltungskraft der Verhaltensnorm[137]. Bezogen auf die ganze Gesellschaft lässt sich sagen, dass Normen durch ihre Verhaltenssteuerungsfunktion eine bestimmte Gestalt dieser Gesellschaft bestimmen bzw. erhalten[138].

e. Konkretisierung der Legitimationsvoraussetzungen einer Sanktionsnorm

aa. Das Verhältnismäßigkeitsprinzip

Eine Sanktionsnorm muss zur Durchsetzung des gesetzgeberischen Zwecks geeignet und erforderlich sein. Ihr Zweck ist die Aufrechterhaltung der Geltungskraft der Verhaltensnorm. Zur Erreichung dieses Zwecks muss sie auch ein angemessenes Mittel darstellen. Es ist zu beachten, dass dem Gesetzgeber grundsätzlich ein Ermessensspielraum bei der Frage zusteht, ob diese Kriterien erfüllt sind[139]. In der Entscheidung zum Inzestparagraphen hat das *BVerfG* das Vorhan-

---

stimmte Normen und „Spielregeln" gelten, diese unter bestimmten Umständen relativ schnell faktisch außer Kraft setzen kann.

135 *Wessels/Beulke*, § 1: Dieser Aspekt der Strafzwecke ist bekannt unter dem Stichwort der „negativen Spezialprävention". Daneben kann eine Sanktion auch noch dazu dienen, den Täter zu bessern, ihn also durch die Strafe dazu zu bringen, den Wert und Sinn einer Norm zu erkennen.

136 *Wessels/Beulke*, § 1. Dieser Aspekt der Strafzwecke ist bekannt unter dem Stichwort der „Generalprävention".

137 *Jakobs* hat insofern Recht, wenn er davon spricht, dass die strafbewehrten Verhaltensnormen das Rechtsgut der Sanktionsnormen seien, vgl. *Jakobs*, AT, S. 35 ff; zu diesem Aspekt auch *Freund*, AT, § 1 Rn. 7; *ders.*, in: MünchKomm StGB, Vor § 13 Rn. 64.

138 *Amelung*, in: Hefendehl/von Hirsch/Wohlers, S. 155, 181.

139 Vgl. dazu *BVerfG*, Beschl. des Zweiten Senats vom 26.02.2008, 10, 12.

densein dieses Spielraums ein weiteres Mal bestätigt: „... steht dem Gesetzgeber ein Beurteilungsspielraum zu, welcher vom *Bundesverfassungsgericht*[140] je nach Eigenart des in Rede stehenden Sachbereichs, der auf dem Spiel stehenden Rechtsgüter und den Möglichkeiten, sich ein hinreichend sicheres Urteil zu bilden, nur in begrenztem Umfang überprüft werden kann"[141]. Gerade bei neu eingeführten Sanktionsnormen kann am Anfang nicht mit absoluter Sicherheit gesagt werden, ob diese Norm tatsächlich geeignet, erforderlich und ein angemessenes Mittel ist, um die Geltungskraft der Verhaltensnorm zu stärken. In Bezug auf ein Organhandelsverbot als Sanktionsnorm muss also nicht ohne Zweifel feststehen, dass es keine milderen aber ebenso effektiven Mittel zur Verhinderung von Normverstößen gibt. Es darf nur nicht absolut offensichtlich sein, dass die Norm entweder nicht erforderlich oder unangemessen ist. Die Filterwirkung der Merkmale „Geeignetheit" und „Erforderlichkeit" ist dabei eher als gering anzusehen. Wenn eine Verhaltensnorm legitim ist und eine Person mit ihrem Verhalten gegen diese Norm verstößt, dann wird man einer entsprechenden Sanktionsnorm nur in den seltensten Fällen absprechen können, geeignet und erforderlich zu sein, um die Geltungskraft dieser Verhaltensnorm zu stärken. Wesentlich bedeutsamer ist die Filterwirkung der Angemessenheit. Im Rahmen der Angemessenheit muss überprüft werden, ob der Unwertgehalt des Verhaltens tatsächlich so groß ist, dass er eine Kriminalstrafe rechtfertigt. An dieser Stelle wird auch die Frage relevant, ob die Anwendung des Strafrechts nicht eine Überreaktion seitens des Gesetzgebers darstellt. In einem solchen Fall ist die Reaktion des Staates auf den Verhaltensnormverstoß nicht mehr verhältnismäßig und damit auch nicht mehr verfassungsgemäß. Gerade in Fällen der Selbstgefährdung und Selbstschädigung ist die Frage des Unwertgehaltes von besonderer Relevanz.

bb. Der Bestimmtheitsgrundsatz

In Art. 103 II GG wird verfassungsrechtlich festgelegt, dass ein mit Strafe bedrohter Verhaltensnormverstoß nur angenommen werden kann, wenn die *Strafbewehrung* des Verhaltens bereits vor der Tat präzise bestimmt war[142]. Grund dafür ist, dass ein zu unbestimmtes Strafgesetz der Willkür Tür und Tor öffnet. Das Bestimmtheitsgebot ist elementar für die Gewaltenteilung. Der Richter könnte sonst beliebig bestimmen, welches Verhalten strafrechtlich sanktioniert wird. Die Konsequenz wäre, dass der Bürger in ständiger Unsicherheit leben müsste, wel-

---

140 Hervorhebung durch Verfasserin.
141 *BVerfG*, Beschl. des Zweiten Senats vom 26.02.2008, S. 12.
142 *Hassemer/Neumann*, in: NK StGB, vor § 1 Rn. 76.

ches Verhalten *bei Strafe* verboten ist[143]. Hinsichtlich des Organhandelsverbotes muss z. B. präzise definiert sein, was unter die Begriffe „Organ" bzw. „Gewebe" fällt. Ebenso muss klar sein, was genau unter „Handeltreiben" zu verstehen ist[144].

Das Bestimmtheitsgebot steht in einem Spannungsfeld zu den in (strafbewehrten) Verhaltensnormen vorkommenden Generalklauseln und wertausfüllungsbedürftigen Begriffen, die für eine gerechte Einzelfallentscheidung jedoch unentbehrlich sind. So hat auch das *BVerfG* entschieden, dass strafbewehrte Verhaltensnormen zwar „so konkret" sein müssen, dass „Tragweite und Anwendungsbereich des Tatbestandes zu erkennen sind und sich durch Auslegung ermitteln lassen", gleichzeitig allerdings auch solche Begriffe verwendet werden dürfen, „die nicht eindeutig allgemeingültig umschrieben werden können und in besonderem Maße der Auslegung durch den Richter bedürfen"[145].

---

143 *Roxin*, AT/1, § 5 Rn. 67.
144 Diese Begriffsbestimmung spielt z. B. bei der als problematisch angesehenen Cross-Over-Spende eine entscheidende Rolle für die Frage, ob in einem solchen Fall ein verbotener Organhandel zu bejahen ist.
145 BVerfGE 55, 144, 152; BVerfGE 57, 250, 262.

D. Begriff und Funktion des Rechtsguts

Im Folgenden soll auf Begriff und Funktion des Rechtsguts eingegangen werden. Beide – miteinander zusammenhängende – Aspekte des Rechtsguts sind höchst umstritten und noch in weiten Teilen ungeklärt. Nach der Darstellung der Entwicklungsgeschichte des Begriffs und moderner Rechtsgutskonzeptionen soll ein Begriff des Rechtsguts herausgearbeitet werden, der den in dieser Arbeit zu bewältigenden Problemen gerecht wird. Für die Frage, ob die in der Gesetzesbegründung genannten Rechtsgüter das Organhandelsverbot legitimieren können, ist entscheidend, was überhaupt ein Rechtsgut ist und was nicht. Das Rechtsgut ist im Grunde nichts anderes als der legitime Zweck, dessen es immer bedarf, wenn der Gesetzgeber die (Handlungs-)Freiheit des Bürgers einschränken will[146]. Auch die Funktion des Rechtsguts ist vor diesem Hintergrund zu sehen. Die behaupteten „Rechtsgüter" müssen daraufhin untersucht werden, ob sie diese Funktion erfüllen können.

I. Funktion des Rechtsguts im System (strafbewehrter) Verhaltensnormen

In Bezug auf den Begriff des Rechtsguts herrscht Uneinigkeit. Auch hinsichtlich der Funktion des Rechtsgutsbegriffs gibt es ähnliche Differenzen. Das liegt daran, dass zwischen Begriff und Funktion ein innerer Zusammenhang besteht: Der Begriff ist so zu konzipieren, dass er seiner Funktion gerecht zu werden vermag. Deshalb ist die Funktion sogar vorrangig klärungsbedürftig. Es finden sich grundsätzlich zwei verschiedene Strömungen in der Literatur. Die eine hält die Rechtsgüter für nichts anderes als die Summe der im positiven Recht formulierten Schutzobjekte[147], die andere benutzt den Rechtsgutsbegriff darüber hinaus zur Kritik am bestehenden Normensystem. *Hassemer* hat die verschiedenen Rechtsgutskonzeptionen deshalb danach unterteilt, ob sie dem Rechtsgutsbegriff allein eine „systemimmanente Funktion"[148] zugestehen oder ob sie ihm darüber

---

146 Sachlich insofern übereinstimmend das aktuelle Urteil des *BVerfG* zum Geschwisterinzest, vgl. Beschluss des Zweiten Senats vom 26. Februar 2008 – 2 BvR 392/07.
147 So differenziert bereits *Hassemer*, Theorie, S. 19
148 Anhänger einer allein systemimmanenten Funktion sind u.a. *Honig*, Einwilligung, und aus dem neueren Schrifttum *Amelung*, in: Hefendehl/von Hirsch/Wohlers. Auch

hinaus noch eine „systemkritische Funktion"[149] zuschreiben[150]. Über die teilsystemimmanente Funktion besteht grundsätzlich Einigkeit. *Grünhut*[151] spricht in diesem Zusammenhang vom Rechtsgut als „Abbreviatur des Zweckgedankens", *Schwinge*[152] von der „ratio legis" des Tatbestandes. Diese Funktion wird auch von niemandem ernsthaft angezweifelt. Anders verhält es sich mit der systemkritischen Funktion. Die Anhänger einer systemkritischen Funktion sehen mit dem Rechtsgutsbegriff die Aufgabe verknüpft, die staatliche Strafgewalt zu begrenzen.

1. Teilsystemimmanente Rechtsgutskonzepte

Teilsystemimmanente Rechtsgutskonzepte gehen immer vom bestehenden Normensystem aus. Jedem Delikt ist mindestens ein Rechtsgut zugeordnet, welches durch bestimmte Verhaltensnormen geschützt werden soll. Der Rechtsgutsbegriff wird nur herangezogen, wenn es um die Frage geht, welche Verhaltensweisen genau unter die Verhaltensnorm fallen. Damit können Verhaltensweisen ausgefiltert werden, die nicht unter den Schutzzweck der Verhaltensnorm fallen. Als anschauliches Beispiel kann hier der Schulfall dienen, in dem jemand die Geschwindigkeitsbegrenzung in einer Ortschaft nicht einhält und in einer anderen Ortschaft trotz dort korrekter Fahrweise einen Menschen anfährt. Fraglich ist, ob die Herbeiführung des Unfalls mit Blick auf die Übertretung der Geschwindigkeitsbegrenzung missbilligt werden kann. In einem solchen Fall muss man durch Auslegung in Verbindung mit dem Rechtsgut der Verhaltensnorm zu dem Ergebnis kommen, dass es nicht Ziel der Verhaltensnorm „Geschwindigkeitsbegrenzung" ist, später an einem bestimmten Ort anzukommen. Es sollen durch die Geschwindigkeitsbegrenzung immer nur die Menschen geschützt werden, die durch das zu schnelle Fahren in eine unmittelbare Gefahr gebracht werden. Das Rechtsgut „körperliche Unversehrtheit" des Menschen, der zu Schaden kommt, weil der Autofahrer durch die vorangegangene „Raserei" genau dann an die Unfallstelle

---

während des Nationalsozialismus hatte eine systemimmanente, rein methodische Rechtsgutkonzeption Konjunktur.

149 Vertreter eines systemkritischen Konzepts sind u. a. *Roxin*, AT und *Hassemer*, Theorie.

150 Diese von *Hassemer* erstmals vorgenommen sprachliche Differenzierung soll in dieser Arbeit mit einer leichten Abweichung übernommen werden. Statt der Bezeichnung „systemimmanent" wird der Präzision halber der Begriff „teilsystemimmanent" verwendet.

151 *Grünhut*, in: FS für Frank, Band I, S. 1, 8.

152 *Schwinge*, Teleologische Begriffsbildung im Strafrecht, S. 25

kommt, wenn er die Straße überqueren will, wird deshalb in diesem Fall nicht durch die Verhaltensnorm, die das zu schnelle Fahren an anderer Stelle verbietet, geschützt.

Diese Funktion des Rechtsgutsbegriffs ist allgemein anerkannt. Sie stellt den vorhandenen Normenkatalog nicht in Frage, sondern dient nur der Auslegung. Ziel der systemimmanenten Funktion ist die Systematisierung der positiven Rechtsgüter[153], eine „Sammlung und Ordnung des bereits Gegebenen"[154]. Eine Begründung oder gar Rechtfertigung des Normensystems wird dem Rechtsgutsbegriff nicht abverlangt[155]. Der Rechtsgutsbegriff ist deshalb beschränkt auf das vorhandene Normensystem, er muss sich allein anhand dieses positiven Systems beschreiben lassen. Problematisch erscheint in diesem Kontext, dass ein rein systemimmanenter Rechtsgutsbegriff immer nur die begrenzte Sichtweise des positiven Rechts hat. Es ist – bildlich gesprochen – nicht möglich, „über den Tellerrand" der eigenen Rechtsordnung zu schauen und diese in Frage zu stellen[156].

Einer der wichtigsten – wenn nicht der wichtigste – Vertreter einer lediglich systemimmanenten Funktion des Rechtsgutsbegriffs ist *Honig*, dessen Rechtsgutsbegriff „methodisch-teleologisch" genannt wird[157]. *Honigs* Konzeption enthält kein kritisches Moment, der Einfluss der Aufklärungsphilosophie auf die Strafrechtswissenschaft ist bei ihm nicht zu spüren. Rechtsgüter könnten lediglich den vorhandenen Gesetzestext erklären und konkretisieren, im Übrigen sei ihr Inhalt komplett vom jeweiligen Gesetzgeber abhängig[158].

In der neueren Literatur spricht sich v. a. *Amelung* für einen systemimmanenten Rechtsgutsbegriff aus. Nach ihm sollte man unter Rechtsgütern nur solche Gegenstände verstehen, die vom Gesetzgeber als solche positiv bestimmt worden seien. Der Anwendungsbereich des Rechtsgutsbegriffs solle sich grundsätzlich darauf beschränken, der teleologischen Auslegung der Tatbestände des StGB zu dienen[159]. *Amelung* argumentiert damit, dass es in einer wertepluralistischen Gesellschaft nicht möglich sei, eine „konsensfähige und verbindliche Rechtsgutslehre auf außergesetzliche Wertungen zu stützen"[160]. In jeder heterogenen Gesell-

153 *Hassemer*, Theorie, S. 21.
154 *Hassemer*, Theorie, S. 23.
155 *Hassemer*, Theorie, S. 23; kritisch insoweit auch *Roxin*, AT/1, § 2 Rn. 4.
156 So auch *Hassemer*, Theorie, S. 24.
157 *Roxin*, AT/1, § 2 Rn. 4.
158 Vgl. dazu *Hassemer*, Theorie, S. 49.
159 *Amelung*, in: Hefendehl/von Hirsch/Wohlers, S. 155, 156; *Amelung* erkennt zwar keine systemkritische Funktion des Rechtsgutsbegriffs an, dafür lässt er dem Rechtsgutsbegriff jedoch die Funktion angedeihen, durch Übertragung von gesetzgeberischen Werturteilen Rechtsprobleme des AT zu lösen, vgl. *Amelung*, a.a.O., S. 156.
160 *Amelung*, in: Hefendehl/von Hirsch/Wohlers, S. 155, 163.

schaft gebe es unterschiedliche Ansichten darüber, was rechtlich zu schützen sei und welche Intensität dieser Schutz haben müsse. Dieser Ansicht kann nicht vollständig zugestimmt werden. Viele Verhaltensnormen finden sich in allen Ländern der Welt in zumindest ähnlicher Form: Tötung und Körperverletzung, Diebstahl und Betrug werden in jeder Gesellschaft durch Verhaltensnormen verboten und auch bestraft[161]. Der Kern eines jeden Verhaltensnormsystems bzw. der Rechtsgutskonzepte scheint somit überall gleich zu sein. Bei der Frage, welche Verhaltensnormen aufgestellt werden müssen, kann und darf es nicht nur um aktuelle Wertungen der Gesellschaft gehen[162], sondern zuerst einmal darum, ein freiheitliches und friedliches Zusammenleben der Bürger miteinander zu gewährleisten[163].

2. Systemkritische Rechtsgutskonzepte

Einer der größten Kontroversen entflammt sich an der Frage, ob der Rechtsgutsbegriff eine weitere, kriminalpolitische Funktion hat. Diese Funktion soll sich in einer Kritik am bestehenden System äußern.

Im Unterschied zur systemimmanenten Funktion werden Maßstab und Objekt der Falsifizierung vertauscht. Das Rechtsgutskonzept wird nicht aus dem Normensystem abgeleitet, sondern außerhalb dieses System erarbeitet. Wenn also die Rechtsgutslehre und das bestehende Normensystem nicht zusammenpassen, dann ist nicht eine Veränderung des Rechtsgutskonzepts notwendig, sondern das Normensystem ist überarbeitungsbedürftig. Eine Norm, die nicht in das Rechtsgutskonzept passt, ist folglich aus dem Normensystem zu entfernen. Beurteilungsgegenstand ist somit das Gesetz, Maßstab das Rechtsgutskonzept[164]. Nach *Hassemer* ist Rechtsgutslehre von Anfang an Systemkritik[165]. Es ging immer dar-

---

161 So auch *Roxin*, AT/1, § 2 Rn. 9.
162 Jedenfalls kann es nicht um Momentaufnahmen von Wertvorstellungen gehen. Durch eine starke Beeinflussung der Bevölkerung, z. B. durch die Medien, können sich diese schnell verändern. Man denke z. B. an die Kampfhundeverordnung, die ohne die massenmediale Beeinflussung der Bevölkerung sicherlich so nicht entstanden wäre.
163 Womit natürlich nicht gesagt werden soll, dass die Wertvorstellungen der Bürger und die Möglichkeit eines freiheitlichen und friedlichen Zusammenlebens unverbunden nebeneinander stehen. Die Wertvorstellungen spielen natürlich eine wichtige Rolle bei der Frage, welche Voraussetzungen ein solches Zusammenleben hat. Sie sind jedoch nicht allein entscheidend.
164 So *Hassemer*, Theorie, S. 22.
165 *Hassemer*, Theorie, S. 27.

um, nach inhaltlichen Merkmalen eines Verbrechens zu suchen, die unabhängig von einem bestehenden Normensystem sind.

Systemkritische Rechtsgutslehren gibt es seit der Zeit, in der die Aufklärungsphilosophie im Strafrecht angekommen ist. Das gegebene Normensystem, das lange Zeit als unveränderbar oder zumindest nicht zu hinterfragen hingenommen worden war, wurde jetzt angegriffen. Die Vertreter dieser Konzeptionen wollen es nicht hinnehmen, dass das Normensystem von einer Obrigkeit geschaffen wird und gegen jegliche Kritik immun sein soll. Es sollen vielmehr Kriterien geschaffen werden, anhand deren außerhalb des Gesetzes bestimmt werden kann, wann eine (strafbewehrte) Verhaltensnorm legitim ist, wie weit also die Befugnis des (Straf-)Gesetzgebers reicht[166]. Zu diesen Kriterien, die dem (Straf-)Gesetzgeber Grenzen setzen, werden ausnahmslos die Verfassung und die sich aus ihr ergebenden Aufgaben des Strafrechts gezählt[167]. Sie soll den Staat bei der Frage einschränken, welche Verhaltensweisen verboten und welche Rechtsgüter durch Verhaltensnormen geschützt werden sollen.

3. Stellungnahme

Wie bereits dargelegt, ist zwischen positiven und vorpositiven Rechtsgütern zu unterscheiden. Hinsichtlich der positiven Rechtsgüter ist es absolut notwendig, einen kritischen Maßstab an der Hand zu haben, mit dem eine subjektive Beliebigkeit des jeweiligen Gesetzgebers eliminiert werden kann. Auch wenn der Rechtsgutsbegriff grundsätzlich wandelbar ist, darf er nicht völlig dem Gesetzgeber überlassen werden. Es muss im Vorhinein eine Art Korsett geschaffen werden, das durch die jeweilige Gesellschaft gefüllt wird[168]. Eine kritische Rechtsgutskonzeption ist in diesem Zusammenhang wesentlich sinnvoller als z. B. der von *Amelung* gemachte Vorschlag, die Entscheidung über (strafbewehrte) Verhaltensnormen qualifizierten Mehrheiten zu überlassen[169]. Denn auch eine qualifizierte Mehrheit ist kein Garant dafür, dass der Ausgleich zwischen Schutz und Freiheit der Bürger optimal ausfällt. Ein Konzept, das Schutz und Freiheit objektiv gegeneinander abwägt, ist einer Mehrheitsentscheidung in jedem Fall vorzuziehen. Man sollte dem Rechtsgutsbegriff zugestehen, dass mehr in ihm steckt, als lediglich Hilfsmittel der Auslegung zu sein. Wenn man den Begriff des

---

166 So auch *Rudolphi*, in: SK StGB, Vor § 1 Rn. 3.
167 *Roxin*, AT/1, § 2 Rn. 7; *Rudolphi*, in: SK StGB, Vor § 1 Rn. 5; *Sax*, JZ 1976, 10.
168 *Hassemer*, Theorie, S. 153; *Haas*, Kausalität, S. 65; *Koriath*, GA 1999, S. 581.
169 So *Amelung*, in: Hefendehl/von Hirsch/Wohlers, S. 155, 164.

Rechtsguts richtig fasst, ist er ein nützliches Instrument zur Beantwortung der Frage, welche Verhaltensweisen vom Gesetzgeber eingeschränkt werden dürfen.

II. Der Begriff des Rechtsguts

1. Rechtsgut und Handlungsobjekt

Wenngleich im Rahmen der Lehre vom Rechtsgut vieles nicht einheitlich beurteilt wird, so gibt es doch eine allgemeine Erkenntnis: Das Rechtsgut ist zu unterscheiden vom konkreten Handlungsobjekt[170]. Beide können zwar zusammenfallen, in der Regel ist dies jedoch nicht der Fall. So ist z. B. bei den Tötungs- und Körperverletzungsdelikten das Tatobjekt der Mensch. Das Rechtsgut ist insoweit das Leben dieses konkreten Menschen bzw. dessen körperliche Unversehrtheit. Rechtsgut und Handlungsobjekt sind folglich nicht identisch.

2. Die Entwicklung der Lehre vom Rechtsgüterschutz anhand verschiedener Rechtsgutskonzepte der Vergangenheit

Es ist auch heutzutage noch nicht geglückt, eine klar umrissene Definition dessen zu finden, was den Begriff des Rechtsguts ausmacht. Das hängt nicht zuletzt damit zusammen, dass ein Wort nahezu willkürlich zur Bezeichnung beliebiger Gegenstände verwendet werden kann. Der Rechtsgutsbegriff ist deshalb in gewissem Sinne gleichzusetzen mit seiner geschichtlichen Entwicklung[171]. Die Darstellung der entwickelten Konzepte soll nicht nur wichtige Stadien der Entwicklung umfassen, sondern ebenso dazu beitragen, das Problem zu erhellen. In den letzten Jahrhunderten haben sich viele Rechtswissenschaftler – auch und gerade im Zusammenhang mit der Frage, was genau unter einem Verbrechen zu verstehen ist – mit dem Begriff des „Gutes" oder „Rechtsgutes" auseinandergesetzt. Im Folgenden wird die Dogmengeschichte des Rechtsgutsbegriffes knapp anhand einiger Personen umrissen, deren Lehren Bedeutung für die Entwicklung der Güter- bzw. Rechtsgütertheorie haben. Das Wissen um die Vorgeschichte[172] des Begriffes

---

170 *Koriath*, GA 1999, 561, 573; *Roxin*, AT/1, § 2 Rn. 65; *Hefendehl*, in: Hefendehl/von Hirsch/Wohlers, S. 119; *Maurach/Zipf*, AT/1, § 19 II Rn. 12 u. 14; *Baumann/Weber/Mitsch*, AT, § 3 Rn. 18; *Schmidhäuser*, Strafrecht AT, S. 2/31; *ders.*, in: FS für Engisch, S. 433, 444 f.

171 *Sina*, Dogmengeschichte, S. 88; *Amelung*, Rechtsgüterschutz, S. 2.

172 Die Vorgeschichte des Rechtsgutsbegriffes ist die Geschichte der Lehre vom Objekt eines Verbrechens, vgl. *Sina*, Dogmengeschichte, S. 3.

„Rechtsgut" ist notwendige Voraussetzung für das zutreffende Verständnis der heutzutage vertretenen Rechtsgutskonzepte und den richtigen Umgang mit dem Begriff[173].

a. Feuerbach: Die Lehre vom Verbrechen als Rechtsverletzung

Gegen Ende des 18. Jahrhunderts begann die Aufklärung Einfluss auf das Strafrecht zu nehmen. Anfangs bezogen sich die Reformbemühungen allerdings weniger auf die Straftatdogmatik als auf die Strafverfolgung und die Rechtsfolgen der Tat, namentlich die Folter, bestimmte Grausamkeiten im Rahmen der Sanktionierung und die Todesstrafe. Am Anfang des 19. Jahrhunderts wandten sich dann – beeinflusst vom aufklärerischen Gedankengut – strafrechtliche Gelehrte, unter ihnen *Anselm von Feuerbach*, auch der strafrechtlichen Dogmatik – i. S. einer Lehre von der Straftat – zu. Erstmals sollten also eine gewisse Systematik und Bestimmtheit im Strafrecht verankert werden. Der nächste Schritt, die Beschreibung eines solchen Begriffes, wurde bald in Angriff genommen. Das Ergebnis *Feuerbachs*, dass nämlich „Jede rechtliche Strafe im Staat [...] die rechtliche Folge eines durch die Notwendigkeit der Erhaltung äusserer Rechte begründeten, und eine Rechtsverletzung mit einem sinnlichen Übel bedrohenden Gesetzes [ist]„[174], macht deutlich, dass unter dem Begriff des Verbrechens die Verletzung subjektiver Rechte verstanden wurde[175]. Diese Anschauung resultiert aus der Vorstellung der damaligen Zeit, dass ein Gesellschaftsvertrag existiere[176], der die Grundbedingung einer jeden menschlichen Gesellschaft und eines jeden Staates sei und nach dem der Staat den „Schutz der wechselseitigen Freyheit Aller" sichere. Die Gesellschaft an sich garantiere dem Individuum den Schutz seiner Rechte und verlange dafür Respekt und Anerkennung der Rechte der anderen Individuen der Gesellschaft[177]. Der Verbrechensbegriff umfasste also die Verletzung der subjektiven Rechte anderer Menschen, oder andersherum: Ein Verhalten, das nicht subjektive Rechte verletzt, konnte kein Verbrechen sein[178].

---

173 Die folgenden Ausführungen erheben keinen Anspruch auf Vollständigkeit. Für eine umfassende Lektüre mit der Entstehungs- und Entwicklungsgeschichte des Rechtsgutsbegriffes sind *Sina*, Die Dogmengeschichte des strafrechtlichen Begriffs „Rechtsgut" (1962) und *Amelung*, Rechtsgüterschutz und Schutz der Gesellschaft (1972) zu empfehlen.

174 *Feuerbach*, Lehrbuch, § 23; vgl. dazu *Sina*, Dogmengeschichte, S. 9.

175 *Maurach/Zipf*, § 19 II Rn. 4; *Jescheck/Weigend*, AT, S. 257.

176 So auch *Amelung*, Rechtsgüterschutz, S. 34.

177 *Sina*, Dogmengeschichte, S. 9; so auch *Hassemer*, Theorie, S. 35.

178 *Sina*, Dogmengeschichte, S. 11; zur Rechtsverletzungstheorie *Feuerbachs* auch *Haas*, Kausalität, S. 58 f.

b. Birnbaum: Die Entstehung der Lehre vom „Güter"-Schutz

Die Auffassung *Feuerbachs* bekam rasch Kritiker[179]. *Birnbaum* nimmt dabei nicht den in dieser Zeit beliebten Standpunkt ein, dass Verbrechen nichts anderes als die durch Strafe zu sanktionierende Handlung sei[180], sondern sucht nach einem vorpositiven Verbrechensbegriff und einer Antwort auf die Frage, was genau durch ein Verbrechen verletzt wird. Er diskutierte in einer Veröffentlichung aus dem Jahre 1834 zum ersten Mal den Begriff des „Gutes" und versuchte, die Idee der Rechtsverletzung durch die des Güterschutzes zu ersetzen[181]. *Birnbaum* bestreitet die Verletzung eines Rechts durch ein Verbrechen, da eine Minderung oder ein Entzug des Rechts in diesem Fall nicht vorliege, sondern vielmehr der Gegenstand eines Rechts, dessen Gut, verletzt oder gemindert werde[182]. Er kommt zu dem Ergebnis, dass Verbrechen „jede dem Menschen zuzurechnende Verletzung oder Gefährdung eines durch die Strafgewalt Allen gleichmässig zu garantirenden Gutes anzusehen sey …"[183]. Es wird zwar nirgendwo präzise definiert, was genau *Birnbaum* unter den Begriff des „Gutes" fasst[184], es kann allerdings ausgeschlossen werden, dass er lediglich körperliche Gegenstände meinte. Auch sah er den Begriff nicht rein positivistisch als Produkt der jeweiligen Ansicht in der Gesetzgebung oder der Gesellschaft, sondern ging davon aus, dass

---

179 Beanstandungen gab es unter unterschiedlichen Aspekten: Zum einen war nicht einzusehen, warum einige Handlungen, die als strafwürdig erschienen, nicht dem Strafrecht unterfielen, nur weil sie keine subjektiven Rechte verletzten. Zum anderen wurde kritisiert, dass Handlungen, die zwar positivem Recht zuwiderliefen, aber keine subjektiven Rechte anderer verletzten, zu Polizeivergehen erklärt wurden und damit letztlich doch einer Bestrafung zugänglich waren, vgl. *Birnbaum*, Archiv des Criminalrechts 1834, XV S. 168. Diese Inkonsequenz, die sich aus einer konsequenten Beachtung der Lehre *Feuerbachs* ergab, wurde von vielen nicht hingenommen, vgl. dazu *Sina*, Dogmengeschichte, S. 17ff; *Amelung*, Rechtsgüterschutz, S. 39 ff.

180 So *Roßhirt*, Entwicklung der Grundsätze des Strafrechts nach den Quellen des gemeinen deutschen Rechts, S. 159.

181 *Jescheck/Weigend*, AT, S. 257; *Hassemer*, Theorie, S. 37.

182 *Birnbaum*, Archiv des Criminalrechts 1834, S. 149 ff. Er führt auf S. 172 aus, dass wenn schon die Gefährdung eines Gutes als Gegenstand des subjektiven Rechts eine Rechtsverletzung darstelle, dann müsse doch das Gut selbst und nicht das subjektive Recht Gegenstand des Verbrechens sein; vgl. dazu auch *Amelung*, Rechtsgüterschutz, S. 44.

183 *Birnbaum*, S. 179.

184 Es muss zudem in aller Deutlichkeit gesagt werden, dass *Birnbaum* selbst immer nur vom „Gut", niemals aber vom „Rechtsgut" sprach. Ihm wird trotzdem die Einbringung des Begriffes „Rechtsgut" zugeschrieben, da er auch vom „Gut, welches uns rechtlich zusteht", *Birnbaum*, S. 172 sprach, vgl. *Sina*, Dogmengeschichte, S. 23.

zumindest ein Teil der Güter dem Menschen von Natur aus zustehen[185]. Die Frage, welchen Einfluss die Ausführungen *Birnbaums* auf die Lehre vom Rechtsgüterschutz hatten, ist umstritten. Da jedoch die Diskussion um die Frage, in welchem Verhältnis *Birnbaums* Lehre zur Theorie vom Verbrechen als Rechtsverletzung steht, die nachfolgenden Auffassungen über den Begriff des Rechtsguts und deren Beurteilung in großem Umfang beeinflusste, kann man sagen, dass *Birnbaum* einen nicht unwichtigen Beitrag zur Lehre vom Rechtsgüterschutz leistete[186]. Zudem ist festzuhalten, dass *Binding*, einer der großen Entwickler der Rechtsgutstheorie, mit seinem Begriff des Rechtsguts an *Birnbaums* Begriff des rechtlichen Gutes anknüpfte[187].

c. Binding und von Liszt: Der Begriff des Rechtsguts im Positivismus

In den 70er Jahren des 19. Jahrhunderts begann auch im Strafrecht das Zeitalter, das als Positivismus bezeichnet wird. Beflügelt durch das Aufstreben des allgemeinen Kodifikationsgedankens und die Erkenntnis der aufstrebenden Naturwissenschaften, dass Erfolg denen beschert ist, die das Gegebene[188] präzise untersuchen, breitete sich eine „grundsätzlich antimetaphysische"[189] Denkweise aus. Zudem gab es seit 1871 das Reichsstrafgesetzbuch, so dass die Wissenschaft in der Praxis vor der Aufgabe stand, neue positive Normen zu analysieren und zu interpretieren[190]. Ethische und rechtspolitische Ideen, wie etwas sein sollte oder ob bestehende Normen eine Daseinsberechtigung haben, gerieten in den Hintergrund und wurden von vielen als beliebig und subjektiv diskreditiert[191]. Auch wenn die Ansichten unter den Positivisten vielfältig waren, so zieht sich doch ein Begriff durch alle Strömungen: Der des Rechtsguts. Bei der Ausarbeitung dessen, was unter diesem Begriff zu verstehen ist, spielten[192] vor allem *Binding* und *v. Liszt* eine entscheidende Rolle.

---

185 *Birnbaum*, S. 177 und 180; vgl. *Sina*, Dogmengeschichte, S. 22.
186 *Amelung*, Rechtsgüter, S. 45.
187 *Sina*, Dogmengeschichte, S. 46; *Haas*, Kausalität, S. 60.
188 Somit das Positive.
189 *Kaufmann, E. Kritik der neukantischen Rechtsphilosophie, 1921*, S. 3; vgl. *Sina*, Dogmengeschichte, S. 39.
190 *Sina*, Dogmengeschichte, S. 39.
191 *Amelung*, Rechtsgüterschutz, S. 53.
192 Man kann sagen, sie spielten damals und spielen noch heute eine wichtige Rolle bei der Frage, was unter dem Begriff des Rechtsguts zu verstehen ist.

aa. Bindings Normenlehre

Binding war es, der dem Rechtsgutsgedanken in der Strafrechtswissenschaft zum Durchbruch verhalf[193]. Ausgangspunkt seiner Lehre ist die Unterscheidung zwischen Verhaltensnorm und Sanktionsnorm[194]. Kriminelles Verhalten stellt nach *Binding* einen Verstoß gegen eine „Norm" dar, und zwar einer Verhaltensanforderung (Verhaltensnorm), die der Sanktionsnorm vorgelagert ist. Der Verhaltensanforderung an den Einzelnen steht ein Recht des Staates gegenüber, dass diese Normen auch erfüllt werden. Werden die Erwartungen des Staates enttäuscht, hat dieser die Möglichkeit, den Normbrecher zu sanktionieren. Die Strafgesetze selbst werden durch einen Täter somit nicht verletzt, sondern erfüllt. Verbrechen kann folglich definiert werden als Auflehnung des Bürgers gegen das Recht des Staates, die von letzterem aufgestellten Verhaltensanforderungen zu befolgen. Ziel einer Norm wäre damit in jedem Fall (zumindest auch) das staatliche Recht auf Gehorsam[195]. Neben diesem Recht des Staates auf Gehorsam sollte aber zumindest bei einem Teil der Verbrechen auch ein anderer Zweck eine Rolle spielen: Der Schutz von Gütern vor Gefährdung oder Verletzung[196]. Dieser Zweck diente vor allem der weitergehenden Differenzierung der unterschiedlichen Verbrechen. Dies war notwendig, da, wie auch *Amelung* anmerkt, das Merkmal des Ungehorsams allein nicht dazu taugt, Straftaten wie Mord, Diebstahl und Schlittenfahren ohne Geläut auf einer Wertungsebene voneinander abzuschichten[197].

Rechtsgut war für *Binding*: „alles, was in den Augen des Gesetzgebers für die Rechtsordnung von Wert ist, dessen ungestörte Erhaltung er deshalb durch Normen sicherstellen muss ... kurz alles, was ausser dem Gehorsamsrechte des Staates Objekt eines deliktischen Angriffes bildet"[198]. Damit wird eines sehr deutlich: Bei *Binding* findet keine inhaltliche Definition des Rechtsgutsbegriffes statt. Vielmehr muss der Gesetzgeber selbst entscheiden, welchen Gegenstand er zum rechtlich geschützten Gut erklärt. Damit ist der Begriff des Rechtsgutes nach *Binding* durch und durch positiv zu bestimmen, d. h. grundsätzlich kann alles

---

193 Wie *Amelung* (Rechtsgüterschutz, S. 73) ausführt, ist *Binding* zwar nicht der erste, der *Birnbaums* Idee vom zu schützenden Gut wieder aufleben lässt, aber dank ihm verbreitet sich die Auffassung von der Richtigkeit und der Bedeutung dieses Gedankens in der allgemeinen Strafrechtswissenschaft.
194 *Hassemer*, Theorie, S. 44.
195 Jedenfalls heutzutage bedarf das Recht auf Gehorsam natürlich der Legitimationsgründe durch den Gedanken des Rechtsgüterschutzes.
196 *Binding*, Handbuch des Strafrechts, § 30, S. 169 ff.
197 *Amelung*, Rechtsgüterschutz, S. 73 f.
198 *Binding*, Handbuch des Strafrechts, § 30, S. 169.

zum Rechtsgut erhoben werden, solange der Gesetzgeber es nur dazu macht[199]. Dieser Mangel an vorpositiver inhaltlicher Bestimmtheit führt dazu, dass der Begriff des Rechtsgutes keinerlei feste Konturen hat, somit wie *Sina* ausführt, „weitgehend entmaterialisiert"[200] wurde[201].

bb. von Liszt

Anderer Auffassung ist in dieser Hinsicht *v. Liszt*, der die Autorität und Legitimation eines Gesetzes nicht im Gesetz selbst, sondern in den dahinter stehenden Zwecken sieht. Dieser „Zweckgedanke" und damit auch Systemkritik durchzieht alle Thesen *v. Liszts* zum Güterschutz[202]. So kritisiert er auch *Binding* dafür, die Norm allein als Bezugspunkt zu wählen. Vielmehr sei neben der Norm auch das Rechtsgut als Säule des strafrechtlichen Systems anzusehen[203]. Der Rechtsgutsgedanke sei wichtig im Hinblick auf die Frage, welches Ziel eine Norm habe, „warum" es sie also gebe. Das Recht ist für ihn um „der Menschen willen da"[204], hat diesen also zu dienen[205]. Rechtsgüter sind rechtlich geschützte menschliche Interessen[206]. Rechtsgüter werden daher nach *v. Liszt* nicht durch den Gesetzgeber geschaffen, sondern durch das Leben[207]. Diese These führt ihn dazu, einen Unterschied zu erkennen zwischen der (formellen) Verletzung einer durch den Gesetzgeber aufgestellten Verhaltensnorm und der (materiellen) Verwirklichung von (güterverletzendem) Unrecht[208]. Auch hier wird also der Zusammenhang zwischen der Verhaltensnorm (die gerade nicht nur „formell" aufgestellt werden kann) und dem die Verhaltensnorm legitimierenden Gedanken des Rechtsgüterschutzes (noch) nicht richtig erkannt; beides wird nur isoliert nebeneinander gestellt. Für *v. Liszt* spielt damit der Rechtsgutsbegriff v. a. unter kriminalpo-

---

199 *Amelung*, Rechtsgüterschutz, S. 74; *Sina*, Dogmengeschichte, S. 45; *Stratenwerth*, Strafrecht AT/1, § 2 Rn. 6.
200 *Sina*, Dogmengeschichte, S. 45.
201 Dies sah wohl auch *Binding* selbst ähnlich, indem er schreibt: „Hinter Verbot und Gebot beginnt aber für den, der nach der Rechtswidrigkeit sucht, tiefster undurchdringlicher Nebel", *Binding*, Normen, Bd. 2.1, S. 161.
202 Vgl. *Hassemer*, Theorie, S. 37.
203 *von Liszt*, Lehrbuch des deutschen Strafrechts, 3. Aufl. 1888, S. 21.
204 *von Liszt*, ZStW 6 (1886), 663, 673.
205 Vgl. *Hassemer*, Theorie, S. 38.
206 *Koriath*, GA 1999, 561, 582; *Jescheck/Weigend*, AT, S. 257; *Sina*, Dogmengeschichte, S. 51.
207 *von Liszt*, Lehrbuch, 3. Aufl. 1888, S. 20; diese These ist sicherlich vor dem Hintergrund eines positivistisch geprägten Umfeldes als große Leistung anzuerkennen.
208 *von Liszt*, Lehrbuch, 14./15. Aufl., S. 140; damit kommt er also zu dem Ergebnis, dass es Gesetze geben kann, die kein Rechtsgut schützen.

litischen Aspekten und für die Frage, welche Aufgabe Strafe hat, eine große Rolle[209].

d. Honig

Honig ist ein sehr wichtiger Vertreter eines methodisch-teleologischen Rechtsgutsbegriffs. Dieser Begriff hatte seine Hochzeit in der Zeit des Nationalsozialismus, wurde aber bereits vorher von *Honig* vertreten. Nach *Honig* dient der Rechtsgutsbegriff lediglich der Auslegung von Tatbeständen, durch ihn könnten „Sinn und Zweck der einzelnen Strafrechtssätze in komprimierter Form"[210] erfasst werden.

Honig gesteht dem Rechtsgutsbegriff damit keinen Inhalt, keinen materiellen Gehalt zu. Der Begriff ist für ihn absolut leer, Rechtsgüter gebe es in der Realität nicht[211]. *Honigs* Rechtsgutskonzept ist somit durch und durch systemimmanent.

e. Der Begriff des Rechtsguts im Nationalsozialismus

In den Jahren der nationalsozialistischen Terrorherrschaft in Deutschland wurde der im Positivismus verbreitete Rechtsgutsbegriff wegen seines liberalen Gehalts aufs schärfste kritisiert[212]. Alle rechtswissenschaftlichen Lehren, die im Verdacht standen, liberales und aufklärerisches Gedankengut zu enthalten, sollten in Vergessenheit geraten. Im Nationalsozialismus galt der einzelne Bürger nichts, das Volk als unauflöslich miteinander verbundene Gemeinschaft alles[213]. Nach den Nationalsozialisten hatte das Strafrecht die Aufgabe, eben dieses Volk[214] zu

---

209 Für *von Liszt* war es entscheidend zu beweisen, dass die Vergeltungstheorie als alleiniger Zweck der Strafe jeglicher Grundlage entbehrt. Dies war nur möglich, wenn er einen Strafzweck finden konnte, der über die reine Vergeltung hinausging. Indem er die Theorie von den Interessen, die es durch das Recht zu schützen galt, aufstellte, glaubte er einen solchen Zweck gefunden zu haben, vgl. *Sina*, Dogmengeschichte, S. 48.

210 *Honig*, Einwilligung, S. 94.

211 *Honig*, Einwilligung, S. 94; *Marx*, Rechtsgut, S. 19 f.

212 In den späteren Jahren nationalsozialistischer Herrschaft wurde der Rechtsgutsbegriff an sich zwar nicht mehr abgelehnt, dies ist aber nur der Tatsache zu verdanken, dass über seinen Gehalt keine Einigkeit herrschte. Man konnte quasi alles in ihn hineininterpretieren, vgl. *Sina*, Dogmengeschichte, S. 84.

213 *Amelung*, Rechtsgüterschutz, S. 216 f.

214 Mit dem Begriff des Volkes ist im Nationalsozialismus mehr gemeint als die Summe der in ihm versammelten Individuen. Es ist eine Art eigenständiges Lebewesen, das aus einer Gemeinschaft besteht, die sich aus vergangenen, gegenwärtigen und zukünftigen Generationen zusammensetzt, die durch verwandtschaftliche Beziehun-

schützen und zu erhalten[215]. Folglich wurde die in den vorherigen Jahrhunderten begonnene Verbreitung und Festsetzung der Ideen von Individualismus und Aufklärung in dieser Zeit stark bekämpft. Ein Verbrechen wurde auch nicht definiert als Rechtsgutsverletzung, sondern als Treubruch des Einzelnen gegenüber der Gemeinschaft. Der Begriff des Rechtsguts wurde jedoch nicht von allen Strafrechtswissenschaftlern in dieser Zeit abgelehnt. Die sog. „Marburger Richtung" setzte sich durchaus für die Existenzberechtigung des Rechtsgutsbegriffs ein. Allerdings nicht mit einem liberalen Gehalt, sondern in methodisch-teleologischer Form. Der Begriff des Rechtsguts wurde als durch und durch positiv angesehen und hatte jeden Inhalt, den ihm der Gesetzgeber geben wollte. Um es mit *Schwinge/Zimmerl* auf den Punkt zu bringen: „Ursprünglich eine Aussage über das Substrat der Verbrechen, liegt in ihm heute nur noch ein Hinweis auf die Methode der strafrechtlichen Auslegung und Begriffsbildung"[216]. Durch die Beliebigkeit des Inhalts bekam der Rechtsgutsbegriff im autoritären Strafrecht des Nationalsozialismus einen „rassisch, völkisch, deutsch[en]„ Inhalt[217]. Aus genau diesem Grund – der Beliebigkeit – wurde der Rechtsgutsbegriff von Vertretern der „Kieler Richtung" abgelehnt: Sie hielten den liberalen Gehalt des Rechtsgutsbegriffs für mit den Schutzobjekten des autoritären Strafrechts, Rasse, Deutschtum und Volkstum, nicht vereinbar. Schließlich gab die Kieler Richtung ihre These jedoch auf und kam ebenso zu der Erkenntnis, dass der Begriff des Rechtsguts nicht grundsätzlich abzulehnen sei[218].

Letztlich ist festzuhalten, dass die Zeit des Nationalsozialismus die Frage, was unter dem Begriff des Rechtsguts zu verstehen ist, nicht entscheidend voranbrachte. Wichtig ist, dass sein liberaler Charakter bestätigt wurde, sei es durch ausdrückliche Befürwortung, sei es durch seine Bekämpfung[219].

f. Der Begriff des Rechtsguts nach Inkrafttreten des Grundgesetzes

Nach dem Untergang des nationalsozialistischen Reiches kehrte in Westdeutschland die Überzeugung ein, dass die Rechte des Individuums, seine Würde und Selbstbestimmtheit besser geschützt werden mussten. Dieses Umdenken hin zur Stärkung der Rechte des Individuums macht sich u. a. durch die Schaffung der Grundrechte als Abwehrrechte des Bürgers gegen den Staat bemerkbar. Die im

---

gen im weitesten Sinne miteinander verbunden sind, quasi „die Blutsgemeinschaft des arischen Volkes", vgl. *Amelung*, Rechtsgüterschutz, S. 217 f.

215 *Freisler*, in: *Gürtner*, Das kommende deutsche Strafrecht BT, S. 47.

216 *Schwinge/Zimmerl*, Wesensschau und konkretes Ordnungsdenken, S. 64.

217 *Sina*, Dogmengeschichte, S. 77; so auch *Amelung*, Rechtsgüterschutz, S. 257.

218 *Sina*, Dogmengeschichte, S. 80.

219 *Sina*, Dogmengeschichte, S. 84.

Grundgesetz aufgeführten Rechte des Individuums stellten eine Drehung um 180° hinsichtlich der Dogmen des Dritten Reiches dar. Insofern lassen sich auch Bestrebungen erklären, die den Begriff des Rechtsguts nun mit den liberalen Prinzipien der Verfassung zu verknüpfen versuchten. Wie *Amelung* und *Sina* jedoch feststellen, hatte die Schaffung des Grundgesetzes letztlich keinen großen Einfluss auf den Begriff des Rechtsguts[220].

g. Zusammenfassung und Stellungnahme

Die – knappe – Darstellung der Entwicklungsgeschichte des Rechtsgutsbegriffs gibt einen Überblick über die verschiedenen Epochen und die jeweils herrschenden Vorstellungen vom Begriff des Rechtsguts. Es ist festzuhalten, dass der Begriff des Rechtsguts schon seit geraumer Zeit existiert und immer wieder versucht wurde, durch ihn zu klären, was die inhaltlichen Merkmale eines Verbrechens sind, an denen sich jede Normsetzung durch den Gesetzgeber orientieren muss[221]. Man wollte herausfinden, was genau unter einem Verbrechen zu verstehen ist. Dabei ließ man dem Rechtsgutsbegriff die verschiedensten Inhalte angedeihen, die letztlich jedoch nie so konkret wurden, dass man genau hätte sagen können, was unter dem Begriff zu verstehen ist. Es ist jedoch deutlich geworden, dass seit Beginn der Diskussion immer wieder die Frage im Mittelpunkt stand, ob der Rechtsgutsbegriff durchgängig positiv ist oder ob er (zumindest teilweise) auch vorpositiven Charakter hat. Der Erkenntniswert, der in der Darstellung der Entwicklungsgeschichte enthalten ist, liegt zum einen darin, dass seit der Epoche der Aufklärung die Idee des Rechtsguts mit der Idee des Individualismus und des Liberalismus verknüpft ist. Der Aufklärungsphilosophie ist es zu verdanken, dass die Existenz gottgegebener Normen oder eines ewigen Sittengesetzes in Frage gestellt wurde[222]. Der Begriff des Rechtsguts diente im Prinzip von Anfang an der Eingrenzung der staatlichen Gewalt und damit der Freiheit des Bürgers. Aus diesem liberalen Verständnis ergibt sich auch, dass nicht der Gesetzgeber entscheiden darf, was genau unter den Begriff des Rechtsguts zu fassen ist. Viel-

---

220 *Amelung*, Rechtsgüterschutz, S. 260; *Sina*, Dogmengeschichte, S. 87 und 96. Um nicht missverstanden zu werden: Der Güterschutzaspekt wurde dennoch von vielen Strafrechtlern benutzt, um den liberalen Gedanken des Grundgesetzes und der Freiheit des Individuums Rechnung zu tragen, insbesondere in Bezug auf die Liberalisierung des Sexualstrafrechts und die Abgrenzung von Straftaten und Ordnungswidrigkeiten, vgl. *Amelung*, Rechtsgüterschutz, S. 273.

221 Natürlich gab es auch entschiedene Gegner einer solchen Rechtsgutsfunktion, die dem Begriff des Rechtsguts allein die Aufgabe geben wollten, Hilfestellung bei der Auslegung der Tatbestände zu geben.

222 *Hassemer*, Theorie, S. 29 f.

mehr muss der Staat in gewissem Umfang gebunden sein. Das Dritte Reich hat uns gelehrt, dass eine komplette Inhaltsleere verhindert werden muss, um Willkür auszuschließen. Um dieses Ziel zu erreichen, muss dem Begriff des Rechtsguts ein bestimmter materieller Gehalt verliehen werden, der es erlaubt, seinen liberalen Charakter zu wahren. Nichtsozialschädigendes Verhalten und reine Moralwidrigkeiten müssen von *rechtlicher* Verhaltensmissbilligung – und erst recht von strafrechtlicher Sanktionierung – ausgeschlossen werden. Damit sind zwar noch nicht alle Konkretisierungsprobleme gelöst. Aber die Basis für eine Lösung ist immerhin geschaffen[223].

3. Aktuell vertretene Rechtsgutskonzepte in der Literatur

Wie schon seit Beginn der Diskussion herrscht auch heute noch Uneinigkeit darüber, was genau unter dem Begriff des Rechtsguts zu verstehen ist. In den Anfangszeiten des Bundesrepublik Deutschland wurde dem Rechtsgutsbegriff nicht viel Beachtung geschenkt. Erst in den 70er Jahren des 20. Jahrhunderts ist die Diskussion um ihn neu entfacht[224]. Die erneute Auseinandersetzung hängt sicherlich mit den veränderten politischen und gesellschaftlichen Verhältnissen dieser Zeit zusammen. Beispielsweise hat die Reform des Sexualstrafrechts einen großen Beitrag zur Wiederbelebung der Debatte geleistet[225]. Auch das Umweltstrafrecht gab und gibt immer wieder Gelegenheit zur Diskussion um die Frage, welche Güter durch (strafbewehrte) Verhaltensnormen zu schützen sind[226]. Immer mehr Verhaltensnormen des „modernen Strafrechts"[227] sollen kollektive Rechtsgüter schützen oder werden von abstrakten Gefährdungsdelikten in Bezug genommen. Diese neuen Normen und Rechtsgüter werfen jedoch Legitimationsfragen auf, die sich mit dem bis dahin bestehenden System nicht lösen ließen. Sie erforderten neue Wege und Konzepte. Sachlich geht es immer um die Frage, ob sich ein legitimer Zweck für das Aufstellen einer Verhaltensnorm finden lässt[228].

---

223 So auch *Sina*, Dogmengeschichte, S. 96.
224 *Hassemer*, Theorie; *Marx*, Rechtsgutsbegriff; *Rudolphi*, in: FS für Honig, S. 152 ff.; *Zieschang*, Gefährdungsdelikte; *Wohlers*, Deliktstypen; *ders.*, GA 2002, 15 ff; *Hefendehl*, Rechtsgüter; *ders.*, GA 2002, 21 ff; *Stratenwerth*, in: FS für Lenckner, S. 377 ff.; *ders.*, in: ZStW 105 (1993), S. 679 ff.
225 Vgl. z. B. die Arbeit von *Jäger*, Strafgesetzgebung.
226 *Hohmann*, Das Rechtsgut der Umweltdelikte, S. 136 ff.
227 So *Seher*, in: Hefendehl/von Hirsch/Wohlers, S. 39.
228 Vgl. dazu auch das aktuelle Urteil des *BVerfG* zum Geschwisterinzest, Beschl. des Zweiten Senats vom 26. Februar 2008, 2 BvR 392/07.

Es gibt viele Wissenschaftler, die über den materiellen Gehalt des Rechtsgutsbegriffs ohne gemeinsames Ergebnis debattieren. Das demonstriert anschaulich die Schwierigkeit, dem Begriff einen *konkreten* Inhalt zu geben, der in jeder Hinsicht überzeugend und vor allem intersubjektiv ohne Weiteres vermittelbar ist. Die Begriffsbestimmungen leiden entweder an einer sehr hohen Abstraktion oder daran, dass sie nicht umfassend sind.

Nach *Roxin* ist nur schwer erkennbar, wie sich die abweichenden Definitionen zueinander verhalten, woher die unterschiedlichen Begriffsbestimmungen kommen und was sich aus ihnen ableiten lässt[229]. Auch *Hassemer* schreibt, dass die zu Begriff und Funktion vertretenen Meinungen ohne Bezug nebeneinander stehen. Im Folgenden sollen einige der zahlreichen aktuell vertretenen Rechtsgutskonzepte dargestellt und erörtert werden. Ziel soll es sein, die untauglichen Konzeptionen herauszufiltern und den für die Belange dieser Arbeit weiterführenden Rechtsgutsbegriff zu konkretisieren. Dabei sei aber an dieser Stelle schon einmal angemerkt, dass viele Ansichten gar nicht so unterschiedlich sind, wie häufig dargestellt wird. Man bekommt vielmehr manchmal den Eindruck, es werden künstlich Differenzen geschaffen, die in der Form gar nicht vorhanden sind[230]. Im Detail gibt es natürlich Unterschiede, die im Folgenden herausgearbeitet werden sollen.

Viele Ansichten vermengen die eigentlich zu trennenden Begriffe „Verhaltensnorm" und „Sanktionsnorm" und nehmen in Bezug auf die zu schützenden Rechtsgüter keine saubere Trennung vor. Da es jedoch im nächsten Schritt darum geht, die vorhandenen Auffassungen so wie sie sind wiederzugeben, kommt es auch bei der Darstellung manchmal zwangsläufig zu einer Vermengung von Verhaltens- und Sanktionsnorm.

a. Das Rechtsguts als „schutzbedürftiges menschliches Interesse" nach Hassemer

Hassemer stellte in den 70er Jahren des 20. Jahrhunderts fest, dass es eine bunte Vielfalt an Rechtsgutslehren gebe, bei denen von einer stimmigen Systematik nicht gesprochen werden könne. Angesichts der unbefriedigenden Lage entwickelte *Hassemer* zur Abhilfe die sog. „personale Rechtsgutslehre".

Bei der personalen Rechtsgutslehre handelt es sich um eine monistische Lehre, d. h. es gibt nicht wie bei den dualistischen Lehren das Nebeneinander von

---

229 *Roxin*, AT/1, § 2 Rn. 3.

230 Das soeben Gesagte bezieht sich natürlich nicht auf alle Ansichten, die zu dem Begriff des Rechtsguts vertreten werden. Viele Auffassungen unterscheiden sich wesentlich. Es gibt jedoch mehrere Definitionsversuche, die im Grunde auf das Gleiche hinauslaufen.

Individual- und Gemeinschaftsrechtsgütern, sondern alle Rechtsgüter werden immer von einem Träger her bestimmt[231]. „Personal" ist diese Lehre, da Rechtsgüter der Allgemeinheit zwar grundsätzlich anerkannt, aber immer nur insoweit zugelassen werden, als sie zumindest mittelbar auch dem Einzelnen und seiner freien Entfaltung in der Gesellschaft dienen. Gegenstück zu dieser Lehre ist eine monistisch-etatistische Lehre, nach der alle Rechtsgüter solche des Staates sind[232]. Ziel der monistisch-personalen Rechtsgutslehre ist es, die Bedeutung und Vorrangigkeit von Individualrechtsgütern vor den Rechtsgütern der Gemeinschaft hervorzuheben[233]. Rechtsgüter der Gemeinschaft sind immer vom Menschen abgeleitet und daher den Individualrechtsgütern denklogisch untergeordnet. Grund für die Vorrangigkeit der Individualrechtsgüter ist nach *Hassemer* die Tatsache, dass die Erhaltung des bürgerlichen Status negativus gegenüber staatlicher Bevormundung die Vorstellung rechtlich gesicherter Freiheitsräume des Individuums voraussetzt[234].

Hassemer geht von einem Rechtsgutsbegriff aus, der ohne Ausnahme positiv ist. Rechtsgüter sind danach nicht schon immer da gewesen, sondern sie werden erst durch jemanden produziert. Die Frage, ob „Etwas" Rechtsgutscharakter hat, hängt daher von der historischen, kulturellen, geographischen und ökonomischen Umgebung ab[235]. „Güter ‚gibt' es nicht, sie werden gesellschaftlich ‚hergestellt'"[236].

Nach *Hassemer* sind die meisten Versuche zur Konkretisierung des Rechtsgutsbegriffs Worthülsen, denen man jeden Gehalt geben könne. Sie seien zwar insofern umfassend, als es keine relevanten Gegenstände gäbe, die dieser Beschreibung nicht entsprächen. Eine spezifische Inhaltsaussage oder einen großen Erklärungswert hätten sie jedoch nicht[237]. Im Zuge seiner Auffassung, eine Inhaltsgestaltung des Begriffes müsse immer zwischen „Vagheit und Selektivität"[238] entscheiden, will er den Begriff offen lassen, um den Blick nicht zu verengen. Rechtsgüter werden deshalb definiert als „strafrechtlich schutzbedürftiges menschliches Interesse", so dass auch *Hassemer* lediglich eine Begriffshülse benutzt, der es an erkennbarem *konkretem* Inhalt mangelt.

---

231 *Hassemer*, in: AK StGB, vor § 1 Rn. 270.
232 *Lagodny*, Strafrecht, S. 38.
233 *Hassemer*, in: AK StGB, vor § 1 Rn. 274 f.
234 *Hassemer*, Theorie, S. 69.
235 *Hassemer*, in: AK StGB, vor § 1 Rn. 283.
236 *Hassemer*, in: AK StGB, vor § 1 Rn. 283.
237 *Hassemer*, Theorie, S. 101 f.; *Hassemer*, in: AK StGB, vor § 1 Rn. 286.
238 *Hassemer*, in: AK StGB, vor § 1 Rn. 287; dieses (unauflösliche) Problem, dass ein gehaltvoller Rechtsgutsbegriff der Dynamik gesellschaftlicher Veränderungen nicht standhalten kann, andererseits aber ein Begriff, der diese Dynamik nicht außer acht lässt, seine kritische Potenz verliere, erkennt auch *Hefendehl*, GA 2002, 21, 22.

Das ist jedoch nur konsequent, wenn man seine Aussage betrachtet, dass Rechtsgüter positiv und durch die Gesellschaft bestimmt sind. Eine inhaltliche Ausgestaltung soll deshalb auch gar nicht durch eine allgemein gültige Definition stattfinden, sondern durch die jeweilige Gesellschaft und die in ihr stattfindende Politik[239].

b. Das Rechtsgut als „für die freie Entfaltung des Einzelnen, die Verwirklichung seiner Grundrechte und das Funktionieren eines auf dieser Vorstellung aufbauenden staatlichen Systems notwendigen Gegebenheit oder Zwecksetzung" nach Roxin

Roxins Rechtsgutsbegriff wird als „verfassungsrechtlicher Rechtsgutsbegriff" beschrieben[240]. Er bezeichnet Rechtsgüter als „Gegebenheiten oder Zwecksetzungen, die für die freie Entfaltung des Einzelnen, die Verwirklichung seiner Grundrechte und das Funktionieren eines auf dieser Zielvorstellung aufbauenden staatlichen Systems notwendig sind"[241].

Dieser Rechtsgutsbegriff ergibt sich nach *Roxin* aus der Aufgabe des Strafrechts. Diese sei es, den Individuen in der Gesellschaft unter Gewährleistung aller durch die Verfassung zugesicherten Grundrechte eine freie und friedliche Koexistenz zu ermöglichen[242].

Dass der Rechtsgutsbegriff „Gegebenheiten und Zwecksetzungen" umfasst, bedeute, dass er sowohl vorpositive also auch positive Aspekte beinhalte. Es gebe bestimmte Rechtsgüter, die immer und in jeder Gesellschaft zu schützen seien, weil ein Leben in menschlicher Gesellschaft ohne den Schutz dieser Güter nicht möglich sei (Gegebenheiten)[243]. Diese sind mithin nicht von der jeweiligen Gesellschaft bzw. ihrem (Straf-)Gesetzgeber abhängig, sondern vorpositiv. Daneben kann eine Gesellschaft aber auch Rechtsgüter schaffen, die nicht in jeder, aber in

---

239 *Hassemer*, in: AK StGB, vor § 1 Rn. 287.
240 *Pfeiffer*, Lebendspende, S. 162.
241 *Roxin*, AT/1 § 2 Rn. 7.
242 Diese Ansicht vertritt *Roxin* bereits in Jus 1966, 377, 383. Hier bezeichnet er Rechtsgüter noch als werthafte Zustände, die sich aus den in der jeweiligen historischen und sozialen Situation unerlässlichen Voraussetzungen der gemeinsamen Existenz einer menschlichen Gruppe konkretisieren würden. Beispielhaft zählt er das Leben, die Körperintegrität, die Freiheit der Willensbetätigung und das Eigentum auf.
243 Ein solches Rechtsgut ist z. B. das Leben, das grundsätzlich in jeder Rechtsordnung durch das Strafrecht geschützt wird. Selbst Rechtsordnungen, die bereits relativ geringe „Vergehen" wie Ehebruch mit dem Tode bestrafen und dem Leben daher nicht einen so hohen Stellenwert einräumen wie die unsere, dienen grundsätzlich auch dem Lebensschutz.

der konkreten Gesellschaft notwendig und gewollt sind (Zwecksetzungen). Ebenso wie *Hassemer* geht *Roxin* davon aus, dass der Rechtsgutsbegriff wandelbar und von gesellschaftlichen, historischen und kulturellen Gegebenheiten abhängig ist[244]. Rechtsgüter könnten somit sowohl neu geschaffen als auch wieder verworfen werden, wenn man sie für nicht mehr schützenswert hält.

Roxin verficht die These, dass ein Vertrag zwischen den Bürgern einer Gesellschaft besteht. Sie hätten gemeinsam einen Staat geschaffen, der sie – u. a. durch den Erlass von Normen – schützen soll. Dieser Schutz solle aber nur so weit reichen wie nötig. Bei der Frage nach dem Verbot eines Verhaltens müsse somit immer abgewogen werden zwischen dem Schutz des einen Bürgers und der Freiheit des anderen Bürgers[245].

Es geht bei (strafbewehrten) Verhaltensnormen also immer darum, ein friedliches und freies Miteinander zu gewährleisten.

Roxins Rechtsgutsbegriff führt dazu, dass willkürliche, rein ideologisch motivierte oder gegen Grundrechte verstoßende Normen keine Rechtsgüter schützen können, da diese nicht dem Schutz der friedlichen und freien Koexistenz dienen, sondern diese vielmehr in ihrer Existenz bedrohen[246]. Solche Normen sind folglich zu eliminieren.

Auch Unmoral und Unsittlichkeit begründen aus denselben Gründen für sich noch keine Rechtsgutsverletzung und können nicht verboten und erst recht nicht bestraft werden[247].

Der Begriff des Rechtsguts hat damit eine nicht unerhebliche Ausschlussfunktion und ist immerhin in der Lage, in vielen Bereichen Verhaltensweisen von einem Verbot und einer Bestrafung auszuklammern.

Es lässt sich somit festhalten, dass der Begriff des Rechtsguts nach *Roxin* durch die Verfassung und die Aufgaben des Strafrechts begründet und begrenzt

---

244 Diese Wandelbarkeit besteht freilich nur hinsichtlich des positiven Teils der Rechtsgüter. Das Rechtsgut „Leben" als vorpositives Rechtsgut kann auch durch geschichtlichen oder gesellschaftlichen Wandel nicht völlig abgeschafft werden, wenn auch sein Schutz, der ja auch jetzt nicht umfassend gewährleistet wird, natürlich mehr oder weniger stark sein kann.

245 *Roxin*, AT/1, § 2 Rn. 63.

246 *Roxin*, AT/1, § 2 Rn. 13.

247 *Roxin*, AT/1, § 2 Rn. 17; in Bezug auf die im Rahmen dieser Arbeit zu behandelnden Vorschriften zum Organhandel ist ein dritter Aspekt interessant, nämlich die Tatsache, dass gesetzliche Zielvorstellungen noch kein Rechtsgut begründen. So findet sich in der Gesetzesbegründung zum TPG die Zielvorstellung der „Freihaltung der Organspende von kommerziellen Erwägungen", vgl. BT-Drucks. 13/4355 S. 15. Hierbei soll es sich bei dem Oberbegriff der Integrität der Transplantationsmedizin um ein schützenswertes Rechtsgut handeln. Ob bzw. inwiefern dies tatsächlich der Fall ist, wird in Kapitel E. II. 2. erörtert.

wird, so dass jede Gesellschaft zumindest in Bezug auf die positiven Rechtsgüter im Rahmen ihrer eigenen Verfassung selbst entscheiden muss, was sie unter dem Begriff des Rechtsguts verstehen will.

c. Das Rechtsgut als „schützenswertes Gut" nach Rudolphi

Nach *Rudolphi* ist unter dem Begriff des Rechtsguts erst einmal nichts anderes zu verstehen als „rechtlich geschütztes Gut"[248]. Ein bestimmtes Gut wird also dadurch zum Rechtsgut, dass die Rechtsordnung es als schützenswert ansieht. Das Rechtsgut werde also durch ein Werturteil der Rechtsordnung geschaffen und habe deshalb immer einen positiven Charakter[249]. Vorpositive Rechtsgüter scheint *Rudolphi* nicht anzuerkennen. Nach seiner Auffassung kann der Gesetzgeber somit zwar grundsätzlich selbst entscheiden, was er für rechtlich schützenswert hält, er ist aber in seiner Entscheidungsfindung nicht völlig frei, sondern an bestimmte Vorgaben gebunden. Zu diesen Vorgaben zählen die Aufgabe des Strafrechts und die tatsächlichen gesellschaftlichen Verhältnisse[250]. Die durch die Verfassung bestimmte Aufgabe des Strafrechts sieht *Rudolphi* darin, sozialschädliche Verhaltensweisen abzuwenden[251]. Verhaltensweisen, die nicht geeignet seien, das Zusammenleben der Menschen in unserer Gesellschaft anzugreifen und zu bedrohen, könnten deshalb nicht durch das Strafrecht unterbunden werden[252]. Der Gesetzgeber ist somit bei der Frage, was er zum Rechtsgut erhebt, gewissen Schranken unterworfen. Es findet quasi eine Ausklammerung bestimmter „Güter" statt, die nicht als durch die Rechtsordnung zu schützen angesehen werden. Eine tatsächliche Inhaltsbeschreibung, mithin eine vollständige Aussage über den materiellen Gehalt, lässt sich jedoch mit dieser Eingrenzung nicht vollziehen. Das ist nach *Rudolphi* jedoch auch nicht angezeigt. Es gehe vielmehr darum, einen Rahmen zu schaffen, innerhalb dessen dann für die jeweilige Gesellschaft bestimmt werden muss, welche sozialen Gegebenheiten für die Aufrechterhaltung eines „sich im Rahmen der Verfassung bewegende(n) Gesellschaftsleben(s) und damit auch für die verfassungsmäßige Stellung und Freiheit des einzelnen Bürgers" notwendig sind[253]. Der Rechtsgutsbegriff sei somit kein Begriff, dem man für ei-

---

248 *Rudolphi*, in: SK StGB, Vor § 1, Rn. 4.
249 *Rudolphi*, in: SK StGB, Vor § 1, Rn. 4.
250 *Rudolphi*, in: FS für Honig, S. 151, 160; *Rudolphi*, in: SK StGB, Vor § 1, Rn. 5 f.
251 *Rudolphi*, in: SK StGB, Vor § 1, Rn. 1.
252 *Rudolphi*, in: FS für Honig, S. 151, 159. Dadurch ergibt sich auch, dass nach *Rudolphis* Rechtsgutsbegriff die Verletzung von Sittlichkeit und Moral allein noch nicht für das Verbot eines Verhaltens genügen, vgl. FS für Honig, S. 151, 161 u. 165.
253 *Rudolphi*, in: SK StGB, Vor § 1, Rn. 4, 8.

ne jede Gesellschaft gleichbleibende Definition überstülpen kann, sondern es muss immer wieder konkretisiert und neu bestimmt werden, welche Rechtsgüter es in einer konkreten Gesellschaft zu einem konkreten Zeitpunkt zu schützen gelte. Das Rechtsgut habe einen dynamischen Charakter[254]. Damit seien immer die sozialen Gegebenheiten oder auch die werthaften oder auch lebendigen[255] Funktionseinheiten, ohne die unsere staatliche Gesellschaft in ihrer konkreten Ausprägung nicht lebensfähig wäre, Rechtsgüter[256]. Welche davon durch Verhaltensnormen bzw. Sanktionsnormen geschützt werden, sei nun grundsätzlich eine Entscheidung des jeweiligen Gesetzgebers[257].

d. Das Rechtsgut als „Partizipationschance in der Gesellschaft" nach Calliess

Calliess versteht unter dem Begriff des Rechtsguts „Partizipationschancen in der Gesellschaft"[258]. Es gehe deshalb bei dem Schutz von Rechtsgütern nicht darum, bestimmte „Substanzialen", also „verdinglicht begriffene „Werte" oder „Güter" zu schützen, sondern es gehe um den Schutz der Möglichkeit einer Interaktion nach bestimmten vorhersehbaren Regeln[259]. Der Einzelne solle sich darauf verlassen können, dass sich der andere in einer bestimmten Art und Weise verhalte. Aufgabe des Strafrechts sei es, die Sicherheit der Erwartungen, die der einzelne an das Verhalten seiner Mitmenschen und sich selbst hat[260], zu schützen. *Calliess* selbst gibt zu, dass nicht die konkrete Erwartung des Einzelnen an das Verhalten der Anderen durch das Strafrecht geschützt werden könne. Nur die Sicherheit dieser Erwartung könne geschützt werden.[261] Folglich bedingt (auch) seine Ansicht die Existenz einer Verhaltensnorm, die der Strafnorm vorgelagert ist. Diese Verhaltensnorm schützt dann die Erwartung selbst.

e. Das Rechtsgut als „werthafter Zustand" nach Jäger

Jäger leistete mit seinem liberalen Rechtsgutsbegriff einen wichtigen Beitrag zur Abschaffung von Tatbeständen, die lediglich Moralwidrigkeiten verboten. Basis seiner Lehre bildet die Vorstellung, dass in einer Gesellschaft, in der Menschen mit unterschiedlichen religiösen und moralischen Anschauungen nebeneinander

---

254 *Rudolphi*, in: FS für Honig, S. 151, 161 u. 163.
255 *Rudolphi*, in: FS für Honig, S. 151, 163.
256 *Rudolphi*, in: SK StGB, Vor § 1 Rn. 8.
257 *Rudolphi*, in: SK StGB, Vor § 1 Rn. 6.
258 *Callies*, Theorie der Strafe im demokratischen und sozialen Rechtsstaat, S. 143.
259 *Callies*, Theorie der Strafe im demokratischen und sozialen Rechtsstaat, S. 143.
260 *Callies*, Theorie der Strafe im demokratischen und sozialen Rechtsstaat, S. 143.
261 *Callies*, Theorie der Strafe im demokratischen und sozialen Rechtsstaat, S. 143.

und miteinander leben, nur solche Verbote und Gebote legitim sein können, die von allen Mitgliedern der Gesellschaft anerkannt werden[262]. Allein solche Verhaltensweisen, die das Leben und die Existenz eines friedlichen Miteinanders gefährdeten, dürfen verboten werden. *Jäger* sieht in den Rechtsgütern „werthafte Zustände, die durch menschliches Handeln verändert und die deshalb auch durch strafrechtliche Regelungen vor solchen Veränderungen bewahrt werden können"[263]. Es handelt sich somit um Zustände, die sowohl verletzbar als auch schützbar sind. *Jäger* hält die Beschreibung des Rechtsguts als „Zustand" für vorzugswürdig im Vergleich zu denen des „Interesses" oder des „subjektiven Rechts", da allein der Begriff des „Zustandes" einen Veränderungscharakter enthalte[264]. Nur der Begriff „Zustand" impliziere eine immer mögliche Verletzung, so dass er allein geeignet sei, den Begriff des Rechtsguts zu beschreiben.

f. Das Rechtsgut als „vergeistigter ideeller Wert" nach Baumann/Weber/Mitsch

Baumann/Weber/Mitsch gehen ebenso wie viele andere von der Grundannahme aus, dass Rechtsgut und Handlungsobjekt nicht identisch sind. Letzteres sei schließlich immer etwas Gegenständliches, während der Begriff des Rechtsguts einen vergeistigten ideellen Wert meine[265]. Damit sei klargestellt, dass es sich bei Rechtsgütern nicht um in der Realität vorhandene Objekte handele, sondern um etwas, das nur aufgrund der wertenden Entscheidung durch die Rechtsordnung oder die Gesellschaft vorhanden sei. Die Verfassung gebe Auskunft darüber, welche Werte als derart wertvoll anzusehen seien, dass sie durch (strafbewehrte) Verhaltensnormen geschützt werden müssten[266]. Werte, die nicht als besonders hochrangig durch die Verfassung angesehen werden, können daher nicht geeignet sein, Verhaltensnormen zu legitimieren. Ihr Rechtsgutscharakter müsse daher verneint werden.

---

262 Vgl. *Rudolphi*, in: FS für Honig, S. 151, 156.
263 *Jäger*, Strafgesetzgebung und Rechtsgüterschutz bei Sittlichkeitsdelikten, S. 13; so auch *Mayer*, Strafrecht, Allgemeiner Teil, S. 53.
264 In Bezug auf den Begriff des „subjektiven Rechts" zweifelt er bereits an, ob diese überhaupt verletzbar seien, vgl. *Jäger*, Strafgesetzgebung, S. 12.
265 *Baumann/Weber/Mitsch*, AT, § 3 Rn. 18; dieser Gegensatz ist nicht nachzuvollziehen: Wie bereits festgestellt, handelt es sich bei dem Leben des konkreten Menschen sehr wohl nicht nur um etwas „Vergeistigtes".
266 *Baumann/Weber/Mitsch*, AT, § 3 Rn. 12.

g. Kritische Stellungnahme

Die dargestellten Rechtsgutkonzepte führen deutlich die Vielfältigkeit der Ansichten (zumindest im Detail!) und die daraus folgenden Diskussionen vor Augen, die es in den letzten Jahrzehnten um den Begriff des Rechtsguts gegeben hat und immer noch gibt. Rechtsgüter werden als „vergeistigte ideelle Werte"[267], „Interessen"[268], „werthafte Zustände"[269], „Partizipationschancen"[270], „Funktionseinheiten"[271] und „Gegebenheiten und Zwecksetzungen"[272] bezeichnet. Bedenkt man, dass der Begriff des Rechtsguts für die meisten Strafrechtswissenschaftler „materieller Kern und Bezugspunkt aller rechtlichen Verbote und Gebote [ist]",[273], ist diese Debatte auch nicht weiter verwunderlich. Es wird deutlich, dass es offenbar nicht gelingt, sich auf einen materiell gehaltvollen Begriff zu einigen, der trotzdem leistungsfähig und auf alle Bereiche anwendbar bleibt. Im Folgenden sollen die verschiedenen dargestellten Rechtsgutsbegriffe kritisch untersucht werden.

Wenn *Baumann/Weber/Mitsch* von Rechtsgütern als „vergeistigten ideellen Werten"[274] sprechen, dann hat der Begriff des Rechtsguts lediglich normativen Charakter, ein Substrat wird ihm völlig abgesprochen[275]. Auch andere Strafrechtler schlagen in diese Kerbe, wenn sie Rechtsgüter als „rechtlich geschützte abstrakte Werte der Sozialordnung"[276] oder „ideelle Sozialwerte"[277] bezeichnen. Man trennt also nach dieser Auffassung nicht nur zwischen dem Rechtsgut und dem Handlungsobjekt[278], sondern geht noch einen Schritt weiter und nimmt dem Rechtsgutsbegriff jeglichen realen Bezug. Das Rechtsgut hat bei einer solchen Beschreibung einen so hohen Grad an Abstraktion erreicht, dass es keinen Wirklichkeitsbezug mehr aufweist und damit nicht mehr greifbar ist. Wenn aber dem Rechtsgut die soziale Realität abgesprochen wird, dann kann es im eigentlichen Sinne des Wortes weder gefährdet noch verletzt werden[279]. Diese Vergeistigung

---

267 *Baumann/Weber/Mitsch*, AT, § 3 Rn. 18.
268 *Hassemer*, in: AK StGB, vor § 1, Rn. 287.
269 *Jäger*, Strafgesetzgebung, S. 13.
270 *Calliess*, Theorie der Strafe im demokratischen und sozialen Rechtsstaat, S. 143.
271 *Rudolphi*, in: FS für Honig, S. 163.
272 *Roxin*, AT/1, § 2 Rn. 7.
273 *Lenckner*, in: Schönke/Schröder, StGB, vor §§ 13 ff., Rn. 9.
274 *Baumann/Weber/Mitsch*, AT, § 3 Rn. 18.
275 *Stratenwerth*, in: FS für Lenckner, S. 377, 382.
276 *Jescheck/Weigend*, AT, S. 257.
277 *Wessels/Beulke*, AT, § 1 Rn. 8.
278 Dabei handelt es sich, wie bereits festgestellt wurde, um eine auf allgemeine Zustimmung stoßende Unterscheidung.
279 *Roxin*, AT/1, § 2 Rn. 66; *Kahlo*, in: Hefendehl/von Hirsch/Wohlers, S. 26, 27 f.

– um nicht zu sagen: Verflüchtigung – des Rechtsguts beruht auf der ungenügenden Unterscheidung zwischen Verhaltens- und Sanktionsnorm.

Wie *Stratenwerth*[280] richtig ausführt, lässt wertwidriges Verhalten den Wert an sich unberührt. Rechtsgüter müssten zwar nicht körperlich sein, aber „eine der Beeinträchtigung zugängliche Wirklichkeit"[281] dürfe einem Rechtsgut nicht abgesprochen werden[282], damit eine Verletzung überhaupt möglich sei. Abgesehen davon, dass die Gefährdung oder Verletzung eines Wertes denklogisch ausgeschlossen ist, führt eine solche Definition des Rechtsgutsbegriffs auch dazu, dass eine Begrenzung der Strafgewalt so gut wie nicht stattfindet. Der Begriff des Rechtsguts als „Wert" sagt nichts Konkretes über seinen Inhalt aus, sondern besagt nur, dass die Gesellschaft und ihre Rechtsordnung allein entscheiden, was unter einem Rechtsgut zu verstehen ist. Vorpositive und von jeder Gesellschaft anzuerkennende Rechtsgüter gibt es damit nicht zwingend. Auch die Tatsache, dass von der Aufgabe des Strafrechts als Schutzinstanz sozial wichtigster Interessen gesprochen wird[283], führt nur bedingt zu einer inhaltlichen Klärung des Begriffs. Es verlagert das Problem nur auf die Frage, was in diesem Zusammenhang unter „sozial wichtigsten Interessen" verstanden werden soll. Eine Einschränkung der Strafgewalt oder z. B. der Ausschluss von Moralwidrigkeiten aus dem Strafrecht ist damit noch nicht erreicht. Einziges Kriterium zur Begrenzung einer ausufernden Strafgewalt des Staates ist – zumindest nach dem Konzept von *Baumann/Weber/Mitsch*[284] – die Verfassung. Diese Schranke allein taugt im Zusammenhang mit dem Begriff des „Wertes" als sinnvolle Begrenzung strafgesetzlicher Gewalt jedoch nur bedingt[285]. Wegen seiner starken Konkretisierungsbedürftigkeit ist die Beschreibung des Rechtsguts als „Wert" zumindest nicht optimal.

Die Kritik[286] an der Beschreibung des Rechtsguts als rechtlich schützenswertes Interesse gestaltet sich zunächst schwierig, da der Begriff nach *Hassemer* gar nicht darauf abzielt, dem Rechtsgut einen bestimmten Inhalt zu geben. Es gehe vielmehr darum, zu erkennen, dass das Auffinden eines präzisen, in jedem Fall anwendbaren Begriffs nicht möglich sei und die konkrete Ausgestaltung des Rechtsgutsbegriffs immer von den kulturellen, gesellschaftlichen, geographischen und nicht zuletzt historischen Umständen abhänge. Gerade diese Beliebigkeit

---

280 *Stratenwerth*, in: FS für Lenckner, S. 377, 383.
281 *Roxin*, AT/1, § 2 Rn. 66.
282 So auch *Stratenwerth*, in: FS für Lenckner, S. 377, 382.
283 *Baumann/Weber/Mitsch*, AT, § 3 Rn. 10.
284 *Baumann/Weber/Mitsch*, AT, § 3 Rn. 12.
285 Dies erkennen auch *Baumann/Weber/Mitsch*, AT, § 3 Rn. 13 selbst an.
286 Zur grundsätzlichen Kritik an der personalen Rechtsgutstheorie siehe *Schünemann*, GA 2002, 201, 206 f.

kann man natürlich an sich kritisieren[287]. Wenn lediglich eine bestimmte Worthülse gesucht wird, dann ist der Begriff des Interesses absolut nichtssagend und kann durch andere Hülsen ausgetauscht werden[288]. Rechtsgut ist dann immer genau das, was der Staat darunter verstehen will[289].

Hassemer sieht das Rechtsgut als etwas immer durch die Gesellschaft „Produziertes" an, es erfolgt also keine Anerkennung vorpositiver Rechtsgüter. Die Unterscheidung zwischen vorpositiven und positiven Rechtsgütern ist jedoch angebracht. Es gibt eine Reihe von Schutzobjekten, die in jeder Gesellschaft geachtet und bewahrt werden, um das Leben in menschlicher Gemeinschaft möglich zu machen. Die Menschen geben dem Staat das Recht, Verbote aufzustellen (und zu strafen), um eine freiheitliche und friedliche Koexistenz zu garantieren. Gleichzeitig soll der einzelne Bürger aber immer so viel Freiheit wie möglich behalten. Bestimmte Rechtsgüter wie das Leben und die körperliche Unversehrtheit müssen daher denklogisch in jeder Gesellschaft geschützt werden, da ohne ihren Schutz die Freiheit des Bürgers vollkommen aufgehoben wäre. Diese Schutzgüter sind dann grundsätzlich nicht mehr abhängig von der jeweiligen Rechtsordnung, sondern gehen dieser notwendigerweise voraus. *Stratenwerth* kritisiert, dass der Begriff des „Interesses" nicht das beschreibt, was der Beschreibende ausdrücken will. Bei einer (strafbewehrten) Verhaltensnorm gehe es immer darum, dass ein bestimmtes Gut verletzt wird. Ein Interesse könne jedoch nicht verletzt werden[290]. Interessen seien nicht „Etwas", sie richteten sich nur auf „Etwas". Es gehe somit vielmehr um den Gegenstand eines Interesses, der durch den Verstoß gegen die Verhaltensnorm verletzt werde [291]. Dieser Aussage ist grundsätzlich zuzustimmen. *Hassemers* Auffassung, dem Rechtsgutsbegriff könne kein universell passendender materieller Gehalt gegeben werden, ist im Grundsatz durchaus richtig.

Jäger behauptet, nur eine Beschreibung des Rechtsgutsbegriffs als werthafter Zustand sei geeignet, das Merkmal der Verletzbarkeit bzw. der Veränderbarkeit zu verarbeiten. Das Objekt einer Veränderung oder Verletzung sei nämlich ein Zustand. Subjektive Rechte oder Interessen hingegen könnten nicht durch eine Verhaltensweise verändert und damit auch nicht verletzt werden[292]. An dieser

---

287 So auch *Stratenwerth*, in: FS für Lenckner, S. 377, 379; *Marx*, Rechtsgut, S. 20.
288 Nach *Hassemer* stellt genau diese Austauschbarkeit des Begriffes die Konsequenz aus der Tatsache dar, dass sich der Rechtsgutsbegriff nicht allgemein definieren lasse. Das ist für ihn kein Makel, sondern eine Notwendigkeit.
289 Kritisch insoweit *Marx*, Rechtsgut, S. 21; *Sina*, Dogmengeschichte, S. 92.
290 Insofern ist die Argumentation hier ähnlich wie bei der um den Begriff des „Wertes", vgl. *Stratenwerth*, in: FS für Lenckner, S. 377, 379 f.
291 *Stratenwerth*, in: FS für Lenckner, S. 377, 379 f.
292 *Jäger*, Strafgesetzgebung, S. 12 f.

Begriffsbestimmung wird kritisiert, dass sie zu statisch sei und damit der Dynamik der gesellschaftlichen Entwicklung nicht Rechnung trage[293]. Die Voraussetzungen der friedlichen und freien Koexistenz der Bürger in einer Gesellschaft blieben nicht immer gleich, sondern veränderten sich ständig. Der Begriff des Zustands wird im Lexikon beschrieben als „ein augenblickliches Beschaffen-, oder Geartetsein, eine Art und Weise des Vorhandenseins von Jemandem oder einer Sache in einem bestimmten Augenblick"[294]. Fraglich ist, ob damit tatsächlich gesagt ist, dass das, was unter einem Zustand zu verstehen ist, sich nicht verändern kann, mithin statisch ist. Schließlich spricht man auch von einem „früheren Zustand" oder einem „veränderten Zustand". Der Begriff Zustand meint somit zwar etwas, das in einem bestimmten Augenblick in einer bestimmten Form vorhanden ist, er besagt jedoch nicht, dass dieser Zustand etwas ist, das immerfort gleich bleiben muss. Dass ein Zustand sich verändern kann, bestreitet jedoch auch *Jäger* nicht. Vielmehr bezieht sich seine Argumentation genau auf diesen Punkt. Die Kritik bezieht sich deshalb auch nicht auf die Veränderbarkeit des Zustandes, sondern darauf, dass das, was darunter zu fassen sei, zu unflexibel sei. Quasi der Inhalt des Zustands selbst. Hier ist die Kritik sicherlich zumindest insoweit berechtigt, als die Umschreibung des Rechtsguts als eines „Zustands" sprachlich unglücklich ist und es Worte gibt, die angesichts dessen, dass das gesellschaftliche Leben sich ständig neu produziert und ständig neue Rechtsgüter hervorbringt, sprachlich passender sind. Der Begriff „Zustand" wird weiterhin als „inhaltslos" und „nichtssagend" beurteilt[295]. Dem ist zuzustimmen, wobei die Kritik der des „Interesses" gleicht. Es handelt sich hier wie dort um Worthülsen, die sich ohne nähere Konkretisierung beliebig füllen lassen.

Calliess bezeichnet Rechtsgüter als „Partizipationschancen" des Einzelnen in der Gesellschaft. Es gehe darum, dass jeder sich darauf verlassen können solle, wie er sich selbst zu verhalten habe und wie andere sich verhalten würden. Damit ist aber der Kern dessen, was Rechtsgüterschutz ausmacht, nicht getroffen. Es kann nicht nur darum gehen, nur zu wissen, wie andere sich verhalten, sich darauf verlassen zu können und so die Möglichkeit der sozialen Interaktion zu haben. Damit ist zwar eine wichtige Voraussetzung des friedlichen Zusammenlebens der Menschen in einer Gesellschaft geschaffen, aber mehr auch nicht[296]. Rechtsgüter-

---

293 *Rudolphi*, in: FS für Honig, S. 151, 162 f.; *Stratenwerth*, in: FS für Lenckner, S. 377, 381.
294 Die Zeit, Das Lexikon, Stichwort „Zustand".
295 *Sina*, Dogmengeschichte, S. 59 und 95 f.; *Rudolphi*, in: FS für Honig, S. 162 ff.; *Marx*, Rechtsgut, S. 20.
296 So bereits *Hassemer*, in: AK StGB, vor § 1 Rn. 287.

schutz geht noch darüber hinaus[297]. Es muss auch eine Gewährleistung dafür getroffen werden, dass die relevante Mehrheit in der Bevölkerung die Regelungen und Verhaltensanordnungen nachvollziehen kann. Das ist mit dem Begriff „Partizipationschance" nicht möglich. Es lässt sich überhaupt keine inhaltliche Aussage mit einem solchen Rechtsgutsbegriff treffen. Jede Verhaltensnorm könnte mit der Aussage legitimiert werden, dann wisse der Bürger, wie er sich zu verhalten habe und wie andere sich im Zweifel verhielten.

Rudolphi sieht in der Definition des Rechtsguts als „lebendige Funktionseinheit" die Möglichkeit, die Schwächen der Interessentheorie und der Zustandstheorie zu überwinden. Der Begriff „Funktionseinheit" macht seines Erachtens deutlich, dass das Leben „ein lebendiger Organismus" sei und Rechtsgüter keine „statische(n) Gegebenheiten"[298]. Als Beispiel nennt er die Rechtspflege. Diese sei in ihren verschiedenen Funktionen schützenswert, es ginge nicht um einen bestimmten Zustand. Wenn diese Argumentation auch bei diesem Beispiel m. E. noch in gewissem Maße nachvollzogen werden kann, so ist diese „Beweisführung" für die Richtigkeit seiner Aussage bei den urmenschlichen Rechtsgütern wie Leben oder körperliche Unversehrtheit nicht vollständig nachvollziehbar. Diese sind laut *Rudolphi* nicht einfach da, sondern „ihr Dasein ist ‚In-Funktion-Sein'"[299]. *Rudolphi* erkennt jedoch, dass damit der Begriff des Rechtsguts nicht umfassend beschrieben werden kann. Damit sei noch nicht alles gesagt, das Rechtsgut sei letztlich die soziale Funktion selbst[300]. Rechtsgüter seien alle sozialen Funktionen, die für die Gesellschaft und die verfassungsmäßige Stellung und Freiheit des einzelnen Bürgers notwendig seien[301]. Es fällt schwer, das menschliche Leben, die körperliche Unversehrtheit und die Ehre begrifflich als Funktionen anzusehen, da man sie damit in gewisser Weise verdinglicht[302]. Was dann genau unter „Funktionseinheiten" zu verstehen sein soll, wird ebenfalls nicht deutlich. Die Gleichsetzung des Rechtsgutsbegriffs mit dem der „Funktionseinheit" ist derart technisiert und gekünstelt, dass er bereits aus diesem Grund abgelehnt werden muss. Von anderer Seite wird zudem bezweifelt, ob der Begriff der „Funktionseinheit" überhaupt einen Erkenntniswert habe und ob die „Einheit" der

---

297 Wie *Jakobs* richtig bemerkt, ist der Begriff der Partizipationsmöglichkeit zu eng gegriffen. Schließlich gäbe es auch Rechtsgüter, die „der Verweigerung von Partizipation dienen", vgl. *Jakobs*, AT 2/15 Fn. 28.
298 *Rudolphi*, in: FS für Honig, S. 151, 163.
299 *Rudolphi*, in: FS für Honig, S. 151, 163.
300 *Rudolphi*, in: FS für Honig, S. 151, 164.
301 *Rudolphi*, in: FS für Honig, S. 151, 164.
302 So i.E. auch *Hassemer*, in: AK StGB, vor § 1 Rn. 287, der bei einer Gleichstellung des Lebens mit einer Funktion die Bereitschaft voraussetzt, ur-menschlichste Interessen zu funktionalisieren.

Funktion – sofern man weiß, was darunter zu verstehen ist – tatsächlich immer in Mitleidenschaft gewogen werde[303]. *Rudolphi* ist insofern zuzustimmen, als er erkennt, dass der Rechtsgutsbegriff historisch wandelbar und von der jeweiligen Gesellschaft abhängig ist. Ebenfalls hat er recht mit der Aussage, dass nur solche Verhaltensweisen verboten werden dürften, die das soziale Zusammenleben im Rahmen der vorgegebenen Verfassung beeinträchtigen. Folglich kann man sagen, dass *Rudolphi* grundsätzlich zuzustimmen ist, allein die Bezeichnung des Rechtsguts als „Funktionseinheit" scheint nicht vollständig gelungen.

Roxin beschreibt den materiellen Gehalt dessen, was ein Rechtsgut ist, näher als die meisten anderen Rechtsgutskonzepte. Rechtsgüter sind nach seiner Aussage: „Gegebenheiten und Zwecksetzungen, die für die freie Entfaltung des Einzelnen, die Verwirklichung seiner Grundrechte und das Funktionieren eines auf dieser Zielvorstellung aufbauenden staatlichen Systems notwendig sind"[304].

An dieser Ansicht fällt positiv auf, dass sie zwischen vorpositiven und positiven Rechtsgütern unterscheidet und beide als selbständig nebeneinanderstehend anerkennt. Dies ist insofern wichtig, als es Rechtsgüter gibt, die – da für die Verwirklichung individueller Freiheit unabdingbar – in jeder Gesellschaft geschützt werden müssen, die ein friedliches und freiheitliches Zusammenleben gewährleisten will.

Damit wird der Begriff so weit und anschaulich, dass er alle relevanten Aspekte erfassen kann, im Gegensatz z. B. zu einer Umschreibung des Rechtsguts als „Partizipationschance". Im Vergleich mit den Begriffen „Wert" oder „Interesse" wird deutlich, dass das Rechtsgut als „Gegebenheit" etwas ist, das einen substanziellen Kern hat und nicht nur ein Gedankengebilde ist, das gar nicht verletzt werden kann. *Roxin* leitet seinen Rechtsgutsbegriff aus den Aufgaben des Strafrechts und der von ihm vertretenen gesellschaftstheoretischen Grundlage des „Gesellschaftsvertrages" ab. Dieser Gesellschaftsvertrag bestimmt, dass der Einzelne in seiner Freiheit nicht über Gebühr eingeschränkt werden darf. *Roxin* schafft es so, das Recht des Staates auf Schaffung von Verhaltensnormen einzudämmen. Jede Verhaltensnorm muss daraufhin geprüft werden, ob sie tatsächlich für den Erhalt eines Systems notwendig ist, wie es in seiner Definition umschrieben wird. Das Brechen von Tabus, das Verletzen von Gefühlen ohne Verletzung der legitimen Rechte anderer Menschen können in einem solchen System nicht durch (gar strafbewehrte) Verhaltensnormen unterbunden werden, reine Moralwidrigkeiten lassen sich nicht bestrafen[305]. Ein solch liberales Konzept des

---

303 *Stratenwerth*, in: FS für Lenckner, S. 377, 381.
304 *Roxin*, AT/1, § 2 Rn. 7.
305 Um nicht missverstanden zu werden: Wenn legitime Rechte anderer verletzt werden, wie z. B. bei einer Beleidigung, sind natürlich auch Gefühle geschützt.

Rechtsgutsbegriffes ist begrüßenswert. *Roxin* erkennt ebenso wie *Hassemer*, dass es nicht möglich und auch nicht nötig ist, den Rechtsgutsbegriff mit einem Inhalt zu füllen, der in jeder Epoche und in jeder Gesellschaft gilt. Vielmehr geht es darum, einen Rahmen zu schaffen, der durch die jeweiligen gesellschaftlichen Verhältnisse ausgefüllt werden muss. Der Rechtsgutsbegriff hat damit ein hohes Maß an Flexibilität erreicht, ohne die er jedoch auch nicht auskommen kann, wenn er universell gültig sein soll. Durch die Beschreibung der Rechtsgüter als „Zwecksetzungen und Gegebenheiten" ist jedoch ein stabiler Kern geschaffen worden, mit dem sich nicht verbotswürdiges Verhalten ausklammern lässt.

Das einzige Manko, das *Roxins* Auffassung aufweist, liegt darin begründet, dass auch er nicht klar zwischen Verhaltens- und Sanktionsnormen trennt. Folglich unterscheidet er auch in Bezug auf die Rechtsgüter nicht zwischen denen der Verhaltensnorm und denen der Strafnorm. Der Rechtsgutsbegriff *Roxins* meint in erster Linie die Rechtsgüter der Verhaltensnorm. Das Rechtsgut der Sanktionsnormen, die Geltungskraft der Verhaltensnormen, lässt sich aber auch unter den Rechtsgutsbegriff subsumieren. Schließlich dient auch die Sicherung der Geltungskraft der Verhaltensnorm der freien Entfaltung des Einzelnen, der Verwirklichung seiner Grundrechte und dem Funktionieren eines auf dieser Vorstellung aufbauenden Systems. Das heißt auch: Wenn die Verhaltensnorm durch den Rechtsgüterschutz legitimiert ist, hat eine an den Verhaltensnormverstoß anknüpfende Sanktionierung immer ein Rechtsgut; es kann dann nur noch um die spezifisch strafrechtliche Frage der *angemessenen* Reaktion gehen. *Appel*[306] stellt richtigerweise fest, dass sich der Rechtsgutsbegriff *Roxins* nur wenig von dem der klassischen Rechtsgutslehre unterscheidet. Beide gehen von der Verfassung als Begrenzung der staatlichen Möglichkeit zur Aufstellung von Verhaltens- und Sanktionsnormen aus. Die Unterschiede zwischen den Ansichten sind somit nicht in dem Maße vorhanden, wie dies häufig suggeriert wird. Allein die Tatsache, dass *Roxin* von „Gegebenheiten und Zwecksetzungen" spricht, macht dessen Aussagen präziser und seine Lehre handhabbarer bzw. gebrauchsfähiger.

4. Der Begriff des Rechtsguts in der Rechtsprechung des BVerfG

Das *BVerfG* hat das Rechtsgutskonzept bislang nicht übernommen, wenn es um die Prüfung geht, welchen Gütern ein solcher Wert zukommt, dass sie durch eine (strafbewehrte) Verhaltensnorm geschützt werden dürfen oder sogar müssen. Auch bei der Frage nach den Schranken, denen der Gesetzgeber unterliegt, hat das *BVerfG* die Lehre vom Rechtsgut noch nicht herangezogen. Ganz im Gegen-

---

306 *Appel*, Verfassung und Strafe, S. 376.

teil wurde die Aufrechterhaltung und Legitimität von strafrechtlichen Verhaltensnormen in der Homosexuellen-Entscheidung allein mit dem Sittengesetz begründet[307]. Bislang wohl meistdiskutiertes Urteil des *BVerfG* zum Rechtsgutskonzept
ist die Cannabis-Entscheidung[308]. Hier bezeichnet das *BVerfG* die Aufgabe des
Strafrechts von Verfassung wegen als Schutz gewichtiger, elementarer Gemein-
schaftsgüter[309]. Auch in anderen Entscheidungen kommt zum Ausdruck, dass das
BVerfG das Strafrecht als eine Art Schutzrecht versteht. So sprechen andere Entscheidungen von „elementaren Werten des Gemeinschaftslebens"[310], „wichtigen
Gemeinschaftsbelangen"[311] oder „wichtigen Anliegen der Gemeinschaft"[312].
Damit will das *BVerfG* nur Schutzgüter zulassen, die einen Bezug zur Gemeinschaft haben und besonders wichtig für diese sind[313]. Elementare Gemeinschafts-
belange – und damit zweifellos schutzwürdig – seien solche, die Teil der grund-
gesetzlichen Wertordnung selbst sind, wie z. B. das Leben. Am anderen Ende der
Skala stehen die Werte oder Belange, die typisches Verwaltungsunrecht darstellten oder im Ordnungswidrigkeitenbereich anzusiedeln seien. Hier würde die Ge-

---

307 In der Entscheidung des *BVerfG* zur Strafbarkeit männlicher Homosexualität führt
     das Gericht aus: „Auch auf dem Gebiet des geschlechtlichen Lebens fordert die Ge-
     sellschaft von ihren Mitgliedern die Einhaltung bestimmter Regeln; Verstöße hier-
     gegen werden als unsittlich empfunden und missbilligt. [...] Von größerem Gewicht
     ist, daß die öffentlichen Religionsgesellschaften, insbesondere die beiden großen
     christlichen Konfessionen, [...] die gleichgeschlechtliche Unzucht als unsittlich ver-
     urteilen.", vgl. BVerfGE 6, 389, 434.

308 BVerfGE 90, 145 ff; das *BVerfG* hatte den Begriff „Rechtsgut" zwar bereits im
     1. Abtreibungsurteil angesprochen, hier ging es allerdings nicht um eine Begren-
     zung gesetzgeberischer Gewalt, sondern um deren Begründung. „Jedoch muss auch
     dieses letzte Mittel [das Strafrecht] eingesetzt werden, wenn anders ein effektiver
     Lebensschutz nicht zu erreichen ist. Dies fordern der Wert und die Bedeutung des
     zu schützenden Rechtsgutes. Es handelt sich dann nicht mehr um eine „absolute"
     Pflicht zu strafen, sondern um die [...] „relative" Verpflichtung zur Benutzung der
     Strafdrohung.", vgl. BVerfGE 39, 1, 47. Die Entscheidung wurde auch aus straf-
     rechtlicher Perspektive besprochen, vgl. *Kreuzer*, NJW 1994, 2400, 2400 ff.; *Nelles/
     Velten*, NStZ 1994, 366 ff.

309 BVerfGE 90, 145, 201; es muss beachtet werden, dass auch das *Bundesverfas-
     sungsgericht* nicht exakt zwischen reinen Verhaltensnormen und Sanktionsnormen
     trennt. Aus diesem Grund wird häufig vom Strafrecht gesprochen, auch wenn tat-
     sächlich das Aufstellen von Verhaltensnormen gemeint ist.

310 BVerfGE 45, 187, 253.

311 BVerfGE 90, 145, 184.

312 BVerfGE 80, 244, 255 f.

313 *Vogel*, StV 1996, 110, 111 führt bereits an, dass damit nicht gemeint sei, dass Indi-
     vidualrechtsgüter nicht so schutzwürdig wie Rechtsgüter der Gemeinschaft seien.
     Vielmehr müsse jegliches Gut einen Gemeinschafts- oder Sozialbezug haben, reiner
     Schutz von Partikularinteressen sei ausgeschlossen.

meinschaft nicht elementar betroffen, so dass von einer Verbotswürdigkeit nicht auszugehen sei[314]. Im ganzen Mittelfeld der Verhaltensnormverstöße will das *BVerfG* es dem Gesetzgeber überlassen, ob er zum Mittel des Strafrechts greife oder nicht, um die Belange der Gemeinschaft zu schützen[315]. Damit lässt sich festhalten, dass das *BVerfG* letztlich nur das Verbot solcher Verhaltensweisen ausschließt, die ganz offensichtlich nicht verbotswürdig (und damit erst recht nicht strafwürdig) sind. In der Praxis ist es so, dass das *BVerfG* dem Gesetzgeber eine „Einschätzungsprärogative" einräumt hinsichtlich der Frage, ob ein Gemeinschaftsgut so elementar ist, dass es des staatlichen Schutzes bedarf. Von einer kritischen bzw. restriktiven Rechtsgutskonzeption hinsichtlich der Frage, welche Güter geeignet sind, eine (unter Umständen sogar strafbewehrte) Verhaltensnorm zu legitimieren, kann somit keine Rede sein.

Wird eine konkrete Verhaltensvorschrift vor dem *BVerfG* angegriffen, wird diese mit dem aus dem Rechtsstaatsprinzip abgeleiteten Verhältnismäßigkeitsgrundsatz überprüft[316].

Das *BVerfG* prüft somit, ob das Gesetz geeignet ist, den angestrebten Zweck zumindest zu fördern und ob es zur Erreichung dieses Ziels erforderlich und angemessen („Übermaßverbot") ist[317]. Auf den Ebenen der Geeignetheit und der Erforderlichkeit wird dem Gesetzgeber wieder ein Beurteilungsspielraum eingeräumt[318], so dass er auf diesen Prüfungsstufen im Prinzip freie Hand hat und keiner großen Kontrolle unterliegt. Nur im Rahmen der Angemessenheit findet – zumindest in der Theorie – eine umfassende Überprüfung des gesetzgeberischen Handelns statt. Hier werden die negativen Folgen eines Verbotes und einer Bestrafung verglichen mit dem „Zuwachs an Rechtsgüterschutz"[319]. In der Praxis hat das *BVerfG* dem (Straf-)Gesetzgeber jedoch bislang noch keine großen Schranken gesetzt. Die Prüfkriterien werden vielmehr sehr großzügig angelegt, so dass auch auf dieser letzten Stufe keine wirkliche Einschränkung der gesetzgeberischen Macht stattfindet[320]. In der Cannabis-Entscheidung und auch in der aktuellen Entscheidung zum Geschwisterinzest stellte das Gericht fest, dass es „grundsätzlich Sache des Gesetzgebers [bleibe], den Bereich strafbaren Handels

---

314 *Vogel*, StV 96, 110, 111 f.; das ist so – bei präziser Trennung von Verhaltens- und Sanktionsnormen – natürlich eindeutig falsch; ohne Verhaltensnormverstoß gibt es auch keine Ordnungswidrigkeit; also braucht man auch dort zureichende Legitimationsgründe für ein Ver- oder Gebot.

315 BVerfGE 27, 18, 30.

316 BVerfGE 23, 127, 133; 76, 256, 359.

317 BVerfGE 90, 145, 172 f.; *Vogel*, StV 1996, 110, 113.

318 BVerfGE 88, 203, 262 f.

319 *Vogel*, StV 1996, 110, 114.

320 So auch *Roxin*, AT/1, § 2 Rn. 87 f.; *Vogel*, StV 1996, 110, 114 f.

unter Berücksichtigung der jeweiligen Lage im Einzelnen verbindlich festzule-gen"[321].

Es ist somit festzuhalten, dass das *BVerfG* den Gesetzgeber nicht wirklich einschränkt hinsichtlich der Frage, welche Güter, Werte und Belange durch Ver-haltensnormen (und Strafnormen) geschützt werden dürfen oder nicht dürfen. Auch die Überprüfung konkreter (strafbewehrter) Normen erfolgt nur in sehr ein-geschränkter Weise. Im Prinzip wird jeder erhebliche Gemeinschaftswert als Le-gitimationsgrund für Verhaltens- und Strafnormen anerkannt[322]. Dies ist insofern befremdlich, als das Strafrecht die schärfste Waffe des Staates gegen unerwünsch-te Verhaltensweisen der Bürger ist. Die Konsequenzen eines Verhaltensnorm-verstoßes können gravierend für den Rechtsbrecher sein: Freiheitsentzug, Stig-matisierung durch die Gesellschaft, Verlust des Arbeitsplatzes, um nur einige mögliche Folgen einer Bestrafung zu nennen. Eigentlich würde man erwarten, dass die verfassungsgerichtliche Kontrolle hier wesentlich stärker ist als die in Bezug auf Entscheidungen der Exekutive, der Judikative und der übrigen Legis-lative[323]. Dem Gericht ist zuzugeben, dass es schwierig ist, eine Rechtsgutskon-zeption zur Überprüfung von Strafnormen heranzuziehen, solange der Begriff des Rechtsguts derart ungeklärt ist[324]. Dem kann aber entgegengehalten werden, dass das *BVerfG* selbst an der Frage mitarbeiten könnte, was genau unter einem Rechtsgut zu verstehen ist und welche Funktionen ihm zukommen. Mit seiner jetzigen Haltung entzieht es sich zumindest teilweise der Verantwortung[325]. Auch ist richtig, dass der Gesetzgeber einen gewissen Ermessensspielraum hinsichtlich der Frage haben muss, welche Güter schützenswert sind und welche Folgen ein Verhalten für das friedliche und freiheitliche Zusammenleben haben kann[326]. Die Beibehaltung eines solchen Ermessenspielraums ist jedoch auch dann möglich, wenn man engere Grenzen setzt. Der Begriff „Spielraum" beinhaltet geradezu die

---

321 BVerfGE 90, 145, 173; *BVerfG*, Beschl. des Zweiten Senats vom 26. Februar 2008, 2 BvR 392/07 (Geschwisterinzest).

322 So auch *Pfeiffer*, Lebendorganspende, S. 165.

323 *Lagodny*, Strafrecht, S. 52 ff., versucht die Zurückhaltung des *BVerfG* mit der Qua-lität und der umfangreichen Vorarbeiten zu den Strafgesetzen zu begründen. Dieser Einwand ist sicherlich zu bedenken, ändert jedoch nichts daran, dass in weiten Tei-len gar keine Kontrolle mehr stattfindet, wo eine seien sollte.

324 So auch *Roxin*, AT/1, § 2 Rn. 89.

325 So auch *Schünemann*, in: Hefendehl/von Hirsch/Wohlers, S. 133, 145, der davon spricht, dass das *BVerfG* „die zentrale Frage nach dem präzisen Inhalt des Rechts-guts, nach seinem Träger und nach der Verantwortlichkeit für seine Verletzung ge-flissentlich unterdrückt".

326 *Roxin*, AT/1, § 2 Rn. 93.

Existenz von – harten – Schranken, die um den Spielraum herum bestehen[327]. Im Ergebnis ist festzuhalten, dass das *BVerfG* sicher richtig liegt mit der Heranziehung des Verhältnismäßigkeitsgrundsatzes. Die Grenzen im Rahmen der Angemessenheitsprüfung können und müssen in der Praxis jedoch enger gezogen werden.

5. Fazit

Sowohl die historischen als auch die aktuell vertretenen Rechtsgutskonzepte zeigen, dass der Begriff des Rechtsguts keinen universell passenden Inhalt hat. An dieser Stelle soll nochmals darauf hingewiesen werden, dass es im Kontext des Rechtsgutsbegriffs notwendig ist, zwischen Rechtsgütern der Verhaltensnorm und solchen der Strafnorm zu unterscheiden. Bevor man überhaupt dazu kommt, Strafnormen und deren Legitimität zu diskutieren, muss die Frage geklärt werden, ob eine Verhaltensnorm aufgestellt werden darf. Dies ist nur dann der Fall[328], wenn die Verhaltensnorm ein Rechtsgut schützt. Die Frage nach dem Gehalt eines Rechtsguts hängt immer von der jeweiligen Gesellschaft und der Zeit ab, in der diese Gesellschaft sich befindet. Die vorangegangene Bewertung der verschiedenen Rechtsgutskonzeptionen hat ergeben, dass bestimmte Zuschreibungen, wie die als „Wert", „Interesse" oder „Zustand" kaum in der Lage sind, dem Begriff starke Konturen zu verleihen[329]. Falsch wäre es jedoch, die Bedeutung des Rechtsgutsbegriffs damit ableugnen zu wollen, dass man diesem keinen präzisen Inhalt geben könne. Der Begriff des Rechtsguts ist niemals statisch, sondern immer dynamisch. Deshalb kann es bei der Debatte um den Rechtsgutsbegriff nur darum gehen, einen Rahmen vorzugeben, der durch die jeweiligen Umstände gefüllt werden muss. Eine solche Sicht des Rechtsgutsbegriffs wertet diesen aber nicht etwa ab, sondern macht ihn überhaupt erst handhabbar. Auszugehen ist dabei immer von der Idee des Gesellschaftsvertrages, die schon zu Zeiten *Feuerbachs* existierte. Dieser Vertrag wird von den Bürgern geschlossen, die

---

327 Von einigen Strafrechtswissenschaftlern wird die These vertreten, das Rechtsgutsprinzip lasse sich in die Verhältnismäßigkeitsprüfung problemlos einbauen, vgl. *Hassemer*, in: FS für Androulakis, S. 217 ff.; *ders.*, in: Hefendehl/von Hirsch/ Wohlers, S. 57, 60; *Stächelin*, Strafgesetzgebung, S. 116 ff.
328 Unter Einhaltung weiterer Voraussetzungen.
329 Die Leistungen *Hassemers* und *Rudolphis* zum Rechtsgutsbegriff sollen in keinem Fall negiert werden. Letztlich sind sich die Kozeptionen *Hassemers*, *Rudolphis* und *Roxins* in der Sache nicht unähnlich, so dass man berechtigterweise die Frage stellen kann, on man sich nicht tatsächlich lediglich um Nebensächlichkeiten streitet. Im Kern – und das ist durch diese Darstellung herausgekommen – ist man sich im Wesentlichen einig.

damit dem Staat als von ihnen geschaffene Einrichtung ein Recht zur Aufstellung von Verhaltensnormen gewährt. Dieses Recht soll dem Schutz aller Bürger dienen. Durch die Einschränkung der Freiheit des Einzelnen wird ein gewisses Maß an Sicherheit für die anderen gewährleistet. Richtigerweise besteht eine Art Gesellschaftsvertrag nicht nur zwischen den aktuell lebenden Bürgern einer Gesellschaft, sondern ist auch auf künftige Generationen auszudehnen. Dies ist notwendig, um den Egoismus einer Gesellschaft einzudämmen und diese anzuhalten, auch im Sinne künftiger Generationen zu handeln. Es herrscht immer eine Spannung zwischen der Freiheit des Einen und dem Bedürfnis der Gesellschaft, dass bestimmte Verhaltensweisen zum Schutze anderer untersagt werden. Aus diesem Grund ist (eine) Grundvoraussetzung jeder Verhaltensnorm, dass das Ge- oder Verbot einen legitimen Zweck verfolgt. Ohne legitimen Zweck kann die Gesellschaft kein Interesse an der Einschränkung von Verhaltensweisen des Einzelnen haben. Dieser legitime Zweck ist gleichzusetzen mit dem Rechtsgut. Damit ist auch klar, dass es sich bei dem Rechtsgut und dem Handlungsobjekt um zwei unterschiedliche Dinge handelt. Ein überzeugendes Rechtsgutskonzept muss immer einen liberalen Gehalt aufweisen. Es kann nicht darum gehen, dass sich der Staat als Sittenwächter aufspielt, der Verhaltensweisen verbietet, die nicht schädlich für die Gemeinschaft sind.

Das Rechtsgutskonzept *Roxins* wird den in dieser Arbeit zu bewältigenden Problemen in weitem Umfang gerecht[330]. Es leidet einzig an dem Mangel, dass nicht klar zwischen Verhaltens- und Sanktionsnorm getrennt wird. Wenn man diesen Umstand beachtet, kann mit dieser Definition des Rechtsguts ohne Weiteres gearbeitet werden. *Roxins* Definition unterscheidet zwischen vorpositiven und positiven Rechtsgütern als „Gegebenheiten und Zwecksetzungen" und zeigt somit deutlich, dass die Frage nach dem, was Rechtsgut oder legitimer Zweck einer Norm sein soll, in manchen Fällen leicht zu beantworten ist. Immer wenn die Freiheit des Einzelnen durch Verhaltensweisen eines anderen zu sehr eingeschränkt oder sogar aufgehoben wird, bedarf es keiner weiteren Diskussion mehr, ob eine Verhaltensnorm legitim ist. Ausgehend von der These, dass Verhaltensnormen der Erhaltung der Freiheit aller dienen, müssen das Leben, die körperliche Unversehrtheit und Fortbewegungsfreiheit sowie die Freiheit der Willensbetätigung grundsätzlich durch Verhaltensnormen geschützt werden. *Roxin* will Gegebenheiten und Zwecksetzungen schützen, wenn diese „für die freie Entfaltung des Einzelnen, die Verwirklichung seiner Grundrechte und das Funktionieren eines auf dieser Zielvorstellung aufbauenden staatlichen Systems notwendig

---

330 Wie bereits gesagt, sind viele Rechtsgutskonzeptionen denen *Roxins* relativ nah. Die Tatsache, dass *Roxins* Konzept klar zwischen positiven und vorpositiven Rechtsgütern trennt, macht dieses jedoch vorzugswürdig.

sind"[331]. Er gibt damit eine Form vor, die auf der Verfassung aufbaut und von der jeweiligen Gesellschaft gefüllt werden muss. Jede Gesellschaft muss in einem gewissen Rahmen für sich entscheiden, welche Verhaltensweisen die friedliche und freiheitliche Koexistenz der Bürger beeinträchtigen können und damit bei Vorliegen weiterer Voraussetzungen verboten werden dürfen. Verhaltensweisen, durch die Grundrechte verwirklicht werden, bedürfen dabei einer ganz besonders strengen Untersuchung und Abwägung hinsichtlich einer Verbotswürdigkeit.

Die Rechtsprechung des *BVerfG* ist mit dem hier präzisierten Rechtsguts-konzept grundsätzlich kompatibel. Das *BVerfG* gibt vor, eine (strafbewehrte) Verhaltensnorm immer am Verhältnismäßigkeitsprinzip prüfen zu wollen. Die Verhaltensnorm muss damit einen legitimen Zweck verfolgen und sie muss zur Erreichung dieses Zwecks geeignet, erforderlich und angemessen sein. Dieser legitime Zweck ist jedoch nichts anderes als das Rechtsgut[332]. Für den weiteren Gang der Untersuchung, die Erörterung und Beantwortung der Frage, ob das Organhandelsverbot durch die in der Gesetzesbegründung genannten Rechtsgüter zu legitimieren ist, wird dieser Aspekt eine entscheidende Rolle spielen. Es reicht nicht aus, lediglich einen legitimem Zweck, mithin ein Rechtsgut, zu benennen, um eine Verhaltensnorm zu legitimieren. Die Norm muss hinsichtlich dieses Zwecks auch geeignet, erforderlich und angemessen sein. Erst wenn all diese Voraussetzungen erfüllt sind, kann eine konkrete Norm legitim sein[333]. Die Prüfung einer Verhaltensnorm unter diesen Aspekten – der Gewährleistung einer friedlichen und freiheitlichen Gemeinschaft und weitgehende Einschränkung subjektiver Beliebigkeit durch Wahrung des Verhältnismäßigkeitsgrundsatzes – ist damit in der Lage, die Freiheit des Einen und Schutzbedürftigkeit des Anderen in einen angemessenen Ausgleich zu bringen.

Damit gilt ebenfalls: Wenn die Verhaltensnorm durch den Rechtsgüterschutz legitimiert ist, hat eine an den Verhaltensnormverstoß anknüpfende Sanktionierung immer ein Rechtsgut; es kann dann nur noch um die spezifisch strafrechtliche Frage der *angemessenen* Reaktion gehen.

---

331 *Roxin*, AT/1, § 2 Rn. 7.
332 Vgl. dazu *Hassemer*, in: Hefendehl/von Hirsch/Wohlers, S. 57, 60.
333 Vgl. dazu *Freund*, MünchKomm StGB, Vor §§ 13, Rn. 59; *ders.*, Erfolgsdelikt und Unterlassen, S. 52 ff.

E. Die Rechtsgüter des Organhandelsverbotes

I. Individualrechtsgüter

1. Schutz vor Ausbeutung von existentiellen Notlagen

Der Schutz vor Ausbeutung existentieller Notlagen ist einer der Gründe des Gesetzgebers, den Handel mit Organen, die Heilzwecken zu dienen bestimmt sind, zu verbieten. Im Folgenden wird untersucht, ob dieses Rechtsgut das in §§ 17, 18 TPG normierte Organhandelsverbot als (strafbewehrte) Verhaltensnorm tatsächlich rechtfertigen kann. Im Ergebnis wird ein Recht des Staates, überhaupt bestimmte (strafbewehrte) Verhaltensnormen im Bereich des Organhandels aufzustellen, anerkannt. Allerdings ist das Organhandelsverbot in seiner jetzigen Form mit einem stimmigen Rechtsgutskonzept (i. S. des Erfordernisses eines legitimen Zweckes) und dem Verhältnismäßigkeitsprinzip bei näherer Betrachtung nicht zu vereinbaren. Die Ziele, die der Gesetzgeber mit dem Aufstellen der Verhaltensnorm verfolgt, passen nicht zur konkreten Ausgestaltung der Norm.

Nach allem Bisherigen muss präzise zwischen zwei (Rechtfertigungs-)Ebenen unterschieden werden: Die erste Ebene behandelt die Rechtfertigung der Verhaltensnorm. Wichtig auf dieser Ebene ist, dass der Staat überhaupt ein berechtigtes Interesse (ein Rechtsgut/einen legitimen Zweck) aufweisen kann, dem Bürger ein Verhalten zu verbieten. Als solches Interesse wird insbesondere der Schutz vor Ausbeutung von Notlagen angeführt. Hier wird der „Schutz vor der Ausbeutung existentieller Notlagen" daraufhin untersucht, ob er generell legitimer Zweck einer Verhaltensnorm sein kann und ob das jetzt bestehende Organhandelsverbot gerade unter dem Aspekt des Paternalismus und seiner Grenzen sachgerecht ausgestaltet ist. Es wird sich herauskristallisieren, dass die aktuell bestehende Verhaltensnorm des TPG auf das genannte Schutzinteresse[334] nicht angemessen abgestimmt ist, weil sie über das legitime Ziel hinausschießt. Auf der Ebene der Sanktionsnorm wird danach untersucht, ob eine Absicherung des hier (teilweise) vorhandenen legitimen Zwecks einer Verhaltensnorm der spezifischen Mittel des Strafrechts bedarf. Grundvoraussetzung hierfür ist die Legitimität der Verhaltensnorm. Nur wenn diese aus rechtlicher Sicht aufgestellt werden durfte, stellt

---

334 Zur Klarstellung: Es geht nicht um ein „Interesse des Staates", sondern um ein Individualinteresse, das der Staat zu schützen berufen ist.

sich die Frage, welcher Mittel sich der Staat bedienen darf, um die Geltung der Verhaltensnorm zu sichern. Da die in den §§ 17, 18 TPG normierte Verhaltensnorm nicht verhältnismäßig ist, wird der Prüfung auf der Ebene der Sanktionsnorm eine Verhaltensnorm de lege ferenda zugrunde gelegt, die den Anforderungen, die an Verhaltensnormen zu stellen sind, gerecht wird. Auf dieser zweiten Ebene wird die Frage aufgeworfen, ob das Strafrecht hinsichtlich des Unwertgehaltes des Verhaltens tatsächlich angemessen ist oder ob dieses eher dem des Ordnungswidrigkeitenrechts entspricht. Die spezifisch sanktionenrechtliche Erörterung wird zu dem Ergebnis kommen, dass eine Strafnorm (bei Zugrundelegung eines verbotswürdigen Verhaltens) bei Abwägung der mit ihr verbundenen Belastungen und den Interessen des Staates und der Allgemeinheit verhältnismäßig ist.

a. Die Ebene der Verhaltensnorm

aa. Der Schutz vor Ausbeutung von Notlagen als grundsätzlich zu schützendes Rechtsgut

Rechtsgüter sind „Gegebenheiten und Zwecksetzungen, die dem Einzelnen und seiner freien Entfaltung im Rahmen eines auf dieser Zielvorstellung aufbauenden sozialen Gesamtsystems oder dem Funktionieren des Systems selbst nützlich sind"[335]. Dabei geht es um berechtigte Interessen, die der Staat mit der Aufstellung von Verhaltensnormen schützen darf. Der Gesetzgeber hat sich mit dem Organhandelsverbot zum Ziel gesetzt, einer „gewinnorientierten Ausnutzung existentieller Notlagen von Menschen"[336] zuvor zu kommen. Zum einen geht es dabei um den „Schutz des Organempfängers vor wucherischer Ausbeutung seiner gesundheitlichen Notlage durch andere"[337] Menschen. Zum anderen sollen aber auch potentielle Organspender davor geschützt werden, in einer wirtschaftlichen Notsituation durch Dritte ausgebeutet zu werden. Der Schutz solcher Notlagen[338] dient dem Individuum selbst und seiner freien Entfaltung in unserer Gesellschaft.

---

335 *Roxin*, AT/1, § 2 Rn. 7.
336 Vgl. BT-Drucks. 13/8017, Begründung zu § 16 Abs. 2., Beschlussempfehlung des Gesundheitsausschusses vom 23.06.1997.
337 Vgl. BT-Drucks. 13/4355, Begründung zu § 16 Abs. 1 S. 1.
338 Schutz des Individuums vor Ausbeutung solcher Notlagen bedeutet insbesondere Schutz seines Rechts auf Selbstbestimmung und in Bezug auf den Empfänger – seines Vermögens und der Dispositionsfreiheit darüber. Wenn also von dem Schutz vor Ausbeutung von Notlagen die Rede ist, geht es dem Wesen nach um den Schutz dieser Rechte. Das Recht auf Selbstbestimmung (über das eigene Vermögen) wird tangiert, wenn eine Person in unrechtmäßiger Weise versucht, die Schwächesituation eines anderen für eigene Zwecke auszunutzen.

Wer sich in einer seine physische oder wirtschaftliche Existenz bedrohenden Situation befindet, hat häufig einen Grad der Verzweiflung erreicht, die es anderen einfacher macht, ihn für ihre Zwecke auszunutzen. Der Gesetzgeber dachte bei der Schaffung des Organhandelsverbotes somit an Lebenslagen, die sich durch Schwäche auszeichnen. Solche „Schwächesituationen" bestehen aber nicht nur, wie von *Schroth* angenommen[339], zentral beim Organempfänger, sondern ebenso bei dem potentiellen Spender.

Der potentielle Organempfänger befindet sich in einer gesundheitlich äußerst prekären Situation, die ihn das Leben kosten kann. Er benötigt dringend ein Organ, um wenigstens die Chance zu erhalten, weiterzuleben. Für eine Transplantation in Frage kommende Organe sind im Bereich von Eurotransplant jedoch nicht in ausreichendem Maße vorhanden. Der Schwerkranke sieht sich einer Realität gegenüber, in der jeden Tag Menschen sterben, die auf der Warteliste stehen. Eine solche Situation kann zu der Bereitschaft führen, nahezu jeden Preis für ein Transplantat zu bezahlen.

Aber auch der potentielle Spender muss vor einer möglichen Ausbeutung und damit verbundener Beeinträchtigung seines Selbstbestimmungsrechtes geschützt werden. Die bekannt gewordenen Fälle im In- und Ausland, in denen Menschen Organe verkauft oder dies zumindest versucht haben, lassen darauf schließen, dass häufig die Käufer der Organe, meist gebildeter und wohlhabender als die Spender, die Initiative ergriffen haben[340]. Die Spender selbst hingegen waren meistens nicht „Täter", sondern „Opfer", die ihre Organe nicht aus purer Gewinnsucht verkauften, sondern aus Verzweiflung angesichts ihrer eigenen Lebensumstände. Somit ist die Gefahr einer Ausnutzung von Notlagen bzw. einer Beeinträchtigung des Rechts auf Selbstbestimmung auf beiden Seiten gegeben. Der Gesetzgeber darf an dieser Stelle grundsätzlich durch Verhaltensnormen für einen angemessenen Schutz der Rechtsgüter sorgen.

bb. „Die Ausnutzung von Notlagen" als Legitimationsgrund für das in den §§ 17, 18 TPG normierte Organhandelsverbot als Verhaltensnorm

Der Schutz vor Ausnutzung existentieller Notlagen ist grundsätzlich ein legitimer Zweck von Verhaltensnormen. Damit sich die in den §§ 17, 18 TPG enthaltene Verhaltensnorm durch dieses Schutzgut umfassend legitimieren ließe, müsste jeder Organhandel zwangsläufig das Ausnutzen einer Notlage beinhalten. Was aber, wenn der Spender sich gar nicht in einer wirtschaftlichen Notsituation befindet? Es sind zumindest im Inland durchaus Fälle denkbar, in denen der Spen-

---

339 So auch *Schroth*, in: FS für Roxin, S. 869, 877.
340 *Gutmann*, MedR 1997, 147, 155; *Höfer*, Organtransplantation, S. 104.

der zwar nicht mittellos ist, sich aber durch den Verkauf einer Niere z. B. eine Eigentumswohnung, ein Studium oder Reisen finanzieren möchte[341]. Auch die bessere Versorgung Angehöriger im Falle der Spende „post mortem" ist denkbar. In einer solchen Situation von der Ausnutzung einer individuellen Schwächesituation zu sprechen, ist abwegig. In Deutschland ist die medizinische Versorgung sehr gut, der Standard in den Krankenhäusern gehört zu den besten in der Welt. Die gesundheitlichen Gefahren für einen Organspender sind nicht höher, als wenn er sich entschlösse, Autorennen zu fahren und sich von dem (nur eventuell gewonnenen!) Preisgeld Träume zu finanzieren. Auch ist es denkbar, dass jemand ohne finanzielle Not bereit ist, eine Niere oder ein Stück Leber gegen eine Aufwandsentschädigung und Schmerzensgeld zu spenden[342]. Der Verkauf eines Organs muss also nicht zwangsweise den Zielen und Wertvorstellungen eines Menschen widersprechen, sondern kann sogar dazu führen, dass ein Mensch bestimmte Ziele im Leben erreicht, die er ohne den Verkauf eines Organs niemals hätte realisieren können. Im Folgenden wird aufgezeigt, dass nicht bei allen von den in §§ 17, 18 TPG erfassten Verhaltensweisen eine Ausbeutung von Notlagen respektive Verletzung der Rechte auf Selbstbestimmung und Dispositionsfreiheit über das eigene Vermögen vorliegt[343].

---

341 Zu diesem Argument bereits *Schroeder*, ZRP 1997, 265, 266; *Höfer* berichtet von Fällen aus den USA, in denen Menschen ein Organ verkaufen wollten, um einem Angehörigen von dem Geld lebensnotwendige medizinische Behandlungen zukommen zu lassen, vgl. *Höfer*, Organtransplantation, S. 104. Für sie sprechen diese Fälle gegen die Legitimierung des Organhandels. Ihr ist insofern recht zu geben, als ein Zustand wie in den USA nicht wünschenswert ist. Jeder sollte Zugang zu lebenswichtigen Medikamenten haben. Das Gesundheitssystem in Deutschland ist in dieser Hinsicht auch wesentlich besser als das amerikanische. Trotzdem wird auch in Deutschland nicht jede Therapie bzw. jede Behandlung von der Krankenkasse bezahlt. Wenn nun ein Elternteil nach Abwägung aller Vor- und Nachteile die mangelfreie Entscheidung trifft, dass ihm die vielleicht nur in den USA mögliche und vom deutschen Gesundheitswesen nicht finanzierte Behandlung für sein Kind den Verlust einer Niere wert ist, warum soll er dieses Wagnis dann nicht eingehen dürfen?

342 So auch *Schroth*, in: FS für Roxin, S. 869, 878; anonymer altruistische Lebendspenden sind tatsächlich bekannt geworden, zu dieser Thematik auch *Drakulic*, Leben spenden.

343 In diesem Zusammenhang äußert sich *van den Daele* dahingehend, dass eine Bezahlung zwar nicht zwingend die autonome Entscheidung beeinträchtige, aber unter Gerechtigkeitsaspekten problematisch sei. Menschen aus sozial schwachen Schichten würden sich wesentlich häufiger als wohlhabende Menschen bereit erklären, ein Organ zu verkaufen. Die in der Gesellschaft vorherrschende soziale Schieflage würde so noch weiter ausgebaut. Es ist tatsächlich davon auszugehen, dass arme Menschen eher als reiche bereit sind, ein Organ zu spenden. Das liegt in der Natur der Sache. Arme Menschen sind auch häufiger als reiche bereit, risikoreiche Arbeiten

*(1) Schutz von potentiellen Organempfängern vor Ausnutzung einer gesundheit-
lichen Notlage*

Der Schutz des potentiellen Organempfängers vor Ausnutzung einer gesundheitlichen Notlage hatte von Anfang an oberste Priorität im Gesetzgebungsverfahren.
Der gemeinsame Gesetzesentwurf der CDU/CSU, SPD und FDP vom 16.04.1996
zeigt deutlich, welches Gewicht ihm zugemessen wurde: In der Begründung zu
§ 16 Abs. 1 S. 1 TPG heißt es: „Dies entspricht dem Schutzzweck der Norm, wo-
nach *primär*[344] der wucherischen Ausbeutung gesundheitlicher Notlagen entgegen gewirkt werden soll"[345].

Dem entspricht es auch, dass zuerst vorgesehen war, den Empfänger selbst
nicht wegen Organhandels zu bestrafen[346]. Um sich wegen „Handeltreibens"
strafbar zu machen, musste man das „Ziel der Umsatzförderung" verfolgen. Ein
Handeltreiben lag nicht vor, wenn jemand Körpersubstanzen lediglich zur Übertragung auf sich selbst erwerben wollte bzw. erwarb. Dann fehlte es am Ziel der
Umsatzförderung. Dies wurde einmal mit der ratio legis der Norm begründet,
nach der die Norm vor allem dem Organempfänger und seinem Schutz vor wucherischer Ausbeutung seiner gesundheitlichen Notlage durch andere diene.
Letztlich sollte auch der notstandsähnlichen Situation des Organempfängers

---

anzunehmen. Der These *van den Daeles* ist jedoch entgegenzuhalten, dass sie einen
blühenden Organhandel voraussetzt, in den ein großer Teil der Bevölkerung invol-
viert ist. Der Handel mit Organen wird aber wahrscheinlich immer ein Lebensbereich bleiben, der sich nur auf eine kleine Minderheit in der Bevölkerung beschränkt. In Bezug auf die soziale Schieflage in Deutschland wird sich durch eine
Legalisierung des Handels insofern nicht viel ändern. Zudem ist auch die Nicht-
kommerzialisierung unter Gerechtigkeitsaspekten bedenkenswert: Der Spender wird
dazu angehalten, seine Organe unentgeltlich zur Verfügung zu stellen. Alle anderen
im Transplantationswesen agierenden Menschen erhalten jedoch einen finanziellen
Lohn für ihre Leistungen. Dass nur der Spender sich altruistisch verhalten soll, kann
nicht als gerecht beurteilt werden (so ebenfalls *Zech*, in: Taupitz, Kommerzialisierung, S. 325, 330). Letztlich geht seine Argumentation auch an der Sache vorbei:
Auch wenn man moralisch betrachtet die Kommerzialisierung von Organen ablehnen kann, ist es rechtlich betrachtet nicht Aufgabe des Staates, sozial schwache
Menschen zu bevormunden und ihnen die Chance auf ein bisschen Wohlstand zu
nehmen. Ziel dieser Arbeit ist es zu untersuchen, ob das (durch die Verfassung gesi-
cherte!) Selbstbestimmungsrecht des Bürgers einer (strafbewehrten) Verbotsnorm
seitens des Staates entgegensteht. Staatlicher Paternalismus kann – wie gezeigt – legitim sein. Er darf aber nicht dazu führen, dem mündigen und hinsichtlich aller Risiken aufgeklärten Bürger Entscheidungen hinsichtlich des eigenen Lebens abzunehmen, weil dies sozialpolitisch wünschenswert erscheint.

344 Hervorhebung durch die Verfasserin.
345 BT-Drucks. 13/4355, Begründung zu § 16 Abs. 1 S. 1.
346 BT-Drucks. 13/4355, Begründung zu § 17 Abs. 1.

Rechnung getragen werden, da dieser in dem Erwerb des Organs die einzige Möglichkeit zur Rettung seines Lebens sah[347]. Der interfraktionelle Entwurf macht deutlich, dass man vor allem den potentiellen Transplantatempfänger in der Opferrolle sah und ihn nicht bestrafen, sondern nur schützen wollte.

Dieser Teil des Entwurfes ist letztlich nicht Gesetz geworden. Das Gesetz bestraft nun auch den wegen Organhandels, der sich ein Organ hat verpflanzen lassen. Die Gleichstellung des Unwertgehaltes dieses Verhaltens mit dem Verhalten des Spenders resultiert wahrscheinlich aus der Erkenntnis des Gesetzgebers, dass die Spender – häufig arm und ebenfalls in einer Notlage – ebenfalls des Schutzes bedürfen[348].

Der Gesetzgeber lässt sich nicht näher dazu aus, was unter der wucherischen Ausbeutung einer Notlage bzw. der Ausnutzung einer Notlage im Falle eines Organhandels zu verstehen ist. Allerdings nennt das Gesetz das Wort „Wucher" bereits an anderer Stelle. Im Zivilrecht ist ein Vertrag gemäß § 138 BGB nichtig, wenn Leistung und Gegenleistung in einem auffälligen Missverhältnis stehen und der Wucherer zudem eine Zwangslage, die Unerfahrenheit, einen Mangel an Urteilsvermögen oder erhebliche Willensschwäche der anderen Partei ausgenutzt hat. Auch im Strafrecht werden durch § 291 StGB bestimmte Rechtsgeschäfte untersagt, bei denen die eben genannten Voraussetzungen vorliegen. Das Wort „wucherisch" deutet somit darauf hin, dass in jedem Fall ein krasses Missverhältnis zwischen Leistung und Gegenleistung gegeben sein muss. In Bezug auf den Handel mit Organen und anderen Körpersubstanzen gestaltet es sich schwierig, das Vorliegen eines krassen Missverhältnisses zu bestimmen. Organe haben keinen Marktpreis, ebenso wenig die körperliche Gesundheit und das Leben. Wer kann schon sagen, welchen objektiven Wert ein Organ hat, welcher Preis überschritten sein muss, damit man von einem auffälligen Missverhältnis von Leistung und Gegenleistung sprechen kann[349]? Selbst wenn der Organempfänger dem Spender sein Haus überschreiben würde, ist fraglich, ob damit immer ein krasses Missverhältnis vorliegt angesichts der Tatsache, dass der Empfänger ohne Hilfe des Spenders nicht mehr weiterleben oder zumindest stark an Lebensqualität einbüßen wird. Auch hinsichtlich des Spenders ist fraglich, was er „nehmen darf", ohne wucherisch tätig zu sein, um sich im Gegenzug einer Operation unter Vollnarkose zu unterziehen und starke Schmerzen zu erleiden.

---

347 BT-Drucks. 13/4355, Begründung zu § 16 Abs. 1 S. 1.
348 So auch *Pfeiffer*, Lebendorganspende, S. 134.
349 Wenn z. B. das Leben eines Menschen davon abhängt, ob er eine neue Leber erhält, wie soll man in einem solchen Fall feststellen, wann ein auffälliges Missverhältnis zwischen Leistung und Gegenleistung gegeben ist?

Angesichts dieser Problematik wollen *Pfeiffer*[350] und *Schroth*[351] darauf abstellen, ob jemand Vorteile aus der Notlage eines anderen zieht. In Bezug auf den Organspender mag man hier differenzieren können, allerdings taugt ein solches Kriterium nicht in Bezug auf den Organempfänger. Dieser ist schwerkrank und befindet sich sehr häufig sogar in einer sein Leben bedrohenden Situation. Eine existentielle Notlage ist somit immer gegeben, so dass der Organspender in jedem Fall einen verbotenen Organhandel begeht. Ob das legitimierbar ist, ist zu bezweifeln. Allein das Vorteileziehen aus einer gesundheitlichen Notlage kann nicht ausreichen, um ein (gar strafbewehrtes) Verbot zu legitimieren. Wenn z. B. jemand als Chiropraktiker oder Masseur bestimmte Möglichkeiten hat, die Gesundheit oder das körperliche Wohlbefinden von Menschen zu fördern, so ist trotzdem in der Gesellschaft anerkannt, dass er dafür die Preise nehmen darf, die er sich vorstellt bzw. die der Markt hergibt. Selbst wenn der andere starke Schmerzen hat, ist es, wenn auch vielleicht moralisch vorwerfbar, absolut legitim, ihn nicht zu behandeln, wenn er den Preis nicht zahlen kann. Der Kranke, der sich behandeln lässt, ist nur wegen seiner starken Schmerzen bereit, einen sehr hohen Preis zu zahlen. Auch die meisten Ärzte handeln und arbeiten nicht allein aus reiner Nächstenliebe und Menschlichkeit. Diejenigen Mediziner, die es sich erlauben können, nehmen für die Behandlung von Kranken viel Geld. Folglich kann man auch hier davon sprechen, dass aus einer gesundheitlichen Notlage Vorteile gezogen werden.

Die gesundheitliche Notlage ist somit kein Kriterium, das generell geeignet ist, ein Verbot zu begründen[352].

Sachgerechter erscheint es, immer den konkreten Fall im Auge zu haben. Verallgemeinerungen jeglicher Art oder sogar eine bestimmte Wertgrenze sind fehl am Platz[353]. Vielmehr muss es darauf ankommen, ob im Einzelfall der Organempfänger, „an den Rand des Existenzminimums" gebracht werden soll bzw. „ob der Spender den Empfänger rücksichtslos zum Objekt seiner materiellen Interessen degradiert"[354]. Ob in einem solchen Fall ein – objektives – Missverhältnis zwischen Leistung und Gegenleistung vorliegt, kann dann dahingestellt blei-

---

350 *Pfeiffer*, Lebendorganspende, S. 135.
351 *Schroth*, JZ 1997, 1149, 1150.
352 Bei der Frage der Schutzbedürftigkeit des Einzelnen muss auch immer die Tatsache Beachtung finden, dass der Betroffene für seine Gegenleistung etwas erhält. Der Empfänger z. B. erhält durch die Transplantation bzw. für seine Leistung nicht nur einfach ein neues Organ, sondern eine verbesserte Lebensqualität oder sogar ein „zweites" Leben. Wenn man also sein Selbstbestimmungsrecht und seine finanziellen Interessen schützen will, muss man dabei bedenken, dass dieser Schutz zulasten der Gesundheit des potentiellen Empfängers geht.
353 So *König*, der einen neuen Tatbestand, den Organwucher, schaffen will.
354 *König*, Organhandel, S. 247.

ben[355], weil es darauf nicht ankommt. Es kommt lediglich darauf an, dass sich der Empfänger in einer Notlage befindet und der Spender in missbräuchlicher und verwerflicher Weise versucht, finanziell gesehen alles aus ihm „herauszusaugen", was irgendwie möglich ist.

Dann lautet allerdings das Ergebnis, dass zum Schutz des Organempfängers vor Ausbeutung von Notlagen eine weniger umfassende, aber dafür präzisere Norm nötig ist. Schließlich sind durchaus Fälle denkbar, in denen die Ausbeutung einer gesundheitlichen Notlage nach der hier vertretenen Definition nicht vorliegt[356]. Zudem ist auch ein System vorstellbar, in dem nicht der Empfänger selbst die Kosten trägt, sondern ein regulierter Markt vorliegt, in dem die Krankenkasse oder das Gesundheitswesen für die Kosten aufkommt[357]. In einem solchen Fall kann die Gegenleistung für eine Körpersubstanz festgelegt werden[358].

---

355 Wie bereits dargelegt, ist es schwierig – wenn nicht gar unmöglich – den Wert eines Organs oder den Wert der Gesundheit in Geld oder materiellen Dingen zu bemessen.

356 Die Deliktsgruppe der abstrakten Gefährdungsdelikte erlaubt das generelle Verbot von Verhaltensweisen, bei denen die typische Gefährlichkeit einer Handlung allein Anlass für ein Verbot ist. Ein Rechtsgut braucht somit noch nicht einmal konkret gefährdet zu sein. Delikte dieses Typs müssen aber neben der Voraussetzung der typischen Gefährlichkeit so eingeschränkt werden, dass sie mit dem Schuldprinzip vereinbar sind. Selbst wenn man den Organhandel als typischerweise gefährlich im Hinblick auf die Ausbeutung von Notlagen ansieht und ein Verbot hinsichtlich der abstrakten Gefährlichkeit bejaht, muss also immer eine teleologische Reduktion im Falle offensichtlicher Ungefährlichkeit erfolgen, vgl. dazu *Radtke*, Brandstiftungsdelikte; *Roxin*, AT/1, § 11 Rn. 128 ff. Richtigerweise wäre jedoch ein – streng reglementierter und wie im Falle der Lebendspende von der Zustimmung einer Kommission abhängiger – Organhandel in Deutschland nicht typischerweise gefährlich im Hinblick auf die Ausbeutung von Notlagen.

357 Ein solches System existiert z. B. in Iran. Ein Iraner kann seine Niere an das öffentliche Gesundheitssystem verkaufen und erhält einen vorher fixierten Preis (ca. 2000 $), der in etwa einem Durchschnittsjahresgehalt entspricht. Bei Nierentransplantationen ist die Organtransplantation im Ergebnis sogar kostengünstiger als die Dialyse. Verschiedene Modelle bzgl. eines regulierten Marktes werden von *Schneider*, in: Oduncu/Schroth/Vossenkuhl, S. 189 ff. dargestellt und bewertet. *Schneider* ist eine Gegnerin des (regulierten) Organhandels, ihre Beurteilung fällt dementsprechend negativ aus. *Aumann/Gaertner* stellen ebenfalls ein Modell eines regulierten Marktes vor. Sie sind für die Freigabe eines regulierten Marktes, wenn dieser von Transparenz, strengen Regularien und medizinischer Vor- und Nachsorge gekennzeichnet ist, vgl. *Aumann/Gaertner*, in: Breyer/Engelhard, Anreize zur Organspende, S. 59 ff.

358 Die nicht mit dem Wert dieser Körpersubstanz zu verwechseln ist! Es handelt sich dann lediglich um einen festgesetzten Preis, der nicht völlig willkürlich sein darf, sondern eine angemessene Aufwandsentschädigung und ein Schmerzensgeld darstellen sollte.

Eine Ausbeutung des Empfängers findet dann nicht statt[359]. Die Norm sollte insofern differenzierter sein, als sie den Empfänger in Bezug auf dieses Schutzgut außen vor lassen muss. Es ist nicht einzusehen, warum eine Person mit einem (strafbewehrten) Verbot belegt werden soll, die von anderen Menschen ausgebeutet wird.

(2) Schutz von potentiellen Organspendern vor Ausnutzung einer wirtschaftlichen Notlage

Der Gefahr der Ausnutzung einer wirtschaftlichen Notlage des Spenders wurde im interfraktionellen Entwurf noch nicht viel Beachtung geschenkt. Man sah bei einem Organhandel höchstens dessen körperliche Integrität beeinträchtigt.

Die endgültige Gesetzesfassung sieht jedoch auch den Schutz des Spenders vor der Ausnutzung einer wirtschaftlichen Notlage durch den potentiellen Empfänger vor[360].

Es wird nun untersucht, ob der Schutz vor Ausnutzung einer wirtschaftlichen Notlage ein umfassendes Verbot des Organhandels rechtfertigt. Auch hier ist wieder zu beachten, dass die Norm in ihrer jetzigen Form nicht zwischen dem Spender selbst und Dritten differenziert. Im Folgenden wird unterschieden zwischen der Leichenspende und der Lebendspende, weil in beiden Situationen völlig andere Bedingungen für das Ausnutzen einer existentiellen Notlage vorliegen.

(a) Leichenspende

Das Organhandelsverbot verbietet auch den Handel mit Organen, die post mortem entnommen wurden. In der Regel wird der Spender selbst jedoch keinen materiellen Vorteil mehr von der Verpflanzung seiner Organe nach seinem Tod haben. Möglich wäre höchstens die Ausnutzung einer Notlage zu seinen Lebzeiten. Sich solche Situationen vorzustellen ist schwierig, zumal der potentielle Spender immer noch kurz vor seinem Tod bzw. nach Überlassung der Vorteile die Einwilligung in die Organentnahme widerrufen könnte. Es ist nicht davon auszugehen, dass bei widerrufener Zustimmung eine solche vertragliche Verpflichtung über den Verkauf von Organen vor Gericht gegenüber den Angehörigen einklagbar wäre. Diese könnten höchstens verpflichtet werden, das Erhaltene wieder zurück zu zahlen[361].

---

359 So auch *Reus*, KliFoRe 2007 (Heft 5), 136, 140.
360 So bereits *Schroth*, JZ 1997, 1149, 1150.
361 Alles andere wäre auch nicht sachgerecht. Eine Entnahme ohne Einwilligung des Verstorbenen ist ganz anders zu bewerten als die Explantation, die mit seiner Zustimmung erfolgt.

Auch die wirtschaftliche Ausbeutung der Angehörigen ist nur schwer vorstellbar. Diese müssen, wenn der Wille des Verstorbenen nicht schriftlich festgehalten oder sonst bekannt ist, in seinem Sinne entscheiden, dürfen also nicht nach Gutdünken die Organe ihres Angehörigen verkaufen[362]. Das Gesetz könnte hier zudem insofern eine Regelung treffen, als die Entnahme von Organen bei Menschen, die ihren Willen nicht eindeutig ausgedrückt haben, nur zugelassen wird, wenn die Organe anonym über eine Stelle wie Eurotransplant vermittelt werden. Dem Einwirken auf Angehörige und ein eventueller Missbrauch wäre dann in jedem Fall ein Riegel vorgeschoben.

Die Situation, die in Bezug auf möglichen Handel denkbar erscheint, ist die, dass der Spender die Entnahme seiner Organe davon abhängig macht, dass seiner Familie, einer nahestehenden Person oder vielleicht auch einer Hilfsorganisation ein vermögenswerter Vorteil zukommt. So könnte der Organspender etwa vom potentiellen Empfänger oder einem Dritten verlangen, dass dieser seinen Kindern eine Ausbildung ermöglicht[363] oder einen bestimmten Betrag an eine Stiftung für Nierenkranke zahlt, um im Gegenzug ein Organ zu erhalten. Die Zahl derjenigen, die bereit wären, nach dem Tod ihre Organe zu spenden, würde sicherlich sprunghaft ansteigen. Viele Menschen, die sich jetzt keine Gedanken über ihren Tod und ihre eigene Sterblichkeit machen (wollen), würden sich angesichts solcher „Einnahmemöglichkeiten" vielleicht eher mit einer Organspende auseinandersetzen. Es liegt in der Natur des Menschen, sich Einbußen eher vorstellen zu können, wenn er eine Gegenleistung dafür erhält. Dass der potentielle Organspender in Deutschland keine Rechte in Bezug auf die entnommenen Organe und keine Wahl hat, wem er sie aus welchem Grund spenden möchte, wird insofern zu Recht kritisiert[364].

Warum in einem solchen Fall tatsächlich immer Unrecht vorliegen soll, ist unklar. Problematisch erscheint höchstens die Möglichkeit eines Suizids, um den Angehörigen ein besseres Leben zu ermöglichen[365]. Dieses Problem könnte man jedoch lösen, indem man im Fall des Suizids die Organe des Toten nicht zur

---

362 Ganz aktuell in diesem Zusammenhang ist der „Bamberger Zahngoldfall". Dem Urteil des OLG Bamberg (Urt. v. 29. 01. 2008 – 2 Ss Owi 125/07) lag der Sachverhalt zugrunde, dass drei in einem Krematorium arbeitende Männer Zahngold aus der Asche der Toten wegnahmen und dieses weiterveräußerten. Im Unterschied zu der Veräußerung von Leichenteilen oder sonstigen Körpersubstanzen handelt es sich bei dem Zahngold jedoch um eine Sache.

363 So bereits *Schroeder*, ZRP 1997, 265, 266.

364 *Blankart*, in: Breyer/Engelhardt, Anreize zur Organspende, S. 27 ff.

365 So bereits *Schroeder*, ZRP 1997, 265, 266, der ausführt, dass dieses Problem bereits aus der Lebensversicherung bekannt sei. Um nicht missverstanden zu werden: Ein (freiverantwortlicher) Suizid stellt natürlich kein Unrecht dar.

Transplantation freigibt. Entgegen der Ansicht *Schroeders*[366] ist eine solche Abschreckungswirkung bzw. Einschränkung notwendig, um schweres Leid von Familien abzuwenden, in denen ein Mitglied keinen anderen Ausweg sieht, als seine Organe zu verkaufen. Die lapidare Begründung, der Todesfall sei nun einmal eingetreten und man könne nicht auf die Organe verzichten, kann nicht überzeugen. Schließlich ist ein Mensch gestorben, der ohne die Möglichkeit des Organhandels nicht auf den Gedanken gekommen wäre, sich das Leben zu nehmen. Hier scheint es sachgerecht, den potentiellen Spender insofern zu schützen, als unbedachten Kurzschlussreaktionen seinerseits entgegengewirkt wird.

Im Regelfall sollte jedoch eine Person für sich entscheiden, dass die finanzielle oder sonstige materielle Unterstützung der Angehörigen nach ihrem natürlichen Ableben mehr wiegt als die Unversehrtheit des Körpers. In einem solchen Fall ist kein Grund ersichtlich, den Handel mit Organen Verstorbener zu verbieten.

(b) Lebendspende

Das Argument der Ausbeutung einer wirtschaftlichen Notlage hat größeres Gewicht bei der Lebendspende. Der Bürger, der seine wirtschaftliche Existenz bedroht sieht, befindet sich in einer Situation, die zu großer Verzweiflung führen kann. Hier wird die Gefahr gesehen, dass „Menschen sich gezwungen sehen könnten, Teile ihres Körpers zu veräußern, um ihren Lebensunterhalt zu gewährleisten oder sich Lebenschancen offenzuhalten"[367]. Anderen würde damit die Möglichkeit gegeben, diesen Menschen ein Organ abzunehmen, das sie unter anderen Umständen auf keinen Fall hergegeben hätten und dessen Abgabe ihren Einstellungen und Wertvorstellungen entgegensteht. In Deutschland ist dieser Aspekt insofern relevant, als die Angst besteht, reiche Menschen könnten sich über die Armen erheben und diese zu einer Art Organersatzteillager machen.

Im Folgenden soll der Begriff „Ausnutzen einer wirtschaftlichen Notlage" im Vergleich mit anderen Lebensbereichen untersucht werden. Es wird erörtert, inwiefern auch andere Fallkonstellationen die Gefahr einer Ausnutzung wirtschaftlicher Notlagen enthalten und ob angesichts der Alltäglichkeit solcher Gefahren allein deren Bestehen taugliches Kriterium zur Bejahung der Verbotswürdigkeit ist[368].

---

366 *Schroeder*, ZRP 1997, 265, 266.
367 *Ach/Anderheiden/Quante*, Ethik der Organtransplantation, S. 196.
368 Wichtig hierbei ist: Es geht nicht allein um die Frage, ob die Ausnutzung einer wirtschaftlichen Notlage eine Verhaltensweise verbotswürdig macht, sondern insbesondere darum, inwiefern auch andere, alltägliche Situationen die Gefahr einer solchen Ausnutzung beinhalten. Anhand des Vergleichs wird dargelegt, dass allein das Be-

(aa) *Die Gefahr der „Ausbeutung einer wirtschaftlichen Notlage" in anderen Lebensbereichen*

Bei der Ausnutzung von Notlagen geht es grundsätzlich um eine Schwächesituation, die von anderen missbraucht wird. Es besteht zumindest die Gefahr, dass die schwache Person nicht mehr in der Lage ist, so zu entscheiden, wie es ihren eigentlichen Werten und Lebensvorstellungen entspricht. Eine Bagatellisierung der mit einer Organentnahme verbundenen Belastungen könnte der Fall sein. Da die Freiwilligkeit des potentiellen Spenders somit in Frage stehe, handele es sich um Unrecht, einem sich in einer Notlage befindlichen Menschen ein Organ abzukaufen[369].

Menschen tun jedoch viele Dinge nur deshalb, weil sie Geld oder eine sonstige Gegenleistung dafür bekommen. Ganz allgemein lässt sich feststellen, dass die meisten Menschen ihre Lebenszeit, ihre körperliche oder intellektuelle Kraft, also Teile ihres menschlichen Daseins im weitesten Sinne „verkaufen", sie also nur hergeben, weil sie eine Gegenleistung dafür bekommen[370]. Das ist auch nicht gesellschaftlich missbilligt. Es ist ganz im Gegenteil anerkannt und Grundvoraussetzung für das System und die Gesellschaft, in der wir leben. Meistens überlegen Menschen also, bevor sie eine Leistung-Gegenleistung-Beziehung eingehen. Folglich ist die Auffassung, die Zuwendung vermögenswerter Vorteile würde zu einer zwanghaften Annahme von Angeboten (z. B. hinsichtlich des Verkaufs eines Organs) führen, nicht plausibel[371].

Im Folgenden sollen Lebensbereiche dargestellt werden, in denen Menschen sich selbst und ihren Körper kommerzialisieren und in denen dieses Verhalten

---

stehen der Gefahr grundsätzlich nicht ausreicht, um eine Verhaltensweise zu verbieten.

369 So jedenfalls *Schroth*, JZ 1997, 1149, 1150.

370 Dieser Aspekt wird auch angesprochen von *Taupitz*, in: Taupitz, Kommerzialisierung, 1, 3 und *Schöne-Seifert*, in: Taupitz, Kommerzialisierung, S. 37, 46 ff.

371 So allgemein in Bezug auf Leistung-Gegenleistung-Beziehungen auch *Kliemt*, in: Taupitz, Kommerzialisierung, S. 95, 100. *Kliemt* spricht in diesem Zusammenhang auch solche Situationen an, in denen es bei finanziell schwachen Menschen zu einer Art „Kurzschlussreaktion" durch manipulatives Verhalten Dritter kommen kann, wenn ihnen für ein bestimmtes Verhalten eine große Geldsumme versprochen wird. In solchen Fällen müsse die Verfolgung langfristiger Interessen gesichert werden. Für den hier interessierenden Organhandel bedeutet das, dass das Vorhandensein einer Phase der Reflexion und der Abwägung sichergestellt sein muss. Zwischen dem ersten Gedanken, ein Organ für eine Gegenleistung „einzutauschen" und der Explantation muss eine – gesetzlich vorgeschrieben – Zeitspanne liegen, innerhalb derer Gespräche mit Experten stattfinden müssen. Diese Sicherung gegen spontane und damit nicht wohlüberlegte Entschlüsse beschneidet das Recht auf Selbstbestimmung nicht, sie gewährleistet es vielmehr.

nach allgemeiner Auffassung – richtigerweise – nicht als verbotswürdig angesehen wird[372]. Es wird ergründet, ob solche Unterschiede zu dem Verkauf von Organen bestehen, die es rechtfertigen, speziell den Organhandel zu verbieten, obwohl viele andere Formen der Selbstkommerzialisierung nicht verbotswürdig sind. Es wird sich zeigen, dass jedenfalls die in der Gesetzesbegründung genannte Einschränkung der Entscheidungsfreiheit allein kein Grund sein kann, den Handel mit Organen von Menschen, die sich in einer finanziellen Notlage befinden, generell zu verbieten.

(α) Gesellschaftlich allgemein akzeptierte Formen der Selbstkommerzialisierung

Die meisten Menschen instrumentalisieren und kommerzialisieren sich und ihren Körper im Laufe ihres Lebens. Jeder, der einer Erwerbstätigkeit nachgeht, „verkauft" sich, seine körperlichen oder geistigen Fähigkeiten in bestimmter Art und Weise[373]. Der Anwalt, der jeden Tag Mandanten berät, lässt diesen Menschen sein Wissen und seine Fähigkeiten nur deshalb zugute kommen, weil diese ihn dafür bezahlen. Raubtierbändiger oder Hochseilakrobaten im Zirkus riskieren ihre Gesundheit oder sogar ihr Leben, weil viele Menschen bereit sind, Geld zu bezahlen, um einen gewissen „Nervenkitzel" zu erleben. Jeder Handwerker, Mediziner oder Jurist arbeitet nicht (nur), um anderen Menschen zu helfen, sondern weil er von der ihm zukommenden Gegenleistung sein Leben finanziert.

Und auch der Körper an sich ist Gegenstand gesellschaftlich und rechtlich gebilligter Kommerzialisierung. Man denke nur an Shows wie „Germany's next Topmodel", bei denen viel Geld mit der Zurschaustellung schlanker Mädchenkörper gemacht wird. Hier geht es dem die Sendung letztlich finanzierenden Zu-

---

372 Die Frage, ob bzw. worin ein entscheidender Unterschied zwischen dem Handel mit Organen und z. B. der Ausübung eines risikoreichen Berufes besteht, werfen auch *Ach/Anderheiden/Quante*, S. 196 f. auf; eine (befriedigende) Antwort wird dort allerdings nicht gegeben.

373 Von Gegnern des Organhandels wird dem entgegengesetzt, dass der Verkauf der Arbeitskraft nicht mit dem Verkauf eines Organs gleichgesetzt werden könne, da der Verkauf der Arbeitskraft nur einen Teil des Tages in Anspruch nehme und die Person danach sich selbst gehöre und sie zudem eine Arbeitsstelle auch kündigen könne, während der Verkauf eines Organs nicht mehr rückgängig zu machen sei und das ganze Leben durchziehe, vgl. *Schneider*, in: Taupitz, Kommerzialisierung, S. 109, 115. Gerade bei risikobehafteten Arbeitsplätzen hat dieses Argument jedoch nur geringes Gewicht. Die Gefahr von körperlichen und seelischen Schädigungen ist hier sehr groß und kann jeden Tag eintreten bzw. verwirklicht sich sogar jeden Tag neu. Gerade wenn die Gefahr sich realisiert, nimmt der Verkauf der Arbeitskraft nicht nur einen Teil des Tages ein, sondern durchzieht ebenso wie ein Organverkauf das ganze Leben.

schauer vordergründig nicht um die Fähigkeiten einzelner Mädchen, sondern vor allem darum, viel nackte Haut – und eventuell kleine Skandale – zu sehen. Das ganze Modelbusiness ist auf der Kommerzialisierung von menschlichen Körpern aufgebaut, ohne dass je jemand ernsthaft ein Verbot des Modelbusiness gefordert hätte[374].

Es gibt viele Arbeitsplätze, die risikobehaftet sind und eine Gefahr für die Gesundheit des Arbeitnehmers bergen. Die Tätigkeit als Grubenarbeiter ist für die Gesundheit sicherlich in einem weitaus höheren Maße schädlich als viele andere Erwerbstätigkeiten. Und auch ein Leben als Bauarbeiter oder Dachdecker birgt neben den üblichen Risiken einer Baustelle die erhöhte Gefahr gesundheitlicher Probleme im Alter.

Es existieren somit viele rechtlich und gesellschaftlich anerkannte Formen der Selbstkommerzialisierung, die z. T. mit erheblichen Risiken für die Gesundheit verbunden sind.

Nicht nur risikobehaftete Arbeitsplätze sind in diesem Zusammenhang relevant. Es gibt auch viele Arbeiten, für die sich die meisten Menschen „zu schade" sind. Diese Arbeiten, die kaum ein Mensch verrichten möchte, weil sie als abstoßend oder würdelos empfunden wird, könnten unter dem Aspekt „Ausbeutung von Notlagen" relevant werden. Es ist hier davon auszugehen, dass niemand diese Arbeit ausführen wird, der sich nicht wirklich in einer finanziellen Notlage befindet.

(β) Prostitution

Prostitution galt in Deutschland bis zum 1. Januar 2002 als sittenwidrig. Dies hatte z. B. zur Folge, dass eine Prostituierte in den meisten Fällen ihre Ansprüche vor Gericht nicht einklagen konnte[375]. Seit Inkrafttreten des „Gesetzes zur Regelung der Rechtsverhältnisse der Prostituierten"[376] wird Prostitution in Deutschland nicht mehr als sittenwidrig angesehen. Zumindest vor dem Gesetz ist die Prostitution nunmehr als legale Erwerbstätigkeit anerkannt.

Der Verkauf bzw. die „Vermietung" des menschlichen Körpers an andere, die sich daran sexuell befriedigen, steht somit in Deutschland rechtlich gesehen auf

---

374 Natürlich wird das Modelbusiness in seiner jetzigen Form von vielen Seiten kritisiert. Es geht dabei aber nicht um das Modeln im Allgemeinen als Form der Selbstkommerzialisierung, sondern eher um Fragen des jeweiligen Schönheitsideals, also darum, ob Models heute zu dünn sind und damit einen schlechten Einfluss auf die Jugend haben.

375 Vgl. zur älteren Rechtslage die Dirnenlohn-Entscheidung in BGHSt 4, 373; *Bergmann/Freund*, JR 1988, S. 189 ff.

376 Auch „Prostitutionsgesetz" genannt.

gleicher Stufe mit allen anderen legalen Formen der Erwerbstätigkeit. Eine krassere Form der Selbstkommerzialisierung, die in vielen Fällen von Frauen ausgeübt wird, die finanziell betrachtet kaum eine andere Wahl haben und zudem häufig als Kind Opfer sexuellen Missbrauchs[377] waren, wird sich schwer finden lassen.

Männer[378], die zu Prostituierten gehen, teilen dies ihrer Umgebung in der Regel nicht mit. Auch ein Mensch, der sich prostituiert, wird diesen Teil seines Lebens zumindest außerhalb des Rotlichtmilieus eher für sich behalten. Ein Grund dafür ist sicher die mangelnde gesellschaftliche Akzeptanz.

(χ) Legaler Handel mit (aufbereiteten) Organen und Organteilen

Der Handel mit Organen, die Heilzwecken zu dienen bestimmt sind, ist in Deutschland verboten. In der Begründung des deutschen Transplantationsgesetzes heißt es, dass auch der Arzt als Täter bestraft werden müsse, da er „durch seinen unverzichtbaren Beitrag [...] die Kommerzialisierung der Organtransplantation unterstützt"[379]. Der Handel wird somit um seiner selbst Willen, wegen des Aspekts der Kommerzialisierung durch Spender und Empfänger, generell für verbotswürdig erklärt[380].

Damit ist jedoch nicht gesagt, dass in Deutschland mit Organen kein Handel betrieben wird. Während der Handel mit soliden Organen in Deutschland verboten ist und sogar unter Strafe steht, spielt die Kommerzialisierung von Leichenteilen, die keine soliden Organe sind, eine größere Rolle. Wenn Organe und Gewebe nicht sofort verpflanzt werden (können), sondern erst in komplizierten Verfahren eine Aufbereitung stattfindet, ist ein Handel in vielen Fällen durchaus legal. Durch die Bearbeitung werden die Organe zu einer industriellen Ware. Es ist in diesem Zusammenhang legal, Beträge für das Sammeln, Versenden, Verarbeiten und Implantieren zu nehmen[381]. Eine Kommerzialisierung des menschlichen Körpers ist deshalb möglich und vielerorts in Deutschland Realität. Durch diese Regelung wurde mit gespendeten Geweben in den letzten Jahren in

---

377 Nach den Angaben unter: http://www.kripo-online.at/brosch/show_brosch.asp?id=23, Abruf vom 21.04.2008, wurden 70% der Prostituierten in ihrer Kindheit selbst missbraucht. Es ist also davon auszugehen, dass die meisten Frauen, die ihre Körper verkaufen, schwere seelische Störungen haben.

378 Es gibt auch Fälle, in denen Frauen die Dienste (männlicher) Prostituierter wahrnehmen. Dies ist jedoch eher die Ausnahme.

379 BT-Drucks. 13/4355, S. 30 f.

380 BT-Drucks. 13/4355, S. 30 f.

381 *Christina Bernd*, „Die Gewebe GmbH", Süddeutsche Zeitung v. 13.05.2004.

Deutschland viel Geld umgesetzt[382]. Möglich macht diesen Handel z. B. die in § 17 I Nr. 2 TPG etablierte Arzneimittelklausel, nach der das Organhandelsverbot unanwendbar ist für Arzneimittel, die aus oder unter Verwendung von Organen hergestellt sind und der Zulassung oder Registrierung nach dem Arzneimittelgesetz unterliegen oder durch Rechtsordnung von der Zulassung oder Registrierung freigestellt sind. Ein umfassendes Verbot zur Verhinderung der Kommerzialisierung von Körpersubstanzen liegt somit nur dort vor, wo ein Mensch sein eigenes Organ verkaufen und selbst davon profitieren möchte. Das weckt den Verdacht, dass die Arzneimittelindustrie eine bessere Lobby hat als einzelne potentielle Organspender.

(δ) Vergleichende Stellungnahme

Die dargestellten Formen der Selbstkommerzialisierung sollen nun miteinander verglichen werden, um herauszufinden, ob sich im Hinblick auf den Schutz vor Ausbeutung von Notlagen Unterschiede in der Art oder dem Ausmaß ergeben, dass eine Andersbehandlung bzw. ein Verbot des Handels mit soliden Organen gerechtfertigt erscheint.

Hinsichtlich der Ausnahmen zu §§ 17, 18 TPG lässt sich Folgendes anführen: Der Handel mit – aufbereiteten – Organteilen und Geweben[383] führt in der Regel nicht zu Ausbeutungssituationen von potentiellen Spendern und Empfängern. Die (Ver-)Käufer, häufig Pharmaunternehmen oder die Schönheitsindustrie, haben mit dem Spender normalerweise keinerlei Kontakt. Er oder seine Familie erhält auch grundsätzlich keine Gegenleistung für die Körpersubstanzen; vielfach wissen sie entweder nichts von der Entnahme der Körpersubstanz oder zumindest ist ihnen nicht bewusst, dass es sich, z. B. bei Operationsabfällen, um Material handelt, das für andere wertvoll ist[384]. Die Ausnutzung einer wirtschaftlichen Notla-

---

382 So wird der Preis eines mittleren bearbeiteten Oberschenkelknochens mit 1200 € angegeben, ein mittlerer Oberarmknochen kostete 850 €. Für eine Kniescheibensehne muss man 900 € bezahlen, siehe dazu *Kadriye Acar*, Gewebehandel: Undurchsichtiger Markt, http://www.wdr.de/tv/markt/20060508/b_1.phtml, Abruf vom 01.10.2007. In dem Bericht von *Christina Bernd*, Die Gewebe GmbH, in der Süddeutschen Zeitung, 13.05.2004, wird der kommerzielle Wert eines Körpers mit 250.000 € beziffert.

383 Diese Körpersubstanzen werden entweder Verstorbenen entnommen oder aber es handelt sich um Operations- oder Geburtsabfälle, für die sich die betreffenden Patienten nicht mehr interessieren.

384 Um nicht missverstanden zu werden: Dass Körpersubstanzen ohne Wissen der Betroffenen veräußert werden, ist ein Skandal. Die Spender werden um eine angemessene Gegenleistung geprellt. Trotzdem ändert diese Erkenntnis nichts daran, dass die Ausbeutung einer Notlage bereits begrifflich nicht vorliegt. Selbst wenn die

ge kann somit in der Regel ausgeschlossen werden. Die Ausnutzung einer (gesundheitlichen) Notlage bei den Käufern kommt auch nicht in Betracht. Hier ist in Bezug auf den Schutz vor Ausbeutung von Notlagen also eine Unterscheidung gerechtfertigt.

Problematischer ist es, einen so großen Unterschied zur Prostitution zu finden, dass sich eine Differenzierung hinsichtlich des Schutzes vor Ausbeutung einer Notlage rechtfertigen lässt. Es ist davon auszugehen, dass im Rahmen der Prostitution nicht selten Notlagen ausgenutzt und Rechte auf Selbstbestimmung missachtet werden. Viele Frauen[385], die der Prostitution nachgehen, haben keine Ausbildung und damit keine große Chance auf einen gesellschaftlich akzeptierten Arbeitsplatz. Zudem ist zu bedenken, dass Prostituierte zum Großteil in ihrer Kindheit sexuell missbraucht wurden, was auf schwere seelische Schäden und eine gestörte Sexualität schließen lässt. Man muss sich in solchen Fällen die Frage stellen, inwiefern diesen Frauen ein Ausweg offen steht. Das Vorliegen einer Ausbeutung von Notlagen liegt hier mehr als nahe[386].

Auch bei gefährlichen Arbeiten oder solchen, die als würdelos und erniedrigend empfunden werden, ist oft die Ausbeutung einer finanziellen Notlage zu vermuten. Tatsächlich wird wohl kaum jemand als Reinigungskraft der Sanitäranlagen an Autobahnraststätten oder in Diskotheken arbeiten, wenn er eine andere Wahl hat. Gerade diese Arbeit wird häufig von Ausländern übernommen. Wer das schon einmal beobachtet hat, hat sich vielleicht schon einmal die Frage gestellt, warum das so ist. Die Antwort darauf ist simpel: Solche Menschen haben häufig mangels anderweitiger Qualifikationen keine Wahl bzw. keine Alternative und sind froh, überhaupt Arbeit zu haben. Würden sie sich nicht in einer finanziellen Notlage befinden, würden sie einen solchen Job kaum annehmen. Bei gefährlichen Arbeiten muss dies nicht so sein. Die Arbeit als Feuerwehrmann oder Polizist ist sicherlich nicht ungefährlich, aber dafür mit Prestige verbunden. Es ist

---

Spender von dem Verkauf wüssten, käme eine Ausbeutung ebenfalls nicht in Betracht, da es sich bei dem Körpermaterial um Operations- und Geburtsabfälle handelt, also Substanzen, die in der Regel eh entfernt werden mussten.

385 Auch wenn nicht nur Frauen der Prostitution nachgehen, sollen sich die Ausführungen der Übersichtlichkeit halber auf diese beschränken.

386 Falls tatsächlich eine Ausbeutung von Notlagen in Fällen der Prostitution bejaht wird, muss dies natürlich nicht zwangsläufig heißen, dass, weil Prostitution nicht verboten ist, Organhandel unter Ausbeutung einer Notlage ebenfalls nicht verboten werden darf. Man könnte ebenso gut andersherum argumentieren, dass auch die Prostitution verboten werden müsste. Tatsächlich gibt es Stimmen, die eine Verbotswürdigkeit bejahen und das Fehlen des Verbotes lediglich damit erklären, ein solches sei in der Praxis nicht durchsetzbar. Siehe zu diesem Problemkreis auch *Schöne-Seifert*, in: Taupitz, Kommerzialisierung, S. 37, 48.

durchaus denkbar, dass jemand einer solchen Arbeit nachgeht, ohne dass er dies aus finanziellen Gründen zwingend müsste.

Trotzdem sind auch gefährliche Arbeiten im Vergleich mit dem Organhandel interessant – zumindest dann, wenn das Eingehen eines höheren Risikos gut bezahlt wird. In dem Anbieten eines lukrativen, aber risikobehafteten Arbeitsplatzes ist dann sicherlich in manchen Fällen das Ausnutzen einer wirtschaftlichen Notlage zu sehen. Wenn ein Arbeitnehmer die Arbeit mit Wissen des Arbeitgebers nur widerwillig annimmt, weil er sich und seiner Familie ein Leben mit Sozialhilfe ersparen möchte, oder wenn ein Arbeitnehmer eine risikoreiche Arbeit nur deshalb verrichtet, weil er keine andere Möglichkeit zum Schuldenabbau sieht, dann akzeptiert er sie allein wegen des damit verbundenen Entgelts.

In solchen Fällen ist es durchaus denkbar, dass der Arbeitgeber den Arbeitnehmer zum Objekt seiner Interessen macht. Bei risikobehafteten oder für den Durchschnittsbürger abstoßenden Arbeiten besteht zumindest die Gefahr der Ausnutzung Schwächerer. Konsequenterweise dürfte man also für gefährliche oder ekelerregende Arbeit immer nur ein sehr geringes Entgelt anbieten, damit die Entscheidungsfreiheit der Menschen gewährleistet bleibt[387].

Ein relevanter Unterschied könnte in dem Umstand zu sehen sein, dass man sowohl als Prostituierte als auch als Arbeitnehmer eines abstoßenden oder risikobehafteten Arbeitsplatzes sehr lange bzw. über einen großen Zeitraum hinweg arbeiten muss, um einen hohen Geldbetrag zu erlangen. Mit dem Verkauf eines Organs hingegen lässt sich in sehr kurzer Zeit und ohne großen körperlichen oder intellektuellen Aufwand[388] viel Geld verdienen. Die Gefahr einer unüberlegten Kurzschlussreaktion mit unwiderruflichen Konsequenzen ist hier somit viel größer.

Der Verkauf eines Organs scheint also ein unkomplizierter und schneller Weg der Geldbeschaffung zu sein. Menschen, die sich in einer schwierigen finanziellen Lage befinden, könnten eher auf die Idee kommen, eine Lösung in dem Verkauf einer Niere zu sehen, als in der Annahme einer Arbeit, die in der Regel nur ein geringes Entgelt einbringt.

Auf der anderen Seite muss man jedoch zumindest die Situation in Betracht ziehen und bewerten, dass jemand bereit ist, einer anderen Person viel Geld zu zahlen, damit diese eine bestimmte Tätigkeit verrichtet. Man denke an das Beispiel der Prostitution und stelle sich den Fall vor, dass ein Mann einer Frau eine

---

387 Solche Tätigkeiten werden meistens auch nicht besonders gut bezahlt sein. Allerdings geht es um die grundsätzliche Frage, ob man solche Arbeiten auch für ein überdurchschnittlich hohes Entgelt verrichten darf oder ob dann die Entscheidungsfreiheit in verbotswürdiger Weise fehlen würde.

388 Sieht man von dem Krankenhausaufenthalt und den – sicherlich starken – Operationsschmerzen ab.

Millionen Euro zahlt, wenn diese sich bereit erklärt, eine Nacht mit ihm zu verbringen. Wenn es sich in diesem Fall um eine Frau handelt, die am Rande ihres Existenzminimums lebt, müsste hier das Gleiche gelten wie im Falle des Organhandels. Schließlich befindet sich die Frau in einer wirtschaftlichen Notlage, die durch die Einwilligung in die Prostitution relativ schnell behoben werden könnte. In einem solchen Fall ist es auch nicht schwer zu begründen, dass es der Leib selbst ist, der kommerzialisiert wird. Folglich liegt hier kein Unterschied vor, der bedeutend genug wäre, eine unterschiedliche Behandlung der Situationen durch den Gesetzgeber zu rechtfertigen.

Es ist zuzugeben, dass eine solche Situation wesentlich seltener sein wird als ein Organhandel. Trotzdem besteht diese Möglichkeit des Handels mit dem menschlichen Körper und darf bei der Frage, ob ein Handel mit Organen immer verbotswürdig ist, nicht außer Acht gelassen werden[389].

Viele Fälle gesellschaftlich etablierter Tätigkeiten und die Prostitution bergen die Gefahr der Ausnutzung einer wirtschaftlichen Notlage in sich. Zwar ist die Gefahr von Kurzschlussreaktionen hier geringer als bei dem Handel mit Organen; trotzdem ist es durchaus möglich, dass Menschen sich selbst und ihren Körper entgegen ihren Überzeugungen und ihrem eigentlichen Willen kommerzialisieren. Bei dem Handel mit Organen kann man Kurzschlussreaktionen durch eine längere Bedenkzeit und Beratungsgespräche vorbeugen. Es bestehen somit keine Unterschiede von solcher Art oder von solchem Ausmaß, dass die unterschiedliche Behandlung ohne Ausnahme gerechtfertigt erscheint.

Sowohl der Verkauf der Arbeitskraft als auch des Körpers, sei es im Rahmen der Prostitution oder des Organhandels, sind Formen der Selbstkommerzialisierung. In Bezug auf den menschlichen Leib und seine Kommerzialisierung wird jedoch von vielen ein strikter Unterschied gemacht, wenn es um den Verkauf bestimmter Substanzen wie Organen und Geweben geht. Eine mögliche Erklärung dafür ist, dass es sich um keinen traditionellen Akt handelt. Die Transplantation von Körpersubstanzen, allen voran Organen, ist erst seit wenigen Jahren bzw. Jahrzehnten relativ risikofrei möglich. Es handelt sich folglich um eine Möglich-

---

389 Der Gesetzgeber kann natürlich in Bezug auf verschiedene Lebensbereiche differenzierend vorgehen, je nachdem, wo er die typische Gefährlichkeit als gegeben ansieht. Das soll heißen, er muss natürlich nicht alle Bereiche gleich regeln, sondern kann sich die raussuchen, in denen typischerweise eine Gefahr vorliegt. Trotzdem ist ein Vergleich mit anderen Lebensbereichen wichtig, um zu zeigen, dass es tatsächlich Parallelen zwischen diesen Konstellationen gibt und der Organhandel aus anderen Gründen als den genannten verboten wird (Als solcher Grund kommt v. a. ein in der Gesellschaft tief verwurzeltes Tabu in Betracht). Wenn man den Markt staatlich reguliert, ist die typische Gefährlichkeit hinsichtlich der Ausbeutung von Menschen nicht höher als in vielen anderen Lebensbereichen.

keit des Gelderwerbs, die gesellschaftlich nicht etabliert ist und damit Skeptiker und Moralisten auf den Plan ruft. Man sagt, mit dem Verkauf von Organen sei eine neue Eskalationsstufe, eine neue Dimension in der Verwertbarkeit des Menschen angebrochen[390]. In der Gesetzesbegründung zum TPG heißt es, die Kommerzialisierung des menschlichen Körpers sei ein wichtiger Aspekt für die Strafwürdigkeit (und damit für die hier interessierende Verbotswürdigkeit) des Verhaltens des Empfängers. Durch sein Verhalten trage er dazu bei, dass der Körper des Spenders kommerzialisiert werde. Der Handel um seiner selbst willen scheint damit vom Gesetzgeber als verbots- bzw. sogar strafwürdig angesehen zu werden, ohne dass es weiterer Voraussetzungen bedürfte. Der Verkauf von Organen wird – anders als das Annehmen einer gefährlichen Arbeit – als moralisches Problem betrachtet. Reine Moralvorstellungen ohne damit verbundene Rechtsgutsverletzung können jedoch niemals geeignet sein, ein Verbot zu legitimieren. Das Recht des Menschen auf Selbstkommerzialisierung ist – wie gezeigt – durch die Verfassung gedeckt. Der Staat muss also verfassungsrechtlich legitimierte Interessen wahrnehmen, wenn er einen Eingriff in dieses Recht rechtfertigen will. Die Gesetzesbegründung ist insofern ein weiteres Indiz dafür, dass das Gesetz in seiner jetzigen Form nicht legitim ist.

(bb) Der Spender als Objekt der Interessen des Empfängers

Bei der Fragestellung, inwiefern das Ausnutzen der gesundheitlichen Notlage des potentiellen Empfängers durch den Spender verbotswürdig ist, kann es immer nur auf den konkreten Einzelfall ankommen, eine verallgemeinernde Betrachtung ist verfehlt. Dieser Gedanke ist auch auf die Frage der wirtschaftlichen Ausbeutung des Spenders zu übertragen. Hier ist ebenfalls entscheidend, ob der Empfänger den Spender zum Objekt seiner Interessen macht. Das ist jedoch nicht bereits dann gegeben, wenn sich der Spender in einer wirtschaftlichen Notlage befindet und dringend Geld benötigt. Hinzukommen muss, dass der Empfänger rücksichtslos vorgeht und den Spender durch sein Verhalten zum Objekt seiner Interessen macht, so dass dieser für jenen tatsächlich nur noch ein Organersatzteillager darstellt. Das ist der Fall, wenn der Spender sich entgegen seinen sonstigen Wertvorstellungen und Zielen im Leben und trotz der sozialen Sicherungssysteme in Deutschland genötigt sieht, sein Organ zu verkaufen und der Empfänger dies weiß. Dann ist die Ausbeutung einer Notlage in der Form zu bejahen, dass die Verbotswürdigkeit des Verhaltens mit Recht angenommen werden kann.

Es ist schwer, genau zu definieren, wann tatsächlich das Ausnutzen einer Notlage in verbotswürdiger Weise gegeben ist. Abstrakte und wertausfüllungsbedürf-

---

390 *Ach/Anderheiden/Quante*, Ethik, S. 196.

tige Begriffe sind jedoch Teil vieler Normen. Angesichts der Tatsache, dass Verhaltensnormen immer eine Vielzahl von Lebenssachverhalten umfassen, ist ein generell-abstrakter Charakter der Normalfall. Wie bei der nichtkommerziellen Lebendspende wäre es zudem möglich, eine Kommission oder Gutachter einzuberufen, die eine Bewertung hinsichtlich der Freiwilligkeit der Entscheidung des Spenders abgeben[391]. Bei Zurverfügungstellung dieser Bewertung hätte auch der potentielle Empfänger als juristischer Laie keine Schwierigkeiten zu erkennen, ob er die Notlage eines anderen Menschen in verbotswürdiger Weise ausbeutet oder nicht.

(cc) Vergleich des Organhandels mit der Blutspende

Der Bedarf an Blut und Blutbestandteilen wächst von Jahr zu Jahr. Dies ist v. a. mit aufwendigen Operationen zu erklären, aber auch mit der zunehmenden Gabe von Blutprodukten in der Tumortherapie[392]. Das Organhandelsverbot gilt nicht für den Handel mit Blut, obwohl es sich dabei ebenfalls um ein Organ handelt[393]. Bei der Spende von und dem Handel mit Blut verlässt sich der Gesetzgeber auf die Regelungen des TFG, Richtlinien und Standesrecht. Damit macht er deutlich, dass er den Schutz vor Ausbeutung von Notlagen in diesem Zusammenhang für nicht notwendig ansieht. Im Gegenteil, er lässt eine Zahlung an den Spender sogar insofern zu, als das TFG eine Aufwandsentschädigung vorsieht. Abgesehen vom DRK zahlen die meisten Blutbanken auch eine solche Aufwandsentschädigung, die circa 30 € für eine Vollblutspende beträgt. Bedenkt man, dass vielen Spendern durch die Spende keine direkten finanziellen Nachteile oder zumindest keine finanziellen Nachteile in dieser Höhe entstehen, handelt es sich de facto um eine Bezahlung[394]. Gerade die Spende von Blutbestandteilen wie Plasma, deren

---

391 Der Aspekt der Freiwilligkeit wird auch später, bei der Untersuchung des Rechtsguts Körperintegrität als Legitimationsgrund, noch einmal relevant. Gerade in Bezug auf den Schutz vor Ausbeutung von Notlagen spielt er jedoch auch eine große Rolle. Das Recht auf körperbezogene Selbstbestimmung kann nicht verwirklicht werden, wenn sich eine Person in einer für sie selbst existentiellen Notlage befindet.

392 *Marckmann*, in: Taupitz, Kommerzialisierung, S. 69.

393 *König*, in: Schroth/König/Gutmann/Oduncu, TPG, § 1 Rn. 20; vor §§ 17, 18 TPG Rn. 4; dies wird v. a. mit der Spezifität der Materie begründet.

394 Man kann darüber streiten, ob die Aufwandsentschädigung tatsächlich begrifflich eine Bezahlung ist, vgl. *Marckmann*, in: Taupitz, Kommerzialisierung, S. 69, 72. Allerdings ändert diese dogmatisch vielleicht interessante Frage nichts daran, dass faktisch eine Bezahlung stattfindet. Im Sinne einer Tauschgerechtigkeit ist das auch völlig legitim. Zudem sind der Verfasserin keine Statistiken/Datensätze bekannt, aus denen sich ergibt, dass Blutprodukte des DRK besser wären als solche der Blutspendedienste, die eine Vergütung gewähren. Es sind somit keine Argumente er-

Durchführung bis zu 25 Mal im Jahr möglich ist, kann z. B. bei Schülern, Studenten oder Geringverdienern dazu führen, dass die Spende eine regelmäßige Einnahmequelle darstellt. Und auch das DRK bietet den Spendern immerhin eine ordentliche Mahlzeit und eine kostenlose Versorgung mit Eisen an. Ein Handel mit Blut ist damit in Deutschland zumindest insofern Realität, als die Spender ihr Blut an die Blutbanken verkaufen (dürfen)[395]. Aufgrund der hohen Sicherheitsstandards ist eine gute Qualität des Blutes jedoch mittlerweile gewährleistet. Zudem muss sich im Normalfall niemand Sorgen um die Gesundheit der Spender machen, da Blut nur dann gespendet werden darf, wenn dies für den Spender unbedenklich ist.

Prekärer ist die Lage in Entwicklungsländern. Hier sind bereits Fälle bekannt geworden, in denen Menschen aus einer finanziellen Notlage heraus so häufig gespendet haben, dass es zu Gesundheitsschädigungen gekommen ist[396]. In manchen Entwicklungsländern stellt der Verkauf von Blut eine wichtige Einnahmequelle für einige Menschen dar. Ein Handel mit Blut und eine damit verbundene Ausbeutung von Notlagen existiert in den Ländern der sog. dritten Welt ebenso wie der Handel mit Organen. Wenn man also die Ausbeutung von Notlagen und auch die Bekämpfung des Organhandels in der dritten Welt als Legitimationsgrund heranzieht, müsste ein Tatbestand zumindest in Bezug auf das Ausland konsequenterweise auch den Handel mit Blut umfassen[397].

(3) Schutz vor Ausnutzung von anderen Notlagen

Unter einer Notlage versteht man jede Situation, in der die Freiheit der Verfügung über den eigenen Körper bzw. die Freiwilligkeit des Handelns einer Person gefährdet ist. Der Gesetzgeber hatte bei der Schaffung des Organhandelsverbotes hauptsächlich die Ausnutzung gesundheitlicher Notlagen auf Seiten des Empfängers und wirtschaftlicher Notlagen auf Seiten des Spenders im Blickfeld. Es ist

---

sichtlich, die eine komplette Unentgeltlichkeit der Blutspende in Deutschland notwendig erscheinen lassen.

395 Aber nicht nur auf dieser Ebene findet Handel mit Blut statt. In Deutschland sind die Preise für Blutprodukte verhältnismäßig gering. Dies kann man sich mit dem Wettbewerb (dieser impliziert einen Handel) zwischen den privatwirtschaftlichen, den gemeinnützigen und den kommunalen Blutspendediensten erklären, vgl. *Marckmann*, in: Taupitz, Kommerzialisierung, S. 69, 70.

396 So auch *König*, Organhandel, S. 130.

397 Es ist natürlich zuzugeben, dass die Spende von Blut bei mangelhafter medizinischer Versorgung in der Regel weniger gefährlich ist und auch die mit dem Verlust des Blutes auftretenden Gefahren in aller Regel geringer sind als bei der Spende eines Organs. Dennoch darf dieser Aspekt bei einer umfassenden Betrachtung nicht außer Acht bleiben.

jedoch möglich, dass es im Zusammenhang mit der Gabe eines Organs auch andere Notlagen gibt, die der Gesetzgeber übersehen oder deren Betroffene er als nicht schützenswert empfunden hat, obwohl man sie hätte in Betracht ziehen müssen[398]. Die Schwächesituation auf Spender- oder Empfängerseite muss nicht zwangsläufig einen finanziellen Hintergrund haben. Man stelle sich den Fall vor, dass eine Frau die „richtigen" Blut- und Gewebegruppen hat, um der Schwester oder dem Vater ein Organ zu spenden. Das TPG lässt wegen der verwandtschaftlichen Beziehung eine Spende in dieser Konstellation bereits heute zu. Die Spenderkreisrestriktion des TPG, die die Lebendspende auf bestimmte Verwandte und Personen, die sich in besonderer persönlicher Verbundenheit offensichtlich nahe stehen, begrenzt, soll dem Schutz der Parteien dienen. Sie kann jedoch gerade dazu führen, dass sich die Schwester/Tochter einem enormen Druck ausgesetzt sieht, ihre Niere zu spenden. Schließlich ist sie im Zweifel sogar die einzige, die das Leben eines nahen Verwandten retten kann. Bedenkt man also, in welcher Lage sich eine solche Person befindet und welche Erwartungen auf ihr lasten, kann von einer Freiwilligkeit der Entscheidung nur mit Vorbehalten gesprochen werden[399]. Es ist nicht unwahrscheinlich, dass ihre Wertvorstellungen in diesem Moment nur eine untergeordnete Rolle spielen. Und auch das Ausbeuten einer emotionalen Notlage liegt nicht fern. In einer solchen Krise wäre es der Mutter, einem anderen Geschwisterteil oder auch dem potentiellen Empfänger sogar nur schwer zu verdenken, wenn sie auf den potentiellen Spender einwirken und es eventuell sogar zu einer Art emotionaler „Erpressung" kommt[400]. Auch innerhalb von Liebesbeziehungen ist ein solcher Fall denkbar, sowohl durch den Kranken als auch durch den potentiellen Spender, der den Kranken durch seine Spende an sich binden will[401]. Bei Angehörigen sind somit viele Fälle denkbar, in denen von Freiwilligkeit nicht mehr auszugehen ist[402]. Das Organhandelsverbot ist somit nicht nur zu weit, es ist an dieser Stelle auch zu eng.

---

398 Zu dem Argument, dass es auch andere, vom Gesetzgeber nicht erfasste Notlagen gibt, bereits *König*, Organhandel, S. 130.
399 So argumentiert auch *Schreiber*, in: FS für Erich Steffen, S. 451, 452; *Zech*, in: Taupitz, Kommerzialisierung, S. 325, 330.
400 *Schutzeichel*, Geschenk oder Ware?, S. 90.
401 *Schutzeichel*, Geschenk oder Ware?, S. 91.
402 Bei Fremden, die keinem emotionalen Druck ausgesetzt sind, ist freiwilliges Handeln somit wahrscheinlicher als bei Angehörigen; deshalb ist die beschränkte Zulassung unter dem Aspekt des Schutzes des körperbezogenen Selbstbestimmungsrechts geradezu dysfunktional. Wenn man die Angehörigenspende zulässt, gibt es für die jedenfalls nicht gefährlichere Fremdspende keinen legitimen Verbotsgrund.

cc. Weitere Voraussetzungen einer Verbotswürdigkeit

(1) Toleranz und Wahrung der Menschenwürde

Die Bestimmung der Verbotswürdigkeit eines Verhaltens hat Art. 1 I GG, die Grenze aller staatlichen Gewaltausübung, zu achten. Der Staat soll nicht in Materien eingreifen, die weltanschaulich oder moralisch umstritten sind, ohne dass die Funktionsfähigkeit des gesellschaftlichen Zusammenlebens bedroht ist[403]. Das Toleranzgebot wird auch auf Verhaltensweisen ausgeweitet, die nicht der Norm einer Gesellschaft entsprechen[404]. Organhandel ist eine Materie, an der sich die Geister scheiden. Die Befürworter halten den Handel für eine gute Möglichkeit, den in fast allen Industrienationen vorherrschenden Organmangel zu beseitigen. Gegner sehen in der Kommerzialisierung des Körpers eine Entwertung des Menschen und eine Gefahr der Ausbeutung von Schwächeren. Vor allem der Kommerzialisierungsaspekt enthält eine moralische bzw. weltanschauliche Komponente. Es wird deutlich, dass die Kommerzialisierung um der Kommerzialisierung selbst willen verboten werden soll. Ob tatsächlich generell eine Entwertung des Menschen oder eine Missachtung seiner Würde durch den Verkauf eines Organs erfolgt oder ob zumindest bestimmte Formen des Organhandels zugelassen werden müssen, wird später ausführlich erörtert[405]. In diesem Teil geht es nur um Fälle, bei denen die existentielle Notlage eines anderen Menschen ausgebeutet wird. Unter diesen Umständen geht es nicht um rein moralische oder weltanschauliche Fragen, sondern um sozialschädliches Verhalten, das zur Sicherstellung der Funktionsfähigkeit des gesellschaftlichen Zusammenlebens unterbunden werden muss[406]. Auch stellt es unzweifelhaft einen Verstoß gegen die Menschenwürde dar, wenn ein Mensch zum Ersatzteillager eines anderen Menschen gemacht wird. Das Toleranzgebot und die Wahrung der Menschenwürde stehen einer Verhaltensnorm, die den Handel mit Organen unter Ausnutzung einer existentiellen Notlage verbietet, somit nicht entgegen.

(2) Weitere Elemente des Verhältnismäßigkeitsprinzips

Neben dem Vorliegen des legitimen Zwecks ist es erforderlich, dass das Organhandelsverbot zur Erreichung dieses Zwecks auch geeignet, erforderlich und angemessen ist.

---

403 *Zipf*, Kriminalpolitik – Ein Lehrbuch, S. 103.
404 *Zipf*, Kriminalpolitik – Ein Lehrbuch, S. 51.
405 Kapitel E I 3.
406 Die Verbotswürdigkeit dieser Verhaltensweise wurde bereits festgestellt.

Die Eignung kann bejaht werden, wenn der angestrebte Zweck mit der Norm gefördert werden kann, die Norm dem Zweck also zumindest generell dienen kann[407]. Die grundsätzliche Eignung kann aufgrund der Reichweite des Verbotes unproblematisch bejaht werden. Wenn der Handel komplett untersagt wird, kann natürlich niemand (durch legalen Handel) ausgenutzt werden.

In Frage steht jedoch die Erforderlichkeit der §§ 17, 18 TPG in ihrer aktuellen Fassung. Eine Verhaltensnorm ist zur Erreichung des staatlich verfolgten Zwecks nicht erforderlich, wenn der Staat eine Norm aufstellen könnte, die weniger belastend und dabei ebenso effektiv wäre[408]. Wie bereits dargelegt, ist das Organhandelsverbot in seiner jetzigen Form viel zu weit[409] geraten. Es werden viele Verhaltensweisen erfasst, bei denen die Ausbeutung einer existentiellen Notlage eher unwahrscheinlich oder sogar nahezu ausgeschlossen ist. Eine Norm, bei der die Ausbeutung von existentiellen Notlagen als Tatbestandsmerkmal integriert wäre, wäre hinsichtlich dieses Schutzgutes ebenso effektiv aber deutlich weniger belastend[410]. Viele Fälle der Leichenspende wären vom Verbot eindeutig nicht mehr erfasst. Folglich ist die aktuell existierende Verhaltensnorm in Bezug auf das Rechtsgut „Schutz vor Ausbeutung existentieller Notlagen" nicht verhältnismäßig.

dd. Zwischenergebnis

Das Organhandelsverbot verfolgt einen legitimen Zweck, der grundsätzlich eine Verhaltensnorm rechtfertigen kann. Das Organhandelsverbot in der in §§ 17, 18 TPG normierten Form ist jedoch bezogen auf die vom Staat wahrzunehmenden Schutzinteressen nicht angemessen. Eine Verhaltensnorm schränkt den Bürger in seinem verfassungsrechtlich verankerten Recht auf (körperbezogene) Selbstbestimmung ein und darf daher nur so weit gehen, wie dies zum Schutz des Rechtsgutes nötig ist. Das Verbot nach §§ 17, 18 TPG ist jedoch viel zu pauschal, weil es jeden Handel mit soliden Organen erfasst, und somit auch Verhaltensweisen,

---

407 BVerfGE 79, 256, 270 f; 87, 287, 321; 90, 145, 172; 104, 337, 346 ff.; *Detterbeck*, Öffentliches Recht, Rn. 80; *Maurer*, Staatsrecht I, S. 224.

408 BVerfGE 79, 256, 271; 87, 287, 322; 90, 145, 172 f.; 104, 337, 346 ff.; *Detterbeck*, Öffentliches Recht, Rn. 82; *Maurer*, Staatsrecht I, S. 224.

409 Und an einigen Stellen auch zu eng. Dies spielt hier jedoch eine eher untergeordnete Rolle.

410 Angesichts des sich dann ergebenden Problems der Nachweisbarkeit könnte man natürlich auch überlegen, ob man den bestehenden Tatbestand nicht einfach teleologisch reduziert in den Fällen, in denen eine Gefahr ausgeschlossen ist. Die Voraussetzung der Ausbeutung muss jedoch in jedem Fall nachgewiesen werden, wenn eine Kriminalstrafe verhängt werden soll. Die Aufnahme des Merkmals in den Tatbestand erscheint demnach sachgerecht.

bei denen die Gefahr der Ausbeutung von Notlagen jeder Couleur nicht gegeben ist. Es müsste vielmehr so ausgestaltet sein, dass das Ausnutzen einer finanziellen Notlage zu den Tatbestandsvoraussetzungen gehört oder zumindest eine Ausschlussklausel im Falle des Nichtvorliegens einer Ausbeutungssituation vorgesehen ist. Dann würden die Fälle ausgeschlossen, in denen der Spender handelt, weil er nach Abwägung aller Vor- und Nachteile zu dem Entschluss kommt, dass der Verkauf eines Organs insgesamt betrachtet eine (subjektiv) gute Entscheidung ist und die Belastungen im Verhältnis zu den verfolgten Zielen nicht unangemessen sind. Es kann nicht Aufgabe des Gesetzgebers sein, den mündigen Bürger hier einzuschränken und an seiner Statt abzuwägen, dass der Erhalt eines nicht lebensnotwendigen Organs mehr wiegt als die Erfüllung eines Lebenstraumes. Auch der Empfänger wird nicht notwendigerweise (wirtschaftlich) ausgebeutet. Es ist ohne Weiteres vorstellbar, dass zwischen Spender und Empfänger ein Vertrag über den Kauf eines Organs geschlossen wird, der den Empfänger nicht übermäßig belastet, sondern eine angemessene Aufwandsentschädigung und ein Schmerzensgeld vorsieht. In diesem Zusammenhang ist es auch vorstellbar, dass die Krankenkasse die Kosten der Transplantation übernimmt und einen vorher festgelegten Preis bezahlt. Der Empfänger hätte dann selbst gar keine Kosten zu tragen. Folglich ist die Erforderlichkeit der Verhaltensnorm (in Gestalt eines weitreichenden Verbots) in §§ 17, 18 TPG und damit die Verhältnismäßigkeit der Norm als Freiheitsbeschränkung zu verneinen.

b. Die Ebene der Sanktionsnorm

Die konkret vorgesehene Verhaltensnorm in §§ 17, 18 TPG ist im Hinblick auf das staatlich wahrzunehmende Interesse „Schutz vor Ausbeutung existentieller Notlagen" nach allem Bisherigen abzulehnen, da sie in ihrer Reichweite für den Schutz der Rechtsgüter von Spender und Empfänger nicht erforderlich ist. Die §§ 17, 18 TPG umfassen viele Verhaltensweisen, die nicht verbotswürdig sind. Die Verbotswürdigkeit ist jedoch Grundvoraussetzung für die Strafwürdigkeit eines Verhaltens. Ein Verhalten, das nicht verboten werden darf, darf erst Recht nicht mit den Mitteln des Strafrechts unterbunden werden.

Im Folgenden wird deshalb nicht das Organhandelsverbot in seiner aktuellen Fassung untersucht, sondern Normen[411], die de lege ferenda das Merkmal der

---

411 „Normen" deshalb, da man überlegen kann, mit zwei Normen zu arbeiten und die Strafbarkeit in Bezug auf Spender und Empfänger (als Opfer) zu trennen. Dies ist insofern vorteilhaft, als durch die Verhinderung der Ausbeutungssituation zum Teil unterschiedliche Rechtspositionen bei Spender und Empfänger geschützt werden. In Bezug auf den Empfänger ist dies (auch) sein Vermögen, wohingegen beim Spender „nur" dessen Selbstbestimmungsrecht geschützt wird.

Ausbeutung einer existentiellen Notlage im Tatbestand enthalten[412]. Entsprechende Sanktionsnormen müssen geeignet und erforderlich sein, die Geltungskraft der Verhaltensnorm zu schützen. Zudem müssen sie hinsichtlich dieses Zwecks angemessen sein. Als Grundbedingung der Strafe muss ein staatliches Bedürfnis der Gegensteuerung gegenüber dem durch den Verhaltensnormverstoß eingetretenen Risiko eines Normgeltungsschadens bestehen[413].

Wesentlich hierbei ist, dass das Strafrecht nur einen Teilbereich der Verhaltensnormverstöße erfasst. Es gibt viele Verhaltensweisen, die zwar Unrecht darstellen, deren Unwertgehalt aber nicht groß genug ist, um zu einer Strafwürdigkeit des Verhaltens zu gelangen. Das Strafrecht hat Ultima-ratio-Charakter, es ist also nicht jedes unrechte Verhalten strafwürdig[414].

Nach einem kurzen Abriss über das Rechtsgut der Sanktionsnorm wird die Strafwürdigkeit des Organhandels untersucht, bei dem tatsächlich eine existentielle Notlage in verbotswürdiger Weise ausgebeutet wird. Es wird unter Gerechtigkeits- und Zweckmäßigkeitsaspekten geprüft, ob die Aufrechthaltung der Geltungskraft der als legitim erachteten Verhaltensnorm mit den Mitteln des Strafrechts angemessen ist oder ob das verwirklichte Unrecht eher dem des Ordnungswidrigkeitenrechts entspricht. Im Ergebnis ist ein Organhandel, bei dem existentielle Notlagen in verbotswürdiger Weise ausgenutzt werden, als strafwürdig anzusehen. Eine Norm, die dieses Tatbestandsmerkmal enthält, darf somit mit den Mitteln des Strafrechts abgesichert werden.

aa. Rechtsgut der Sanktionsnorm

Das Rechtsgut der Sanktionsnorm ist die Aufrechterhaltung der Geltungskraft der Verhaltensnorm. Die Androhung von Strafe und im Fall des Verhaltensnormverstoßes die Verhängung und Vollstreckung von Strafe soll die Verhaltensnorm davor bewahren, ein bloßer „Papiertiger" ohne Wirkungskraft zu sein. Mittelbar tangiert sind auch die Rechtsgüter der Verhaltensnorm.

---

412 Man könnte ebenfalls davon ausgehen, dass die bestehende Norm in §§ 17, 18 TPG de lege lata verfassungskonform dahingehend ausgelegt wird, dass nur solche Fälle erfasst werden, in denen die Ausbeutung einer existentiellen Notlage tatsächlich vorliegt. Es scheint jedoch stimmiger, de lege ferenda eine Norm zu schaffen.

413 *Freund*, Erfolgsdelikt und Unterlassen, S. 91.

414 Dies zeigt allein der Bußgeldkatalog für begangene Ordnungswidrigkeiten.

bb. Strafwürdigkeit des verbotswürdigen Verhaltens

Der Gesetzgeber darf ein Verhalten nur dann mit Strafe bedrohen, wenn dieses strafwürdig ist[415]. Dem Begriff der Strafwürdigkeit und seiner Kriterien kommt demzufolge eine gewichtige Bedeutung zu. Auch wenn über die inhaltliche Ausgestaltung des Begriffes Uneinigkeit besteht[416], ist die Einteilung in eine normative Komponente der Gerechtigkeit und eine Komponente der Zweckmäßigkeit weithin anerkannt[417]. Die beiden Voraussetzungen stehen nicht isoliert nebeneinander, sondern bedingen und begrenzen sich gegenseitig. Eine Sanktionsnorm, die gerecht erscheint, aber nicht zweckmäßig ist, kann ebenso wenig Bestand haben wie eine, die zweckmäßig ist, aber bei der die Komponente der Gerechtigkeit verneint werden muss[418]. Auch eine präzise Trennung beider Begriffe ist nicht immer möglich. Vielmehr besteht insofern ein Zusammenhang, als der Verhältnismäßigkeitsgrundsatz grundsätzlich für beide Komponenten bedeutsam ist.

(1) Die Komponente der Gerechtigkeit

Die Komponente der Gerechtigkeit umfasst das vom Staat wahrzunehmende Interesse an der Sanktionsnorm und die weiteren verfassungsrechtlichen Anforderungen, die an die Bejahung der Strafwürdigkeit eines Verhaltens gestellt werden.

(a) Der mittelbare Schutz eines Rechtsguts des Individuums oder der Gemeinschaft

Mittelbar dient die Sanktionsnorm auch dem Rechtsgut der Verhaltensnorm. Das hier in Frage stehende Rechtsgut, der Schutz vor Ausbeutung existentieller Notlagen respektive die Wahrung des Selbstbestimmungsrechts und des Vermögens, ist ein Individualrechtsgut, das zur Legitimierung einer Verhaltensnorm geeignet ist[419]. Der Schutz eines Rechtsguts als Voraussetzung einer Verhaltensnorm ist notwendigerweise auch Grundvoraussetzung für die Sanktionierung eines Verhaltens. Das Rechtsgut wird unter dem Aspekt der Gerechtigkeit mit in die Waagschale geworfen und ist wichtig für die Frage, ob Strafe im konkreten Fall ein an-

---

415 *Hassemer*, in: NK StGB, Vor § 1, Rn. 49.
416 *Schmidhäuser*, Strafrecht AT, 2/14; *Günther*, JuS 1978, 8, 11 ff.; vgl. zum Begriff der Strafwürdigkeit auch *Langer*, Die Sonderstraftat, S. 141 ff.
417 *Hassemer*, in: NK StGB, Vor § 1, Rn. 50; *Meyer*, ZStW 115 (2003), 249, 276 f.
418 *Hassemer*, in: NK StGB, Vor § 1, Rn. 192 ff.; zum Sachzusammenhang zwischen der Strafbedürftigkeit und der Strafwürdigkeit vgl. auch *Freund*, GA 1995, S. 4 ff; *ders.*, in: Wolter/Freund, Straftat, S. 43 ff.
419 Bei Vorliegen weiterer Voraussetzungen.

gemessenes Mittel darstellt. Man muss das Individualrechtsgut bei der Beantwortung der Frage, ob über die reine Verbotswürdigkeit hinaus eine Strafwürdigkeit des Verhaltens besteht, somit immer im Blickfeld haben.

(b) Weitere verfassungsrechtliche Anforderungen an die Kriminalisierung menschlichen Verhaltens

(aa) Verhältnismäßigkeitsgrundsatz

Der Einsatz spezifisch strafrechtlicher Mittel muss geeignet, erforderlich und angemessen sein, und zwar hinsichtlich des verfolgten Zwecks: Der Aufrechterhaltung der Geltungskraft der übertretenen Verhaltensnorm.

An der grundsätzlichen Eignung des Strafrechts als Mittel zur Erreichung des angestrebten Zwecks besteht kein Zweifel. Die Androhung und Verhängung von Strafe kann der Befolgung einer Verhaltensnorm immer dienlich sein.

In Frage steht die Erforderlichkeit des Einsatzes von Strafe. Die Verletzung eines Rechtsgutes ist nur dann strafwürdig, wenn der Einsatz strafrechtlicher Mittel zur Unterbindung des sozialschädlichen Verhaltens erforderlich ist[420]. Der Staat ist nicht verpflichtet, absolute und allgemeine Gerechtigkeit herzustellen. Ob er straft, hängt davon ab, ob die Strafe für den Bestand der Rechtsordnung notwendig erscheint[421]. Das Strafrecht ist nur ein Teilbereich sozialer Kontrolle. Es ist umgeben von anderen Einflussinstanzen wie dem sozialen Umfeld, dem Ordnungswidrigkeitenrecht und dem Zivilrecht[422]. Diese können auf verbotswürdiges Verhalten manchmal effektiver und mit milderen Mitteln reagieren[423]. Strafbedürftigkeit besteht alleine dann, wenn ein solches Maß an Sozialschädlichkeit gegeben ist, dass „das gesellschaftliche Zusammenleben in unerträglicher Weise beeinträchtigt"[424] wird. Das Strafrecht darf folglich nur da eingesetzt werden, wo mildere Mittel keinen ausreichenden Erfolg versprechen[425].

Das Ordnungswidrigkeitenrecht z. B. ist im Gegensatz zum Strafrecht ein viel stumpferes Schwert bei der Bekämpfung unrechten Verhaltens. Eine Ordnungswidrigkeit wird in der Regel „nur" mit einer Geldbuße geahndet. Der Unterschied zwischen einer Ordnungswidrigkeit und einer Straftat liegt also auf der Rechts-

---

420 So auch *Günther*, Jus 1978, 8, 11.
421 *Zipf*, Kriminalpolitik – Ein Lehrbuch, S. 113 f.; *Stratenwerth*, ZStW 71 (1959), 567 f.; *Müller-Emmert*, GA 1976, 291, 301 f.; *Albrecht*, Kriminologie, S. 309.
422 *Jescheck/Weigend*, Strafrecht AT, S. 2.
423 *Hassemer*, in: NK StGB, Vor § 1, Rn. 52 u. 153.
424 *Zipf*, Kriminalpolitik – Ein Lehrbuch, S. 67.
425 *Roxin*, AT/1, § 2 Rn. 28.

folgenseite. Dieser Unterschied begründet sich durch den geringeren Unrechts-und Schuldgehalt, den geringeren Grad der Verwerflichkeit des Verhaltens[426].

Der Unrechts- und Schuldgehalt der begangenen Tat ist wichtig zur Bestimmung der Erforderlichkeit einer Strafe. Jemand, der bewusst die existentielle Notlage einer anderen Person ausnutzt, wird zwar in der Regel einen gewissen Grad an Verzweiflung angesichts der eigenen Lage erreicht haben. Die eigene Verzweiflung mindert den Unrechts- bzw. Schuldgehalt der Tat; zu beachten ist jedoch immer auch, welche Handlung begangen wird und welche Folgen diese Handlung für andere Personen hat. Wenn die Folgen gravierend sind, können sie den Unrechts- bzw. Schuldgehalt nicht in einem Maße mindern, dass die Untergrenze der Strafwürdigkeit unterschritten ist.

Die Folgen der Tat für die Opfer im Falle des Organhandels sind häufig dramatisch. Abgesehen von der Verletzung des Selbstbestimmungsrechts und (eventuell) der Vermögensschädigung ist v. a das Gefühl, einer anderen Person hilflos ausgeliefert zu sein, ein weiterer Umstand, der das Opfer noch lange nach der Tat belasten kann. Insbesondere der Spender, der gegen seinen Willen einen Teil seines Körpers verloren hat, wird lange mit den psychischen Folgen der Tat zu kämpfen haben. Ein Unrechts- und Schuldgehalt ist somit wegen der gravierenden Folgen nicht so stark vermindert, dass die Grenze der Strafwürdigkeit unterschritten wird.

Der Unrechtsgehalt ist umso größer, je konkreter die Gefahr für das bedrohte Rechtsgut und je wertvoller das Rechtsgut selbst ist. Folglich muss die Tat ein besonderes Gewicht haben, damit eine strafrechtliche Sanktion erforderlich ist.

Wie dargelegt, ist in vielen Fällen eine Ausbeutung von Spender und Empfänger nicht wahrscheinlich oder kann zumindest durch eine Regulierung und staatliche Überwachung des Handels verringert werden. Die Gefahr für ein bedrohtes Rechtsgut lässt sich bei staatlicher Überwachung somit in Grenzen halten. Trotzdem ist die Gefahr natürlich gegeben. In Bezug auf die Rechtsgüter selbst sind sowohl das Vermögen des Empfängers als auch das Selbstbestimmungsrecht von Spender und Empfänger wertvoll. Auch wenn auf den ersten Blick das Vermögen als weniger schützenswert erscheint, ist dies letztlich nicht der Fall. Das Vermögen ist ein an sich schützenswertes Gut, insbesondere deshalb, weil ein Verlust des Vermögens grundsätzlich zu Einschränkungen der Entscheidungsfreiheit führt[427].

---

426 *Mitsch*, Ordnungswidrigkeiten, S. 17.

427 Hier kann man zwar sagen, dass ohne den Vermögensverlust die Entscheidungsfreiheit des Empfängers insofern eingeschränkt wird, als dieser sterben muss. Der Schutz seines Vermögens hilft ihm – im Grabe liegend – jedoch auch nicht weiter. Allerdings würde eine Vernachlässigung des Vermögensschutzes in solchen Fällen den Empfänger und sein Vermögen „vogelfrei" machen.

Eine Möglichkeit zur Bestimmung des Unwertgehaltes der Tat liegt darin, andere Normen, die ebenfalls das hier in Frage stehende Rechtsgut schützen, zum Vergleich heranzuziehen bzw. eine Beziehung zu diesen herzustellen. Der Schutz vor Ausbeutung existentieller Notlagen dient dem Schutz des Vermögens des Empfängers und des körperbezogenen Selbstbestimmungsrechtes von Spender und Empfänger. Als vergleichsfähige Strafnormen lassen sich § 240 StGB und auf Seiten des Empfängers zudem § 253 StGB heranziehen. § 240 StGB regelt die Bestrafung der Nötigung. Danach macht sich strafbar, „wer einen anderen Menschen rechtswidrig mit Gewalt oder durch Drohung mit einem empfindlichen Übel zu einer Handlung, Duldung oder Unterlassung nötigt".

Nach § 253 StGB begeht eine Erpressung, wer den Tatbestand der Nötigung verwirklicht und „dadurch dem Vermögen des Genötigten oder eines anderen Nachteil zufügt, um sich oder einen Dritten zu Unrecht zu bereichern". Die Erpressung ist folglich ein Fall der Nötigung mit der Besonderheit der Vermögensverfügung[428]. Der Gesetzgeber hat beide Verhaltensweisen für strafwürdig erachtet. Die einfache Nötigung wird mit Geldstrafe oder Freiheitsstrafe bis zu drei Jahren bestraft, bei § 253 I StGB erhöht sich die Höchststrafe auf fünf Jahre. Die Erpressung hat einen „Freikaufcharakter; das Opfer erkauft sich [...] die Beendigung der Zwangswirkung und die künftige Freiheit von Zwang, bisweilen auch nur die Abwendung von Schaden"[429]. Ähnliches kann man über die Situation des potentiellen Empfängers sagen. Er ist in einer gesundheitlich äußerst prekären Situation, eine Schädigung seiner Gesundheit liegt vor und schreitet immer weiter voran. Diese Situation soll, egal um welchen Preis, abgewendet werden. Der Spender oder sonstige Dritte hat den Schaden zwar nicht hervorgerufen, er nutzt ihn jedoch rücksichtslos für seine Zwecke aus. Parallelen sind somit trotz der Unterschiede durchaus gegeben.

Gleiches gilt für § 240 StGB. Das Drängen des Empfängers oder sonstiger Dritter, gegen Entgelt ein Organ herzugeben, kann Nötigungscharakter haben. Dieser Sachverhalt wird zwar mangels Gewalt oder Drohung mit einem empfindlichen Übel oftmals nichts direkt unter § 240 StGB zu subsumieren sein, eine Ähnlichkeit im Bereich des Unwertgehaltes ist jedoch gegeben, so dass ein Vergleich möglich ist.

Der Gesetzgeber hat das Mittel des Strafrechts als erforderlich erachtet, das Vermögen und die Freiheit zur Selbstbestimmung durch die § 240 StGB und § 253 StGB zu schützen und sieht erhebliche Freiheitsstrafen vor. Der im Falle des ausbeutenden Organhandels vorliegende Unwertgehalt ist mit diesen Situati-

---

428 *Fischer*, in: Tröndle/Fischer, § 253 Rn. 2.
429 *Wessels/Hillenkamp*, BT 2, Rn. 704.

onen durchaus vergleichbar, so dass Strafe auch hier als erforderliches Mittel in Betracht kommt[430].

Die strafrechtliche Reaktion muss in Bezug auf den Zweck auch angemessen sein, sie darf also keine Überreaktion darstellen. Sie ist angemessen, „wenn bei einer Gesamtabwägung zwischen der Schwere des Eingriffs und dem Gewicht und der Dringlichkeit der ihn rechtfertigenden Gründe die Grenze der Zumutbarkeit gewahrt bleibt"[431]. Es muss also eine Abwägung stattfinden zwischen dem Ausmaß der Belastungen, die durch eine Strafnorm für die Betroffenen entstehen und dem staatlichen Interesse an dieser Maßnahme. Auch der Nutzen für die Allgemeinheit muss in die Entscheidungsfindung einfließen[432]. Die Belastungen, die durch eine strafrechtliche Reaktion auf einen Verhaltensnormverstoß für den Betroffenen entstehen, sind hoch. Bereits der Schuldspruch stellt eine nicht zu unterschätzende Belastung dar. Abgesehen von einer Geld- oder sogar Freiheitsstrafe besteht die Gefahr der Stigmatisierung und Ausgrenzung durch die Gesellschaft. Ein verurteilter Krimineller ist jemand, mit dem die meisten Mitglieder der Gesellschaft grundsätzlich nichts zu tun haben möchten[433]. Ein Gefängnisaufenthalt kann dazu führen, dass man seinen Arbeitsplatz, Freunde oder sogar die eigene Familie verliert. Bei der Erfüllung der Tatbestandsmerkmale des Organhandelsverbotes wird es sich jedoch für Spender und Empfänger um eine einmalige Angelegenheit handeln. Es scheint lediglich hinsichtlich sich einschaltender Dritter möglich, dass dieser Straftatbestand mehrfach erfüllt wird. Wenn der Täter in einem solchen Fall nicht vorbestraft ist, ist nicht davon auszugehen, dass tatsächlich eine Freiheitsstrafe ohne Bewährung verhängt wird. Der Verlust des Arbeitsplatzes und soziale Isolation durch einen Freiheitsentzug sind also kaum zu erwarten.

Geld- oder Bewährungsstrafe scheinen hinsichtlich dessen, was der Täter einer anderen Person angetan hat, nicht unangemessen. Es geht um Ausbeutungssituationen, in denen die Rechte am Vermögen bzw. auf körperbezogene Selbstbestimmung verletzt werden, also die Verwirklichung eines verwerflichen und unrechten Verhaltens. Wer seine eigene Interessen derart über die eines anderen Menschen stellt, dass er dessen (akute und existentielle) Schwächesituation für sich ausnutzt, der muss berechtigterweise mit einer harten Sanktion durch den Staat rechnen. Es ist die Aufgabe unseres Sozialstaates, sich für die Ärmeren und

---

430 Ist zweifelhaft, ob sich ein Erfolg allein durch andere Mittel als das Strafrecht erreichen lässt, steht dem Gesetzgeber eine Einschätzungsprärogative zu. Die Subsidiarität des Strafrechts ist dann eher eine Richtlinie als ein strenges Gebot. Folglich verstößt ein Straftatbestand nicht gegen das Gebot der Erforderlichkeit.
431 *Detterbeck*, Öffentliches Recht, Rn. 85.
432 *Detterbeck*, Öffentliches Recht, Rn. 86.
433 *Günther*, JuS 1978, 8, 11.

Schwächeren einzusetzen[434]. Dazu gehört auch, dass Menschen in Schwächesituationen ein angemessener Schutz gewährt wird. Potentieller Organspender und Organempfänger scheinen in ihrer jeweiligen Situation besonders verletzlich und hilfebedürftig. Der Spender, weil er aus purer Not heraus entschließt, sich einer Operation zu unterziehen und der Empfänger, weil er gesundheitlich schwer angeschlagen ist und diese Situation von Dritten ausgenutzt wird. Der Spender, der die gesundheitlich prekäre Lage eines Dritten ausnutzt, um sich zu bereichern, ist hingegen keineswegs schutzwürdig. Im Gegenteil, der Schwache muss davor bewahrt werden, dass er ausgebeutet wird. Man könnte argumentieren, dass der Kauf eines Organs die einzige Möglichkeit für den Schwerkranken darstellt und die Ausbeutung daher für ihn auch positive Aspekte habe. Dem ist im Ergebnis allerdings nicht zu folgen. Es ist richtigerweise ja nicht verbotswürdig, einem Nierenkranken ein Organ zum Kauf anzubieten. Es muss jedoch verhindert werden, dass ein Dritter sich angesichts der gesundheitlichen Notlage des Empfängers rücksichtslos bereichert. Aus diesem Grund bedarf es auf tatbestandlicher Ebene auch des Merkmals „unter Ausbeutung einer existentiellen Notlage".

Beim Spender können durch eine eigentlich nicht gewollte Explantation Folgeschäden auftreten, die für dessen weiteren Lebensweg verheerend sein können. In Indien und anderen Entwicklungs- und Schwellenländern, in denen Menschen aus bitterer Armut heraus ein Organ verkaufen oder weil sie von ihren Familienangehörigen dazu veranlasst werden, sind die psychischen Schäden der Organentnahme immens. Eine Organentnahme kann im Ergebnis positiv für einen Spender sein, aber nur, wenn er sich aus freien Stücken zu der Spende entschließt und voll und ganz zu seiner Entscheidung stehen kann.

Die Belastungen, die dem Täter durch eine Sanktionierung entstehen, sind somit angesichts der Schäden, die er durch sein Verhalten anrichtet bzw. anrichten kann, nicht unverhältnismäßig. Der Grundsatz der Verhältnismäßigkeit wird somit gewahrt.

(bb) Bestimmtheitsgrundsatz

In Art. 103 II GG wird festgelegt, dass eine Tat nur dann in verfassungsrechtlich zulässiger Weise bestraft werden kann, wenn das inkriminierte Verhalten bereits vor der Tat hinreichend bestimmt war („nulla poena sine lege certa")[435]. Grund dafür ist, dass ein zu unbestimmtes Strafgesetz der Willkür Tür und Tor öffnet. Das Bestimmtheitsgebot ist elementar für die Gewaltenteilung. Der Richter könnte sonst beliebig bestimmen, welches Verhalten strafrechtlich sanktioniert wird.

---

434 *Detterbeck*, Öffentliches Recht, Rn. 154.
435 *Hassemer*, in: NK StGB, Vor § 1 Rn. 76.

Die Konsequenz wäre, dass der Bürger in ständiger Unsicherheit leben müsste, welches Verhalten strafbar ist[436]. Theoretisch ist somit unbestritten, dass eine Strafnorm mangels Bestimmtheit des gesetzlichen Tatbestandes verfassungswidrig sein kann[437].

Strafgesetze stellen allerdings immer abstrakt-generelle Regelungen dar, die für eine Vielzahl von Fällen gedacht sind. Man kommt nicht umhin, Generalklauseln und wertausfüllungsbedürftige Begriffe zu verwenden, da nur so eine gerechte Einzelfallentscheidung möglich ist[438]. Dies impliziert immer auch ein gewisses Maß an Unbestimmtheit. So hat auch das *BVerfG* entschieden, dass Strafnormen zwar „so konkret" sein müssen, dass „Tragweite und Anwendungsbereich des Tatbestandes zu erkennen sind und sich durch Auslegung ermitteln lassen", gleichzeitig allerdings auch solche Begriffe verwendet werden dürfen, „die nicht eindeutig allgemeingültig umschrieben werden können und in besonderem Maße der Auslegung durch den Richter bedürfen"[439]. Diesen „elastischen Formeln" entspricht es auch, dass das Gericht bisher nur sehr selten eine Strafnorm für mit Art. 103 II GG unvereinbar erklärt hat[440].

Das jetzt bestehende Organhandelsverbot in §§ 17, 18 TPG ist im Hinblick auf das Bestimmtheitsgebot weitgehend unproblematisch und würde durch das Tatbestandsmerkmal „Ausbeutung einer existentiellen Notlage"[441] noch weiter präzisiert. Zwar sind die Begriffe „Handeltreiben", „Ausbeutung" und „existentielle Notlage" konkretisierungsbedürftig, jedoch nicht in einem Maße, dass Tragweite und Anwendungsbereich des Tatbestandes nicht mehr zu erkennen sind oder sich nicht regelgeleitet ermitteln ließen. Der gesetzgeberische Schutzzweck ist zudem Teil des Tatbestandes. Die hinreichende Bestimmbarkeit des unter das Strafgesetz fallenden Verhaltens ist somit zu bejahen. Das Bestimmtheitsgebot stünde der Norm somit nicht entgegen.

(2) Die Komponente der Zweckmäßigkeit

Das Kriterium der Gerechtigkeit ist eine notwendige, aber keine hinreichende Bedingung der Strafwürdigkeitsbestimmung. Es bedarf weiterhin der Prüfung, inwiefern und mit welchen Nebenfolgen die Strafrechtspflege die kriminalpolitischen Entscheidungen zur Strafwürdigkeit übernehmen und ausführen kann

---

436   *Roxin*, AT/1, § 5 Rn. 67.
437   BVerfGE 25, 269, 285; BVerfGE 45, 363, 371.
438   *Roxin*, AT/1, § 5 Rn. 69.
439   BVerfGE 55, 144, 152; BVerfGE 57, 250, 262.
440   *Kunig*, in: von Münch/Kunig, GG, Art. 103 Rn. 27 ff.
441   Bzw. durch eine ebenfalls bedenkenswerte Ausschlussklausel.

(Zweckmäßigkeit)[442]. Beide Komponenten können wegen des sie verbindenden Verhältnismäßigkeitsgrundsatzes nicht klar voneinander getrennt werden.

Die Strafwürdigkeit eines Verhaltens setzt damit auch voraus, dass sie praktisch sinnvoll ist[443]. Keinen Sinn ergibt die Bestrafung wegen eines Verhaltens dann, wenn dies im Ergebnis mehr negative als positive Folgen hat[444]. Das wäre der Fall, wenn die Bestimmung der Strafwürdigkeit die Zielerreichung selbst verhindern oder ihr Ziel nur unter zu hoher Verletzung anderer Rechtsgüter erreichen würde[445]. Unter Zweckmäßigkeitserwägungen ist die Sanktionierung des hier untersuchten Verhaltensnormverstoßes nicht zu beanstanden.

Es ist nicht zu erwarten, dass eine Bestrafung mehr negative als positive Folgen hat. Im Gegenteil: Wer bei seinem ausbeuterischen Verhalten Konsequenzen fürchten muss, wird eher versuchen, einen legalen Weg zur Erreichung seines Ziels zu finden. Folglich ist eine Sanktionierung des ausbeuterischen Organhandels auch zweckmäßig.

2. Die körperliche Integrität des Spenders als Rechtsgut

Der Gesetzgeber behauptet, das Organhandelsverbot sei notwendig, um die körperliche Integrität des potentiellen Spenders zu schützen[446]. Unter verschiedenen Aspekten ist jedoch mehr als fraglich, ob der Schutz der körperlichen Integrität das Organhandelsverbot in seiner jetzigen Form rechtfertigt. Wie festzustellen sein wird, kann dieses Rechtsgut tatsächlich nur Teile des Anwendungsbereichs der Verhaltensnorm legitimieren. Zum einen kann das Schutzgut nicht erklären, warum auch der Handel mit postmortal gespendeten Organen verboten bzw. unter Strafe gestellt wird. Eine Beeinträchtigung der körperlichen Integrität im herkömmlichen Sinne kommt insoweit nicht mehr in Betracht. Zum anderen differenzieren die §§ 17, 18 TPG nicht zwischen Arzt, Spender und Empfänger. Das Recht auf körperbezogene Selbstbestimmung macht es jedoch problematisch, die

---

442 So *Hassemer*, in: NK StGB, vor § 1 Rn. 212.

443 *Hassemer*, in: NK StGB, vor § 1 Rn. 77.

444 *Müller-Emmert*, GA 1976, 292, 302.

445 Ein Beispiel für die erste Variante ist die strafrechtliche Kontrolle von AIDS-Erkrankungen, da durch sie die Kooperationsbereitschaft der HIV-Positiven beseitigt würde (*Herzog/Nestler-Tremel*, StV 1987, 360, 362). Die Strafbarkeit der Schwangerschaftsunterbrechung ist ein Beispiel für die zweite Variante, da durch eine solche viele Frauen durch Selbstabtreibungen oder Pfuscher gefährdet werden (*Hassemer*, in: NK StGB, vor § 1 Rn. 79). Hier zeigt sich deutlich, dass der Grundsatz der Verhältnismäßigkeit im Rahmen der Zweckmäßigkeitsprüfung ebenfalls von Bedeutung ist.

446 BT-Drucks. 13/4355, Begründung zu § 16 I S. 1 TPG.

Person, die es zu schützen gilt, mit in den Anwendungsbereich der sie schützenden (strafbewehrten) Verhaltensnorm einzubeziehen. Aber auch das Aufstellen (strafbewehrter) Verhaltensnormen gegenüber Dritten ist unter paternalistischen Aspekten fragwürdig. Wenn Dritten (bei Strafe) ein Verhalten verboten wird, weil sie mit Einverständnis eines Betroffenen dessen Rechtsgüter schädigen, handelt es sich um indirekten Paternalismus. Der Spender wird mittelbar daran gehindert, sich schädigen zu lassen. Um die sich in differenzierter Weise stellenden Legitimationsprobleme besser auf den Punkt zu bringen, werden auch im Folgenden die zwei Ebenen der Verhaltensnorm und der Sanktionsnorm unterschieden.

a. Die Ebene der Verhaltensnorm

Im Folgenden wird erörtert, warum Organhandel hinsichtlich des Schutzes der körperlichen Integrität des Spenders nicht in derart umfassender Form verbotswürdig ist, wie die §§ 17, 18 TPG dies vorsehen.

aa. Die körperliche Integrität als grundsätzlich schützenswertes Rechtsgut

Das Organhandelsverbot soll die körperliche Integrität des Spenders, sein Recht auf körperliches Wohlbefinden und das Intaktsein seines Körpers schützen. Dieses Recht auf körperliche Integrität hat Verfassungsrang und wird durch viele Verhaltensnormen in allen Bereichen des Lebens geschützt. Auch das Strafrecht schützt die körperliche Integrität mittelbar durch die Körperverletzungs- und Tötungsdelikte[447]. Die Schutzwürdigkeit der körperlichen Integrität als wesentliche Voraussetzung der Ausübung von Freiheiten und der Teilnahme am Gemeinschaftsleben steht nicht ernsthaft in Frage.

bb. Die körperliche Integrität des Spenders als Legitimationsgrund für ein umfassendes Organhandelsverbot

Das staatliche Interesse am Schutz der körperlichen Integrität ist grundsätzlich möglicher Legitimationsgrund zur Aufstellung von Verhaltensnormen. Das Recht auf körperliche Integrität geht dem Recht (anderer) auf allgemeine Handlungsfreiheit jedenfalls oft vor. Das Organhandelsverbot in seiner jetzigen Form umfasst jedoch auch Verhaltensweisen, bei denen mehr als zweifelhaft ist, ob der Schutz der körperlichen Integrität Eingriffe in die allgemeine Handlungsfreiheit

---

447 Was im Hinblick auf das Recht auf körperliche Unversehrtheit gilt, muss erst Recht in Bezug auf das Recht auf Leben gelten.

rechtfertigt. In mehrfacher Hinsicht ist die aktuell implizierte Verhaltensnorm zu undifferenziert.

(1) Die Organspende post mortem

Das Organhandelsverbot in §§ 17, 18 TPG umfasst auch den Handel mit post mortem entnommenen Organen. Das Intaktsein des Leibes wird naturgemäß auch bei einem Leichnam beeinträchtigt, wenn diesem die Organe entnommen werden. Allerdings ist ein Leichnam nicht unter dem Aspekt der körperlichen Integrität geschützt. Das in Art. 2 II GG gewährte Recht auf körperliche Unversehrtheit hat nur der lebendige Mensch[448]. Bei einem Leichnam sind die auch dem Verstorbenen verbleibende Menschenwürde und das postmortale Persönlichkeitsrecht die Gründe dafür, dass Leichen nicht „ausgeplündert" werden dürfen. Das Interesse am Schutz der körperlichen Integrität bezieht sich daher nur auf Lebende[449]. Das Rechtsgut kann die in den §§ 17, 18 TPG normierte Verhaltensanforderung somit höchstens in Bezug auf die Lebendspende legitimieren. Will man ein Verbot mit dem Schutz dieses Rechtsguts begründen, muss man es auf den Handel mit Organen Lebender beschränken.

(2) Der Spender als Adressat der Norm

Die §§ 17, 18 TPG differenzieren nicht hinsichtlich der Normadressaten. Jedem wird der Handel mit Organen verboten, gleichgültig ob es sich um Spender, Empfänger, den Arzt oder einen sonstigen Dritten handelt. Der Spender als die Person, deren körperliche Integrität beeinträchtigt wird, wird somit ebenso von dem Verbot getroffen wie jeder andere am Organhandel Beteiligte. Dies ist in zweierlei Hinsicht problematisch:

Erstens kann die Situation vorliegen, in der der Spender tatsächlich Opfer einer Körperverletzung ist. Dies ist der Fall, wenn er nicht juristisch wirksam in die Organentnahme eingewilligt hat oder wenn die Freiwilligkeit seiner Entscheidung in Frage steht, er also gegen seine sonstigen Ziele und Wertvorstellungen handelt. Ihn in diesem Fall zum Adressaten einer Verbotsnorm zu machen, ist absurd[450].

Wenn der Spender wirksam einwilligt und sich freiwillig für die Explantation entscheidet, ist ein Verbot nicht weniger problematisch. Der Spender hat ein in

448 *Starck*, in: von Mangoldt/Klein/Starck, Art. 2 II Rn. 195; *Murswiek*, in: Sachs, Art. 2 Rn. 207; *Maurer*, DÖV 1980, 7, 14.
449 Zu diesem Ergebnis kommt auch *Schroth*, JZ 1997, 1149, 1150.
450 In diesem Fall ist davon auszugehen, dass das Gericht den Spender selbst nicht belangen wird. Möglich wäre z. B. eine teleologische Reduktion des Tatbestandes. Rein tatbestandlich sind aber alle Anforderungen eines Organhandels erfüllt.

der Verfassung verankertes Recht auf körperbezogene Selbstbestimmung. Dazu gehört auch, die körperliche Integrität zu beeinträchtigen bzw. beeinträchtigen zu lassen. Dieses Recht spiegelt sich in den im Kernstrafrecht vorhandenen Verhaltensnormen wider: Die Beeinträchtigung der körperlichen Integrität einer anderen Person ist grundsätzlich verboten und ein Verstoß gegen dieses Gebot wird u. a. durch die §§ 223 ff. StGB sogar sanktioniert. Allerdings kann in die Körperverletzung eingewilligt werden. Dies ergibt sich u. a. im Umkehrschluss aus § 228 StGB, der der rechtfertigenden Einwilligung eine Grenze setzt. Auch wenn dies vordergründig v. a. wichtig für die mögliche Rechtfertigung eines Täters ist, spiegelt sich darin das Recht des Einzelnen wider, in eine Verletzung seiner körperlichen Integrität einzuwilligen. Diese Funktion der Einwilligung wird als Entfaltungsfunktion bezeichnet[451]. Der Rechtsgutsträger soll grundsätzlich nach seinem Belieben über das Rechtsgut verfügen können. Wieder stellt sich die bereits diskutierte Frage, ob der Staat den Einzelnen vor sich selbst beschützen darf, ob staatlicher Paternalismus – schon auf der Ebene der Verhaltensnorm – überhaupt legitim ist.

Auch hier muss gelten, dass der Staat die Entscheidungen seiner Bürger grundsätzlich zu achten hat[452]. Lediglich wenn diese leichtfertig handeln, Risiken verharmlosen und im Falle einer tatsächlich eintretenden Schädigung ihr Handeln bereuen würden, können paternalistische Verhaltensnormen legitim sein[453]. Der Einzelne ist dann weiterhin schutzbedürftig und schutzwürdig. Wenn sich eine Person jedoch quasi „mit offenen Augen" in eine Gefahrensituation begibt, wie dies bei einer Organexplantation der Fall ist, darf der Staat seinen Schutz nicht ohne Weiteres aufzwingen. Jeder, der einer Organentnahme zustimmt, wird sich ausführlich mit den Risiken eines solchen Eingriffs befasst haben[454]. Zumindest der Anästhesist in einer Klinik ist verpflichtet, jeden Patienten vor einer Operation über die möglichen Risiken eines Eingriffs aufzuklären[455]. Dass es durchaus zu gesundheitlichen Problemen kommen kann, sollte die verbleibende Niere eines Tages ausfallen, wird niemandem verborgen bleiben. Der potentielle Spender kennt somit die Belastungen, die mit einer Organentnahme verbunden sind. Folg-

---

451 Dem gegenüber steht die Abwehrfunktion, die Eingriffe in die körperliche Integrität ausschließen soll. Zu den verschiedenen Funktionen der Einwilligung vgl. *Fateh-Moghadam*, Lebendorganspende, S. 73 ff.

452 So auch *Reus*, KliFoRe 2007 (Heft 5), 136.

453 *Freund/Klapp*, JR 2003, 431, 434.

454 Es spricht zudem nichts dagegen, einem potentiellen Spender solche Informationen „aufzuzwingen". Diese Art von Paternalismus ist unproblematisch, da sie die Rechte des Bürgers nicht über Gebühr beschneidet und eine wichtige Funktion inne hat.

455 Dies gilt natürlich v. a. für die Risiken, die sich durch die Operation und die damit verbundene Narkose selbst ergeben.

lich ist ein aufgeklärter Spender, dessen Entscheidung Ausdruck seiner Autonomie als Rechtsgutsträger ist, nicht schutzbedürftig. Der Staat darf ihm gegenüber schon keine Verhaltensnormen aufstellen, die ihm verbieten, seine körperliche Integrität beeinträchtigen zu lassen.

(3) Dritte als Adressaten der Norm

Das Organhandelsverbot wird auch Dritten gegenüber mit dem Schutz vor Beeinträchtigung der körperlichen Integrität des Spenders begründet. Auf den ersten Blick erscheint dies nachvollziehbar. Es gibt viele Verhaltensnormen, die Menschen ein Verhalten untersagen, weil die körperliche Integrität anderer Personen dadurch beeinträchtigt wird oder werden kann. Wichtiges Entscheidungskriterium für eine Verbotswürdigkeit ist das (Nicht-)Vorliegen einer rechtswirksamen Einwilligung.

(a) Die Verletzung der Körperintegrität einer Person ohne deren Einwilligung

Wenn eine Person mit der Verletzung oder Gefährdung ihrer körperlichen Integrität nicht einverstanden ist oder zumindest nicht wirksam eingewilligt hat[456], ist ein Verbot leicht zu begründen. Die Handlungsfreiheit einer Person kann immer nur bis zu dem Punkt gehen, an dem die Freiheiten und Rechte anderer tangiert werden. In den Fällen, in denen der Spender nicht wirksam einwilligt, in denen er nicht freiwillig handelt oder in denen gar ein Organraub vorliegt, muss die Handlungsfreiheit Dritter zum Schutze der potentiellen Opfer eingeschränkt werden.

(b) Die Verletzung der Körperintegrität einer Person mit deren Einwilligung

Anders verhält es sich, wenn der Spender mit der Verletzung seiner körperlichen Integrität einverstanden ist. Die Einwilligung hat grundsätzlich unrechtsausschließende Wirkung. Eine Verhaltensnorm wie §§ 17, 18 TPG, die es Dritten verbietet, einer Person mit deren wirksamem Einverständnis ein Organ zu entnehmen, ist auch unter paternalistischen Gesichtspunkten von Relevanz. Der potentielle Spender wird hier mittelbar gegen seinen Willen geschützt, indem den Personen, die ursächlich für die Verletzung der Körperintegrität werden können, ein schädigendes Verhalten untersagt wird. Auch hier muss das Selbstbestimmungsrecht des Bürgers Beachtung finden. Ansonsten ließe sich die Autonomie,

---

456 Zur umstrittenen, aber für das Ergebnis irrelevanten, Unterscheidung zwischen tatbestandsausschließendem Einverständnis und rechtfertigender Einwilligung vgl. noch unten E I 2 a bb (4) (a).

die dem Einzelnen im Bereich der Organtransplantation zugestanden werden muss, untergraben, indem man den Personen, die notwendigerweise an der von dem Betroffenen gewollten Körperverletzung beteiligt sind, dieses Verhalten untersagt.

(4) Die Einwilligung in die Organexplantation

Im Falle der Einwilligung durch den Spender liegt ein Spannungsverhältnis zwischen dem staatlich gewollten Schutz des Spenders und dessen Selbstbestimmungsrecht vor. In Frage steht, ob die Einwilligung als Ausdruck der Autonomie nicht dazu führen muss, dass ein Verbot der Explantation zu Zwecken des Handels nicht legitimierbar ist. Die Körperverletzung anderer mit deren Einverständnis ist jedoch auch in anderen Bereichen nur bis zu einem gewissen Punkt legitim. Im Folgenden werden die Einwilligung und ihre Grenzen untersucht. Wenn die Einwilligung in die Verletzung der Körperintegrität rechtlich anerkannte Grenzen findet, ist ein Verbot in diesem Rahmen legitimierbar.

(a) Charakter und Funktion der Einwilligung

Die Einwilligung ist nach verbreiteter Auffassung ein Rechtfertigungsgrund, der das Vorliegen des Tatbestandes unberührt lässt[457]. Sie ist Ausdruck des verfassungsrechtlich garantierten Rechtes auf körperbezogene Selbstbestimmung und dem Grund nach ein „Verzicht auf Rechtsschutz"[458]. Zum einen begründet das Erfordernis der Einwilligung in körperliche Eingriffe ein Abwehrrecht gegenüber Dritten, insbesondere gegenüber eigenmächtigen ärztlichen oder sonstigen staatlich gewollten Zwangsbehandlungen[459]. Niemand darf also gegen seinen Willen behandelt werden. Daneben führt die Möglichkeit der Einwilligung erst dazu, dass das Recht auf körperbezogene Selbstbestimmung von jedem einzelnen verwirklicht werden kann. Der Träger des Rechtsguts kann grundsätzlich nach eigenem Belieben über sein Rechtsgut verfügen[460].

---

457 So auch die Rechtsprechung und ein Großteil des Schrifttum. Die – im Vordringen begriffene – gegenteilige Auffassung sieht in der Einwilligung einen Tatbestandsausschlussgrund, vgl. *Kindhäuser*, Strafrecht AT, S. 108; *Rönnau*, Willensmängel bei der Einwilligung im Strafrecht; *Schroth*, in: Schroth/König/Gutmann/Oduncu, TPG, § 19 Rn. 51.

458 *Wessels/Beulke*, Strafrecht AT, Rn. 370.

459 *Fateh-Moghadam* spricht von der *Abwehrfunktion* der Einwilligung, vgl. Lebendorganspende, S. 74 ff.

460 *Fateh-Moghadam* spricht von der *Entfaltungsfunktion* der Einwilligung, vgl. Lebendorganspende, S. 78 ff.

(b) Voraussetzungen der Einwilligung

Die Funktion der Einwilligung zeigt, dass diese mehr sein muss als ein bloßes „Dulden" oder „Geschehen lassen"[461]. Die Wirksamkeit der Einwilligung muss von mehreren Voraussetzungen abhängen, damit sie ihre Funktion erfüllen kann.

Neben der Disponibilität des Rechtsguts[462] muss der Einwilligende auch berechtigt sein, über das Rechtsgut zu verfügen[463]. Weiterhin muss der Einwilligende einwilligungsfähig sein, d. h. einsichts- und urteilsfähig hinsichtlich Bedeutung und Tragweite des konkreten Rechtsgutsverzichts[464]. Von der Einwilligungsfähigkeit ist bei einer erwachsenen Person grundsätzlich auszugehen[465]. Neben der allgemeinen Fähigkeit, in den Rechtsgutsverzicht einzuwilligen, ist auch erforderlich, dass im konkreten Fall keine wesentlichen Willensmängel bestehen[466]. Willensmängel sind immer dann beachtlich, wenn sie rechtsgutsbezogen sind, also der Einwilligende sich wegen des Mangels nicht im Klaren über Bedeutung und Tragweite des Rechtsgutsverzichts ist[467]. Ein beachtlicher Willensmangel besteht z. B., wenn der Patient hinsichtlich eines ärztlichen Eingriffs nicht umfassend über alle Risiken aufgeklärt wird. Werden einem potentiellen Spender bestimmte mit der Explantation zusammenhängende Gefahren verheimlicht, kann seine Einwilligung nicht mehr wirksam sein. Es spricht einiges dafür, Irrtümer hinsichtlich einer eventuell zu bekommenden Gegenleistung grundsätzlich als nicht rechtsgutsbezogen einzustufen. Wenn ein Irrtum hinsichtlich einer Gegenleistung nicht rechtsgutsbezogen ist, ändert er nichts am Bestehen der Einwilligung[468]. Zudem ist es erforderlich, dass die Einwilligung vor der Tat (ausdrücklich oder konkludent) erklärt wurde[469]. Des Weiteren muss der „Täter" in Kenntnis dieser Einwilligung gehandelt haben[470]. Schließlich darf die Tat, in die

---

461 *Lenckner*, in: Schönke/Schröder, StGB, Vorbem §§ 32 ff. Rn. 45.
462 *Amelung/Eymann*, JuS 2001, 937, 939.
463 *Amelung/Eymann*, JuS 2001, 937, 940.
464 *Lackner/Kühl*, StGB, § 228 Rn. 5.
465 Wann genau Minderjährige einwilligungsfähig sind, ist nicht unumstritten. Zutreffenderweise muss es ebenso wie bei Volljährigen darauf ankommen, ob der Minderjährige voll urteilsfähig ist und die Tragweite und Bedeutung des Rechtsgutsverzichts erkennt, vgl. BGHSt 12, 379, 382; 23, 1, 4; *Wessels/Beulke*, Strafrecht AT, Rn. 374; *Amelung/Eymann*, JuS 2001, 937, 941.
466 *Wessels/Beulke*, Strafrecht AT, Rn. 376.
467 *Lenckner*, in: Schönke/Schröder, StGB, Vorbem. §§ 32 ff. Rn. 46.
468 Insbesondere in Fällen der Zweckverfehlung kann etwas anderes gelten. Diese Problematik kann im Rahmen dieser Arbeit jedoch nicht abschließend erörtert werden.
469 *Wessels/Beulke*, Strafrecht AT, Rn. 379; *Duttge*, NJW 2005, 260.
470 *Wessels/Beulke*, Strafrecht AT, Rn. 379.

eingewilligt wurde, nicht gegen die guten Sitten verstoßen. Diese umstrittene Grenze der Einwilligung wird im Folgenden unter Kapitel E. I. 2. a. bb. (4) (c) (bb) behandelt.

(c) Grenzen der Einwilligung

Eine Verletzung der körperlichen Integrität ist Unrecht, wenn die Grenzen der möglichen Einwilligung überschritten werden.

(aa) § 216 StGB

§ 216 StGB regelt die Tötung auf Verlangen. Er enthält einen Privilegierungstatbestand, der denjenigen milder bestraft, der durch ausdrückliches und ernsthaftes Verlangen des Getöteten zur Tat bestimmt wurde. Die gesetzliche Regelung des § 216 StGB geht im Grundsatz davon aus, dass niemand in seine eigene Tötung rechtfertigend einwilligen kann. Die Verfügung über die körperliche Unversehrtheit wird einem Menschen nach diesem Konzept genommen, wenn die schädigende Handlung des Dritten eine (vorsätzliche) Tötung des Betroffenen darstellt. Eine Transplantation, bei der einem Lebenden ein lebensnotwendiges Organ wie die Lunge oder das Herz genommen wird, ist somit grundsätzlich verbotswürdig und kann nicht durch die Einwilligung des Betroffenen gerechtfertigt werden. Dieses Ergebnis ist sachgerecht. Es muss differenziert werden zwischen der Selbsttötung und der Tötung durch einen Dritten. Der Suizid, also die Tötung eines Menschen durch seine eigene Hand, ist nicht verbotswürdig, da Rechtsgüter Dritter nicht verletzt werden. Die Tötung durch einen Dritten muss jedoch auch bei Vorliegen aller sonstigen Voraussetzungen für eine wirksame Einwilligung verboten werden. Der sachlich berechtigende Grund hierfür ist nicht etwa die angebliche Unverfügbarkeit des Lebens[471] sondern die angemessene Absicherung dieses – gewichtigen – Rechtsguts. Es muss sichergestellt sein, dass nur das geschieht, was der Betroffene tatsächlich will. Jeder Mensch hat eine Hemmschwelle hinsichtlich seiner eigenen Tötung. Es ist für einen „Lebensmüden" viel einfacher, einen anderen „Hand an sich" legen zu lassen, als selbst den letzten notwendigen Akt zu vollziehen. Eine Möglichkeit der Rechtfertigung würde so-

---

471 Nach richtiger Auffassung ist das Rechtsgut Leben nicht unverfügbar. Dies wird klar, sobald man sich bewusst macht, dass viele lebensgefährdende Verhaltensweisen, wie z. B. das Tiefseetauchen, das Fallschirmspringen oder auch das Rauchen nicht als verbotswürdig erachtet werden. Auch ist es erlaubt, lebensrettende medizinische Maßnahmen zu verweigern oder den Freitod herbeizuführen, vgl. *Freund*, in: Janich, Orientierungswissenschaft, S. 149, 157 f.; dazu auch *Frisch*, in: *Leipold*, Selbstbestimmung in der modernen Gesellschaft, S. 103 ff.

mit dazu führen, dass Menschen den Tod finden, die eigentlich noch am Leben hängen. Nur die Überschreitung der Hemmschwelle zur Selbsttötung gibt eine hinreichende Gewähr für die Ernsthaftigkeit des Sterbewunsches. Das in § 216 StGB genannte Verbot, einen anderen auch mit dessen Einverständnis zu töten, beschneidet somit nicht das Recht auf Selbstbestimmung, sondern es trägt zu seiner Gewährleistung bei, in dem es die Ernsthaftigkeit des Sterbewunsches überwacht und sichert[472]. Folglich ist es im Interesse des Lebensschutzes legitim, alle Handlungen eines Dritten, die zum Tod des Betroffenen führen, zu verbieten. Wer sterben will, dem darf abverlangt werden, den letzten entscheidenden Schritt selbst zu gehen[473]. In die zum Tode führende Entnahme eines lebenswichtigen Organs kann somit nicht eingewilligt werden.

(bb) § 228 StGB

§ 228 StGB zieht die Grenze der Einwilligungsmöglichkeit bei der Sittenwidrigkeit der Körperverletzung[474]. Er stellt eine Ausnahme zu dem Grundsatz dar, dass über die eigene körperliche Unversehrtheit disponiert – und damit auf staatlichen Schutz verzichtet – werden kann[475]. Ist eine Verletzung der Körperintegrität sittenwidrig, dann verliert die Einwilligung – je nach Einordnung – ihre tatbestandsausschließende oder rechtfertigende Kraft. Wenn also die Entnahme von Organen bzw. die Beteiligung am Handel mit Organen gegen die guten Sitten verstößt, soll nach dem gesetzlichen Konzept ein Verbot legitimierbar sein[476].

---

472 Ebenso *Freund*, in: Janich, Orientierungswissenschaft, S. 149, 158; *Schneider*, in: Taupitz, Kommerzialisierung, 109, 112 f. hält es für widersprüchlich, die kommerzielle Spende von Organen zwar grundsätzlich wegen des Autonomieprinzips zuzulassen, lebensnotwendige Organe jedoch von dieser Regelung auszunehmen. Die eben geführte Argumentation zeigt jedoch, dass sie im Unrecht ist.

473 Vieldiskutiert in diesem Zusammenhang ist der problematische Fall, wenn es dem Lebensmüden nicht mehr möglich ist, selbst den letzten Schritt zu gehen. Hier ist sehr problematisch, ob die Fremdtötung noch strafwürdiges Unrecht darstellt. Diese Konstellation ist hier jedoch nicht von Belang.

474 Es kommt damit entscheidend auf die Sittenwidrigkeit der Tat selbst an, vgl. *Hardtung*, in: MünchKomm StGB, § 228 Rn. 15.

475 Die Begründungen zu § 228 StGB sind vielfältig und reichen vom Schutz vor Entscheidungen, die man eines Tages reuen könnte bis zum Erhalt der Teilnahme am sozialen Leben, vgl. *Sternberg-Lieben*, Die objektiven Schranken der Einwilligung im Strafrecht, S. 122.

476 Das gilt natürlich nur, wenn man die Verfassungsmäßigkeit des § 228 StGB bejaht. Im Schrifttum finden sich einige gewichtige Stimmen, die die Beschränkung der Einwilligungsmöglichkeit durch § 228 StGB für verfassungswidrig halten. Tragendes Argument dabei ist die Verletzung des Bestimmtheitsgebotes. § 228 StGB gebe weder konkrete Kriterien für die Bestimmung der Sittenwidrigkeit an, noch würde

Die Feststellung eines Verstoßes gegen die guten Sitten setzt zunächst voraus, dass der Begriff der guten Sitten geklärt ist. Nach Ansicht der Rechtsprechung verstößt ein Verhalten gegen die guten Sitten, wenn es nach Ziel, Beweggründen, Mittel und Art der Verletzung dem Anstandsgefühl aller billig und gerecht Denkenden zuwiderläuft[477]. Damit ist zweifelsohne nicht viel ausgesagt. Im Folgenden soll daher geklärt werden, was unter dem Begriff der Sittenwidrigkeit genau zu verstehen ist. Da es gerade im Bereich medizinischer Eingriffe auch auf den Zweck der Tat ankommt, ist schließlich zu klären, ob die Organexplantation zum Zwecke des Organhandels als sittenwidrig einzustufen ist.

(α) Der Begriff der guten Sitten

Ob zur Beurteilung der Sittenwidrigkeit die Tat isoliert von dem ihr zugrundeliegenden Zweck, d. h. allein nach Art und Umfang der Rechtsgutsschädigung zu betrachten ist[478] oder ob bzw. wann auch den Beweggründen und Zielen der Beteiligten Bedeutung zukommt[479], wird in Rechtsprechung und Literatur nicht einheitlich beantwortet. Nach dem Wortlaut ist entscheidend, ob die Tat selbst gegen die guten Sitten verstößt. Dies könnte vordergründig gegen die Einbeziehung des Tatzwecks zu sprechen, da der Gesetzgeber damit ein ausschließliches Abstellen auf die Tat als Bezugspunkt vorgegeben habe[480]. Dagegen wird angeführt, dass die Begriffe „Tat" und „Erfolg der Körperverletzungshandlung" nicht zwingend identisch sein müssen[481]. Gegen die Einbeziehung des Zwecks scheint – vordergründig – zudem zu sprechen, dass dies zu unklaren Abgrenzungen führe

---

die Norm erkennen lassen, wie sich solche Kriterien gewinnen ließen, vgl. dazu *Sternberg-Lieben*, Einwilligung, S. 121 – 164; *Freund*, ZStW 109 (1997), 455, 473; *Berz*, GA 1969, 145 ff; gegen eine Verfassungswidrigkeit wird angeführt, dass Rechtfertigungsgründe anders als Tatbestandsmerkmale nicht in vollem Maße dem Bestimmtheitsgebot unterliegen. Dieses Argument ist nicht haltbar, da der nullum crimen-Satz gebietet, dass vor der Tat feststehen muss, welche Verhaltensweisen verbotswürdig sind. In diesem Kontext soll die Frage der Verfassungswidrigkeit jedoch nicht näher geklärt werden, da § 228 StGB vom Gesetzgeber im Zuge der 6. Strafrechtsreform bewusst im StGB belassen wurde und auch die Rechtsprechung § 228 StGB in ständiger Rechtsprechung bestätigt, vgl. auch *Stree*, in: Schönke/Schröder, § 228 Rn. 6; *Fateh-Moghadam*, Lebendorganspende, S. 110.

477 BGHSt 4, 24, 32; 88, 91; BGH NJW 2004, 1054, 1055 f.
478 So *Hirsch*, LK StGB, § 228 Rn. 9; *ders.*, JR 2004, 475; *Weigend*, ZStW 98 (1986), 44, 64; wohl auch *Fischer*, in: Tröndle/Fischer, § 228 Rn. 9.
479 So BGHSt 49, 166, 169 f.; *Stree*, in: Schönke/Schröder, StGB, § 228 Rn. 7; *Schmidt*, JZ 1954, 369, 374; *Berz*, GA 1969, 145 f.
480 *Otto*, in: FS für Tröndle, S. 157, 168.
481 So auch *Paeffgen*, in: SK StGB, § 228 Rn. 40.

und sich vom Rechtsgutsschutz zu weit entferne[482]. Das Einbeziehen des Zwecks verleite zudem zu einem unangebrachten „Moralisieren"[483]. Gerade das letztgenannte Argument macht deutlich, dass ein Abstellen auf den Zweck einer Handlung mit Vorsicht zu genießen ist. Man kann eine Handlung nicht allein deshalb verbieten, weil diese für eine Mehrheit in der Bevölkerung sittlich missbilligenswert ist.

Trotzdem gibt es Fallkonstellationen, in denen dem Tatzweck Bedeutung zukommen muss, da die isolierte Betrachtung der Rechtsgutsverletzung alleine nicht aussagekräftig ist[484] und vernünftige Ergebnisse nicht erzielt werden können. Der Tatzweck muss daher immer dann Beachtung finden, wenn „die betreffende Körperverletzung für sich allein betrachtet als sittenwidrig anzusehen wäre, eine solche negative Bewertung aber durch einen positiven oder jedenfalls einsehbaren Zweck kompensiert wird"[485]. Dies spielt bei medizinisch indizierten Eingriffen eine Rolle. Die Bauchoperation z. B. ist immer ein Eingriff, der nach Art und Umfang an Eingriffsintensität fast nicht zu überbieten ist. Trotzdem ist eine Bauchoperationen, wenn sie medizinisch indiziert ist, natürlich nicht sittenwidrig. Gleiches gilt für die Amputation eines Körperteils. Allein aus sadistischen bzw. masochistischen Gründen vorgenommen, kann die Amputation von Gliedmaßen sittenwidrig sein[486]. Dient sie der Lebensrettung, ist sie es nicht.

Voraussetzung für die Annahme der Sittenwidrigkeit ist immer auch ein Defizit des geäußerten Willens des von der Tat Betroffenen[487]. Dieses Defizit muss dargelegt werden, wenn man ein Verhalten verbieten, mithin das Selbstbestimmungsrecht einschränken will. Kann man ein solches Defizit nicht begründen, muss man den Betreffenden in aller Regel gewähren lassen.

Bei sachgerechter Auslegung des Wortes „Tat" spricht der Wortlaut somit nicht gegen die Einbeziehung des Tatzwecks. Das Motiv der Handlung ist gerade bei schweren Eingriffen entscheidend, wenn die Frage der Sittenwidrigkeit geklärt werden soll.

---

482 So *Fischer*, in: Tröndle/Fischer, § 228 Rn. 9.
483 *Weigend*, ZStW 98 (1986), 44, 64.
484 So auch *Horn/Wolters*, in: SK StGB, § 228 Rn. 9; *Duttge*, NJW 2005, 260, 262; Dagegen: *Hirsch*, ZStW 83 (1971), 140, 166 f.; *Rudolphi*, ZStW 86 (1974), 68, 86.
485 BGHSt 49, 166, 171; so auch *Hirsch*, in: LK StGB, § 228 Rn. 9.
486 Für eine Sittenwidrigkeit von Körperverletzungen, die aus sadomasochistischen Motiven vorgenommen werden *Berz*, GA 1969, 145, 152; *Roxin*, JuS 1964, 373, 379.
487 Wann genau ein defizitärer geäußerter Wille vorliegt, ist im Einzelfall nur schwer zu bestimmen. Wichtiges Indiz ist jedoch ein Vergleich der (tatsächlichen, nicht lediglich vom Betroffenen vermuteten) Vor- und Nachteile, die sich aus der Handlung für den Betroffenen ergeben.

Der Begriff der Sittenwidrigkeit muss verfassungskonform konkretisiert werden, um Bestand haben zu können. Damit ist u. a. gemeint, dass die Mehrheit der Minderheit in moralischen Fragen nicht ihre Meinung aufoktroyieren darf. In einer wertepluralistischen Gesellschaft wie unserer gibt es nur sehr wenige Grundübereinstimmungen[488]. Den Begriff der Sittenwidrigkeit so auszulegen, dass Minderheiten ihre moralischen Überzeugungen nicht mehr ausleben dürfen, wenn ihre Körperintegrität dabei beeinträchtigt wird, ist verfassungswidrig. Es muss trotz der Einwilligung Körperverletzungsunrecht gegenüber dem Betroffenen vorliegen. Andernfalls wird nicht gegen das Körperverletzungsverbot verstoßen, sondern eben nur gegen bestimmte Moralvorstellungen.

Die Ansicht der Rechtsprechung und auch eines Teiles des Schrifttums, dass Sittenwidrigkeit gegeben sei, wenn die Tat gegen das Anstandsgefühl aller billig und gerecht Denkenden verstoße, ist problematisch[489]. Zwar geht es auch den Vertretern dieser Ansicht nach eigenen Angaben darum, subjektive Wertungen möglichst auszuklammern und die rechtliche Missbilligung nur auszusprechen, wenn es sich um *zweifellos kriminell strafwürdiges Unrecht*[490] handele. Trotzdem impliziert der Ausdruck „das Anstandsgefühl aller billig und gerecht Denkenden" immer eine starke Wertung der Mitglieder der Gesellschaft. Allen, die anderer Auffassung sind, wird unterstellt, sie seien nicht „billig und gerecht denkend". Zudem ist fraglich, wer genau zu den billig und gerecht Denkenden zählt[491] und wer dies entscheidet. Es kommen Bedenken auf, ob nicht das vom jeweiligen Rechtsanwender ermittelte Anstandsgefühl aller billig und gerecht Denkenden doch nur sein eigenes ist[492]. Gerade angesichts dieser Tatsache ist es nicht möglich, ein Verbot davon abhängig zu machen, ob das Verhalten dem Anstandsgefühl aller billig und gerecht Denkenden widerspricht[493].

Frisch hat mit Recht darauf verwiesen, dass es bei der Sittenwidrigkeit der Einwilligung um Autonomiedefizite des Einzelnen geht, die an sich bereits bei den Willensmängeln zu behandeln sind. § 228 StGB sei deshalb so auszulegen, dass der Verstoß gegen die guten Sitten sich daraus ergebe, dass die in Frage stehende Einwilligung sich nicht mehr als Ausdruck der autonomen Entscheidung

---

488 *Paeffgen*, in: SK StGB, § 228 Rn. 43.
489 So bereits *Hardtung*, in: MünchKomm, § 228 Rn. 31; auch *Duttge* stellt fest, dass die Summe der bestehenden Moralüberzeugungen als bloßes Faktum „noch nichts über deren Wertigkeit aussagen", *Duttge*, NJW 2005, 260, 261.
490 BGHSt 4, 24, 32.
491 Zu dieser Fragestellung ausführlich *Sack*, NJW 1985, 761 ff.
492 So bereits *Sternberg-Lieben*, JuS 2004, 954, 955.
493 I. E. gegen das Merkmal des „Anstandsgefühls aller billig und gerecht Denkenden" auch *Kühl*, in: FS für Schroeder, S. 521, 533.

einer vernünftigen Person begreifen lasse[494]. Der Begriff der Unvernunft ist natürlich schwierig. Was für den einen sehr vernünftig ist, kann für viele andere absolut unvernünftig sein, je nachdem, welchen Maßstab man ansetzt bzw. wie man die Folgen einer Handlung gewichtet[495]. *Frisch* hat jedoch Recht mit der Annahme, dass die Rechtsordnung dem Individuum nicht jede unvernünftige Entscheidung zugestehen muss. Die Schwierigkeit besteht darin,, Kriterien für das Zugestehen oder Nichtzugestehen der Unvernunft festzulegen. Wichtig hierbei ist, dass die subjektiv-individuellen Wertungen angemessen berücksichtigt werden. Als Beispiel für ein legitimierbares Nichtzugestehen von Unvernunft kann der Fall des Kannibalen von Rotenburg dienen[496]. Hier wurde der Täter bestraft, obwohl sein Opfer in die Tat, das Abtrennen seines Geschlechtsteiles und die anschließende Tötung, eingewilligt hatte. Das Gewicht des Rechtsguts (Leben) und die Frage, welche Erwartungen das Opfer an die Preisgabe des Rechtsgutes hatte (sexuelle Befriedigung), spielen dabei eine große Rolle. Wenn das Leben auf dem Spiel steht für die unrealistische (und im konkreten Fall auch enttäuschte) Erwartung des Opfers, kurzzeitig sexuelle Befriedigung zu finden, dann kann man von einer derart unvernünftigen Entscheidung sprechen, dass man sie in rechtlicher Hinsicht nicht akzeptieren muss. Der gegenüber dem Täter geäußerte Wunsch und der rechtlich maßgebliche (wahre) Wille des Opfers stimmen dann nicht überein[497]. In einem solchen Fall ist davon auszugehen, dass der geäußerte Wille des Opfers defizitär ist. Ein Verbot legitimiert sich dann nicht durch Moralvorstellungen anderer sondern durch handfeste Rechtsgüterschutzinteressen des konkreten Opfers[498].

---

494 *Frisch*, in: FS für Hirsch, S. 485, 490 u. 504.

495 So wohl auch *Kühl*, in: FS für Schroeder, S. 521, 524.

496 *Armin Meiwes* wurde als der „Kannibale von Rotenburg" bekannt, nachdem er einem anderen Mann mit dessen Einverständnis den Penis entfernte und ihn später tötete. Nach Vorstellung der beiden Männer sollte der Penis gemeinsam verspeist werden. Das Problematische an diesem Fall ist, dass beiden Männern nicht nur bewusst war, dass das Opfer sterben würde, sondern dass das Opfer seinen Tod wünschte und sich – im wahrsten Sinne des Wortes – freiwillig auf die Schlachtbank legte. Das spätere Opfer verknüpfte mit einer Penisamputation höchstes Lustempfinden und einen sexuellen Höhepunkt. Die Entscheidung des BGH v. 07.02.2007 – 2StR 518/06 ist nicht unumstritten. Der Fall wird u. a. von *Kudlich*, JR 2005, 342 ff. besprochen.

497 Diese grobe Unvernunft – bzw. die Tatsachen, aus der sich diese ergeben – muss im Einzelfall auch vom Täter erkannt worden sein.

498 Ebenso ist auch ein Fall mit sadomasochistischem Hintergrund zu betrachten, der dem BGH (BGHSt 49, 166 f.) zur Entscheidung vorlag. Hier hatte ein Mann seine Partnerin – auf deren ausdrücklichen Wunsch hin – mit einem Metallrohr so lange die Luftröhre zugedrückt, dass diese infolge der unterbundenen Sauerstoffzufuhr starb. Auf den ersten Blick scheint es schwierig, ein Körperverletzungsunrecht an-

Die Frage der Sittenwidrigkeit ist demnach eine Frage der Abwägung[499]. Die Vor- und Nachteile, die aus der Tat resultieren, müssen zueinander in Beziehung gesetzt und gegeneinander abgewogen werden[500]. Es muss die Frage gestellt werden, ob der Betroffene unter Wahrung seines Selbstbestimmungsrechtes schutzwürdig und schutzbedürftig ist. Das ist der Fall, wenn die Preisgabe des Rechtsguts in keinem Verhältnis zu den Erwartungen steht, die der Betroffene an die Rechtsgutsverletzung hat. Insbesondere sind dies Fälle, in denen gesagt werden kann, dass der Betroffene im Falle der Schadensrealisierung sicher gewünscht hätte, nicht eingewilligt zu haben.

Da auch hier subjektive Wertungen des Rechtsanwenders bzw. der Zeitgeist eine Rolle spielen, darf die Sittenwidrigkeit einer Tat nur in Extremfällen bejaht werden[501]. Nur dann, wenn eine Abwägung der Vor- und Nachteile *eindeutig* zu Ungunsten des geäußerten Willens ausfallen muss, darf Sittenwidrigkeit bejaht werden. In Grenzbereichen, in denen Zweifel an der Freiheitsbeschränkung aufkommen, muss der Grundsatz „in dubio pro libertate" gelten. Gegen die Sittenwidrigkeit einer Körperverletzung spricht immer das Selbstbestimmungsrecht des Betroffenen[502]. Für Sittenwidrigkeit können aber die Verletzungen sprechen, die durch die Tat entstehen. Dafür reichen einfache Verletzungen nicht aus, sondern es muss sich um solche handeln, die schwerste Gesundheitsschäden zur Folge haben oder den Betroffenen sogar in Lebensgefahr bringen. Damit muss die Sit-

---

zunehmen. Der Mann selbst äußerte schließlich immer wieder gesundheitliche Bedenken, aber das Opfer zerstreute diese immer wieder aufs Neue und forderte die Würgehandlung ein, um daraus sexuelle Lust zu gewinnen. Letztlich muss aber auch hier wieder die Frage gestellt werden, welches Rechtsgut zu welchem Preis aufgegeben wird. Die Frau wollte natürlich nicht sterben, sondern lediglich einen Lustgewinn aus der Würgehandlung gewinnen. Die Risiken, die sich aus der Handlung ergaben, waren jedoch sowohl Täter als auch Opfer grundsätzlich klar. Die extreme Gefährdung des Lebens zum Zwecke der sexuellen Befriedigung ist wegen der Unvernünftigkeit zu unterbinden. Anders ist dies natürlich, wenn ein lebensgefährdendes Risiko eingegangen wird, um das Leben einer Person zu retten (z. B. durch eine riskante Operation).

499 Selbst wenn man von einer Verfassungswidrigkeit des § 228 StGB ausgeht, ist diese Norm doch vorhanden und wird aller Voraussicht nach auch weiterhin Bestand haben. Sie kann deshalb nicht ignoriert werden.

500 So insbesondere *Hardtung*, in: MünchKomm StGB, § 228 Rn. 15 ff; *Jakobs*, in: FS für Schroeder, S. 507, 512; *Duttge*, NJW 2005, 260, 262.

501 Es soll nicht verleugnet werden, dass es mehr als schwierig ist, die Entscheidung darüber, was (bei Strafe) verboten werden muss und was nicht, an die Sozialmoral und den herrschenden Zeitgeist zu koppeln. *Sternberg-Lieben* spricht in diesem Zusammenhang kritisch von der „Sozialmoral als Ersatzgesetzgeber", vgl. JuS 2004, 954, 955. Bei konsequenter Anwendung des Grundsatzes, im Zweifel der Freiheit Vorrang zu gewähren, ist dies jedoch hinnehmbar.

502 So auch *Duttge*, NJW 2005, 260, 261.

tenwidrigkeit bei allen Taten verneint werden, die nur leichte Verletzungen zur Folge haben, und zwar unabhängig davon, welches Motiv ihnen zugrunde liegt[503]. Bei den Taten, die schwere Verletzungen zur Folge haben (können), kommt es dann auf die Motive an, die mit der Tat verbunden sind. So lassen sich z. B. gefährliche medizinische Operationen rechtfertigen. Selbst wenn die Wahrscheinlichkeit des Todes bei über 70% liegt, darf dieses Risiko eingegangen werden, wenn es der Heilung des Patienten dienen kann. Man kann es auf den Punkt bringen mit der Formel: Wer eine Körperverletzung mit Einwilligung der verletzten Person vornimmt, handelt nur dann rechtswidrig, wenn die Tat die Gefahr einer schweren Gesundheitsschädigung schafft, die zur Erreichung der vom Betroffenen angestrebten Vorteile oder Zwecke völlig außer Verhältnis steht[504]. Das Opfer dürfte also die Tat selbst nicht gewollt haben, hätte es die Sachlage in jeder Hinsicht zutreffend eingeschätzt und willensmangelfrei bewertet.

(β) Organhandel als sittenwidrige[505] Tat

Der medizinische Eingriff als solcher, wenn er lege artis durchgeführt wird, ist nicht sittenwidrig. Die Organimplantation bei dem Empfänger ist deshalb auch nicht als sittenwidrig einzustufen. Bei der Organexplantation könnte etwas anderes gelten angesichts der Tatsache, dass sie zwar der Heilung dienen soll, jedoch nicht der des Spenders. Es liegt ein für den Betroffenen medizinisch nicht indizierter Eingriff vor.

An die Sittenwidrigkeit einer Tat sind sehr hohe Anforderungen zu stellen. Sie kann nicht allein deshalb bejaht werden, weil die Organexplantation einen schweren medizinischen Eingriff darstellt. Vielmehr muss es – gerade angesichts der Schwere des Eingriffs – auch auf die mit der Tat verfolgten Zwecke ankommen. Die Sittenwidrigkeit des Organhandels hängt somit davon ab, ob schwerwiegende Gesundheitsgefahren durch den Eingriff geschaffen werden, die außer Verhältnis zu den durch die Tat zu erreichenden rechtlich anerkannten Vorteilen stehen.

---

503 Körperverletzungen, die z. B. aus sadistischen oder masochistischen Motiven vorgenommen werden, sind somit niemals sittenwidrig, wenn sie nur leichter oder mittelschwerer Natur sind.

504 Angelehnt an *Hardtung*, in: MünchKomm StGB, § 228 Rn. 30; so auch *Dölling*, JR 1994, 520, 521; *Rieger*, NJW 1979, 582, 587.

505 Noch einmal zur Klarstellung: Der Begriff „Sittenwidrigkeit" ist nicht im Sinne von „Sitten" und „Moral" zu verstehen. Sachlich geht es vielmehr um die Wahrung der Autonomie des Betroffenen. Sittenwidrigkeit ist deshalb zu bejahen, wenn die Einwilligung wegen des defizitären geäußerten Willens und der völlig außer Verhältnis stehenden Nachteile keine rechtfertigende Wirkung hat.

Eine Organexplantation birgt, wie jede andere Operation auch, Risiken, die nicht unterschätzt werden dürfen und deshalb gut bedacht werden müssen. Dennoch ist die Wahrscheinlichkeit, bei einer Organentnahme zu versterben, in Deutschland relativ gering[506]. Auch bleibende Schäden sind die Ausnahme. Statistisch gesehen ist die Lebensdauer von Nierenspendern in Deutschland nicht niedriger als bei dem Rest der Bevölkerung. Die Preisgabe der körperlichen Unversehrtheit ist damit nicht unverhältnismäßig, die Entscheidung des Betroffenen zur Explantation kann nicht als objektiv unvernünftig betrachtet werden[507]. Ein Zweck, der mit der Organentnahme verfolgt wird, ist immer (auch) die Rettung oder Verbesserung eines anderen Menschenlebens. Das (scheinbar) problematische Motiv ist der Erhalt einer Gegenleitung. Auch dieser Zweck ist jedoch kein hinreichender Grund, Organhandel zu verbieten. Der Erhalt einer Gegenleistung ist der Grund, aus dem in unserer Gesellschaft die meisten Handlungen vorgenommen werden. Wenn der Spender also umfassend aufgeklärt wurde und alle anderen „normalen" Voraussetzungen der Einwilligung gegeben sind, muss der Grundsatz „in dubio pro libertate" gelten. Eine Einschränkung der körperbezogenen Selbstbestimmung aus Gründen der Sittenwidrigkeit im Sinne des Bestehens eines defizitären Willens ist nur sehr beschränkt möglich.

(5) Vergleichende Analyse: Andere Fallkonstellationen, in denen die körperliche Integrität durch den Rechtsgutsträger selbst oder einen Dritten beeinträchtigt wird

Im Folgenden werden andere Lebensbereiche, in denen eine Selbstschädigung bzw. die Schädigung durch Dritte mit Einwilligung des Rechtsgutsträgers stattfindet, dahingehend untersucht, ob sich Unterschiede in Quantität und/oder Qualität ergeben, die eine Differenzierung hinsichtlich der Verbotswürdigkeit gerechtfertigt erscheinen lassen.

---

506 Bei normalem Operationsrisiko liegt die Mortalitätsrate bei 0,03 − 0,06%, vgl. *Zillgens*, Lebendorganspende, S. 74.

507 Etwas anderes kann natürlich in Fällen gelten, in denen besondere Risiken bestehen. Wenn durch fallbezogene Besonderheiten schwere Gesundheits- oder gar Lebensgefahren für den Spender bestehen, kann objektive Unvernünftigkeit zu bejahen sein. Vgl. dazu *Esser*, Lebendspende, S. 85 ff.; *Schroth*, in: Roxin/Schroth, Handbuch, S. 39. Zudem muss dann eine Parallele zu § 216 StGB gezogen werden. Die Tötung eines Menschen ist auch mit dessen Einwilligung verboten.

(a) Die Lebendspende gem. § 8 TPG

Die Lebendspende ist in Deutschland bei Einhaltung bestimmter Voraussetzungen möglich[508]. So ist der Spenderkreis begrenzt und finanzielle Erwägungen dürfen keine Rolle spielen. Wenn der Gesetzgeber davon ausgeht, dass die Spende eines Organs nicht völlig ausgeschlossen, sondern grundsätzlich auch unter Lebenden möglich ist, dann kann die körperliche Integrität des Spenders kein ausschlaggebendes Argument für das Organhandelsverbot sein[509]. In diese wird bei jeder Explantation eingegriffen, gleich ob diese aus altruistischen, finanziellen oder sonstigen Motiven erfolgt. Es wird sogar über eine Erweiterung des Spenderkreises diskutiert. Der Versuch einer Rechtfertigung des Organhandelsverbotes mit dem Schutz dieses Rechtsguts steht somit auch im Widerspruch zu § 8 TPG, der die Spende unter Lebenden unter bestimmten Umständen erlaubt.

(b) Fallkonstellationen außerhalb der Transplantationsmedizin

Es gibt Lebensbereiche, in denen Menschen ihre körperliche Integrität schädigen oder von Dritten schädigen lassen, ohne dass die Allgemeinheit oder der Gesetzgeber hiergegen einschreiten. Vielmehr werden Selbst- und Drittschädigungen verschiedenster Couleur von immer mehr Menschen gebilligt und selbst vorgenommen, ohne dass eine Verbotswürdigkeit ernsthaft im Raum steht. Besonders interessant sind in diesem Zusammenhang die ästhetische Chirurgie[510] und das Profiboxen. Menschen werden hier – ähnlich einer Organexplantation – in ihrer Körperintegrität von Dritten beeinträchtigt, um im weitesten Sinne eine Gegenleistung zu erhalten. Boxer träumen meistens von einer großen Karriere und der Möglichkeit, als Champion viel Geld zu verdienen. Auch von der ästhetischen Chirurgie erhoffen sich viele Menschen mehr Erfolg im Beruf und in der Liebe. Beide Formen der Verletzung der körperlichen Integrität werden im Folgenden in Bezug auf die möglichen Risiken und das Selbstbestimmungsrecht des Einzelnen untersucht und mit der Organexplantation verglichen.

---

508 Spenden dürfen z. B. nur volljährige, einwilligungsfähige Personen, die die medizinischen Voraussetzungen erfüllen. Eine besonders umstrittene Restriktion enthält § 8 I S. 2 TPG. Danach ist die Spende nur zulässig zum Zwecke der Übertragung auf Verwandte ersten oder zweiten Grades, Ehegatten, Verlobte oder andere Personen, die dem Spender in besonderer persönlicher Verbundenheit offenkundig nahestehen.

509 So auch *Gragert*, Organhandel, S. 73; *Pfeiffer*, Lebendspende, S. 142.

510 Zur Frage der strafrechtlichen Zulässigkeit des ärztlichen Eingriffs ohne Indikation mit Einwilligung siehe *Schroth*, in: Roxin/Schroth, Handbuch, S. 37 ff.

(aa) Plastische Chirurgie ohne medizinische Indikation

Das Interesse an plastischer Chirurgie ohne medizinische Indikation (rein ästhetische Chirurgie) wird in Deutschland von Jahr zu Jahr größer. Schätzungen der Vereinigung Deutscher Ästhetischer Chirurgen (VDÄPC) zufolge steigt die Zahl der in Deutschland vorgenommenen ästhetischen Operationen jährlich um ungefähr 10 bis 15 Prozent[511]. Ein dem Schönheitsideal entsprechendes Aussehen gilt als Erfolgsfaktor für Liebe und Karriere, so dass sich immer mehr Menschen ohne medizinische Notwendigkeit unter das Messer legen. Der Schönheitswahn treibt kuriose Blüten. Frauen lassen sich Implantate in Brüste und Po einsetzen, Fett an Bauch und Oberschenkeln absaugen und sogar Rippen entfernen, um dem gängigen Schönheitsideal zu entsprechen. Im Grund ist alles erlaubt, was medizinisch möglich ist. Viele dieser Operationen sind per se mit hohen Risiken für die Gesundheit verbunden. Dies kann unter anderem damit begründet werden, dass in Deutschland nicht nur der Facharzt für plastische Chirurgie plastische Operationen vornehmen darf, sondern jeder Arzt[512]. Eine ausreichende Qualifikation des Arztes ist somit nicht gewährleistet. Die Fettabsaugung macht in Deutschland einen Großteil der operativen Eingriffe aus. Einer Studie unter *Prof. Steinau*[513] zufolge sind zwischen 1998 und 2002 67 Patienten nach einer Fettabsaugung mit lebensgefährlichen Infektionen, Lungenembolien oder durchstochenen Organen auf der Intensivstation gelandet. Insgesamt seien 19 Tote zu beklagen gewesen.

(bb) Profiboxen

Boxen ist eine Sportart, die in den meisten Ländern dieser Welt – darunter Deutschland – erlaubt ist[514]. Boxen ist kein ungefährlicher Sport. In einem 1995 erschienenen Aufsatz wird von 300 Todesfällen in den letzten 50 Jahren gesprochen[515]. Die Wahrscheinlichkeit eines tödlichen Unfalls bei einem *Profi*boxer liege einer amerikanischen Studie zufolge bei 1:220. Damit ist Profiboxen zwar gefährlich, stellt jedoch im Vergleich zum Drachenfliegen, Fallschirmspringen und Tiefseetauchen keineswegs die gefährlichste Sportart dar. Trotzdem ist das

---

511 http://www.aerzteblatt.de/V4/archiv/artikel.asp?id=46134, Abruf vom 16.05.2008.
512 http://www.schoenheit-und-medizin.de/patienteninformation/allgemein/facharzt-fuer-schoenheitschirurgie.html, Abruf vom 16.05.2008.
513 Prof. Dr. med *Steinau* ist Professor an der Ruhr-Universität Bochum und Direktor der Klinik für Plastische Chirurgie und Schwerbrandverletzte der BG-Kliniken Bergmannsheil.
514 Aktuell ist in nur fünf Staaten das Boxen gänzlich verboten: Norwegen, Island, Kuba, Iran und Nordkorea.
515 Fritzweiler, SpuRt 1995, 156, 156.

Profiboxen im Rahmen dieser Arbeit im Vergleich zu vielen anderen Extremsportarten besonders interessant, weil der Boxer nicht nur das Risiko einer Körperverletzung eingeht, sondern sich dieses Risiko in aller Regel bei *jedem* Kampf realisiert. Zudem wird auch hier die Körperintegrität angesichts der Aussicht auf hohe Geldbeträge aufs Spiel gesetzt. Es kommt bei fast jedem Kampf zu Blutergüssen, Schwellungen und Verletzungen, die aus Schlägen gegen Bauch und Kopf resultieren[516]. Es ist insbesondere beim Profiboxen[517] ein erklärtes Ziel, den anderen an empfindlichen Körperstellen zu treffen und „KO" zu schlagen. Diese Form der organisierten (tatbestandlichen) Körperverletzung mit Einwilligung wird regelmäßig von vielen Zuschauern vor dem Fernseher verfolgt und beklatscht[518]. Obwohl also die Verletzung der körperlichen Integrität Bestandteil dieser Sportart ist, wird sie von der Mehrheit der Bevölkerung und dem Gesetzgeber nicht als verbotswürdig erachtet[519].

(c) Vergleichende Stellungnahme

Die ästhetische Chirurgie ist von ihren äußeren Umständen her mit der Organexplantation in vielen Punkten vergleichbar. In beiden Fällen liegt ein beim Patienten medizinisch nicht indizierter operativer Eingriff vor.

In der Schönheitschirurgie wird im Unterschied zur Transplantationsmedizin jedoch nicht viel verboten. Das einzige ernsthaft diskutierte Verbot ist die Untersagung ästhetischer Eingriffe bei Minderjährigen. Erwachsene will niemand aufhalten, sich ihrem Schönheitsideal durch Operationen zu nähern[520]. Lippen von Schauspielerinnen oder der Po von Sängerinnen sind in deutschen Kliniken gefragt wie nie. Manche Frauen lassen sich ihre Brüste so stark vergrößern, dass ihr Kreuz nicht mehr in der Lage ist, dieses Gewicht ohne Schäden zu tragen. Auch

---

516 Der prominente Boxer *Axel Schulz* erlitt wahrscheinlich durch boxbedingte Kopfverletzungen einen Schlaganfall, http://www.focus.de/sport/boxen/schulz/axel-schulz_aid_124744.html, Abruf vom 16.05.2008.

517 Um nicht missverstanden zu werden: Der Verfasserin ist klar, dass es nicht „die" Sportart Boxen gibt, sondern viele verschiedene Arten des Boxkampfes existieren. Letztlich ist das Prinzip aber überall das Gleiche. Im Gegensatz zu Amateurboxern tragen Profiboxer keinen Kopfschutz.

518 Den Abschiedskampf *Henry Maskes* am 23. November 1996 verfolgten 17,5 Millionen Zuschauer vor den Bildschirmen. Der Comeback-Fight von *Axel Schulz* hatte mit 11,53 Mio. Zuschauern einen Marktanteil von 48,1 %, http://kontaktrunde.de/blog/?p=430, Abruf vom 16.05.2008.

519 Es soll nicht unbeachtet bleiben, dass es natürlich viele kritische Stimmen gibt. Dies ändert jedoch nichts daran, dass ein Verbot nicht ernsthaft diskutiert wird.

520 So auch *Schroth*, in: Roxin/Schroth, Handbuch, S. 38; *Fateh-Moghadam*, Lebendorganspende, S. 78.

hier könnte man die Argumentation natürlich umdrehen und ein Verbot rein ästhetischer Chirurgie fordern, um den Bürger vor sich selbst zu schützen. Bei einem volljährigen Menschen, der wirksam in den Eingriff einwilligt und sich aller Risiken bewusst ist, ist ein solcher Eingriff in das Selbstbestimmungsrecht in aller Regel jedoch nicht zu rechtfertigen. In Deutschland hat jeder das Recht, medizinische Eingriffe an sich vornehmen zu lassen. Dies ist „Ausdruck der wertbezogenen Interessen eines Patienten, des Interesses etwa, ein bestimmtes Aussehen nicht mehr haben zu wollen."[521] Wer denkt, dass er sein Lebensglück mit einem faltenfreien Gesicht oder einem strafferen Bauch noch vergrößern kann, der darf dieses Wagnis eingehen. Voraussetzung dabei ist, dass er sich aller Konsequenzen bewusst ist und über jegliches Risiko aufgeklärt wurde. Der Staat muss die Freiheit des Bürgers so lange respektieren, wie niemand anderes geschädigt wird. Bei der plastischen Chirurgie ist ein Eingriff nicht allein deshalb verboten, weil die Person sich infolge ihres neues Aussehen eine Verbesserung ihrer Einkommensverhältnisse erhofft. Denkbar wäre z. B. auch, dass ein Produzent einer Schauspielerin ein höheres Gehalt oder eine Filmrolle verspricht, wenn diese eine Schönheitsoperation durchführen lässt. Auch eine Bezahlung des operativen Eingriffs ist jedoch nicht verbotswürdig. Bei einer Organexplantation kann dann aber nicht plötzlich mit einem anderen Maßstab gemessen werden.

Profiboxen ist in zweierlei Hinsicht interessant: Zum einen insofern, als auch hier die Aussicht auf viel Geld besteht – zum anderen weil die Körperintegrität in der Regel tatsächlich verletzt wird, es besteht nicht nur ein diesbezügliches Risiko. Verletzungen, die beim Boxkampf entstehen, werden, die Einhaltung der Wettkampfregelungen vorausgesetzt, als von der Einwilligung gedeckt angesehen.

Nun könnte man natürlich sagen, dass es beim Sport gar nicht auf eine „Einwilligungs-Konstruktion" ankomme, sondern dass hier vielmehr die sog. Zwecktheorie Beachtung finden müsse, nach der Verletzungen, die erfahrungsgemäß vorkommen, „als angemessene, gebilligte Mittel zur Erreichung des durch den Sport erstrebten staatlich anerkannten Zieles[522] als einwandfrei und rechtmäßig anerkannt sind"[523]. Man kann auch von der „Sozialadäquanz" sportlicher Wettkämpfe sprechen[524]. Selbst wenn man dies für viele der heute betriebenen Sportarten gelten lässt, ist diese Argumentation wohl kaum auf das Profiboxen zu übertragen. Hier geht es weniger um sportliches Miteinander und den Erhalt geistiger und körperlicher Kräfte, sondern vielmehr darum, den anderen möglichst

---

521 *Schroth*, in: Roxin/Schroth, Handbuch, S. 41.
522 Die Pflege des sportlichen Geistes und des Fair Play.
523 So *Schmidt*, JZ 1954, 369, 373.
524 *Hardtung*, in: MünchKomm StGB, § 228 Rn. 34.

schnell (durch die Folgen der Körperverletzungshandlungen!) außer Gefecht zu setzen. Hier von der Pflege des sportlichen Geistes zu sprechen, überzeugt nicht wirklich. Körperverletzungen beim Profiboxen sind wie andere Sportarten auch von der Einwilligung der Betroffenen gedeckt. Diese Einwilligung resultiert aus dem Recht des Einzelnen, über seine körperliche Integrität zu verfügen. Deshalb macht auch der Vergleich mit dem Profiboxen deutlich, dass das Verbot des Organhandels in Deutschland eine Ungleichbehandlung im Verhältnis zu den ansonsten meistens großzügig gestalteten Regelungen zur körperbezogenen Selbstbestimmtheit darstellt.

Das Organhandelsverbot damit rechtfertigen zu wollen, dass ansonsten die körperliche Integrität des Spenders beeinträchtigt würde, ist insoweit nicht stimmig. Der Gesetzgeber kann nicht Handlungsweisen für den Rechtsgutsträger verbieten, weil dieser dabei sein ihm verfassungsrechtlich zugesichertes Rechtsgut preisgibt. Vielmehr bilden ein Rechtsgut und die Verfügungsbefugnis darüber eine Einheit[525], die vom Gesetzgeber zu beachten ist. Es ist gerade das Recht des Spenders, frei zu entscheiden, ob und wie er mit seiner körperlichen Unversehrtheit umgeht. Eine andere Auffassung ist harter Strafrechtspaternalismus. In unserem liberalen Strafrechtssystem ist diese Form des Paternalismus seitens des Gesetzgebers nicht nur unangebracht, sondern sogar unberechtigt[526].

cc. §§ 223 ff. StGB

Es stellt sich die Frage, ob man das Transplantationsgesetz bzw. die in den §§ 17, 18 TPG aufgestellte Norm überhaupt benötigt[527]. Bislang wurde geklärt, dass die Verhaltensnorm sich nur teilweise mit dem Schutz der körperlichen Integrität erklären lässt. Das Rechtsgut der körperlichen Integrität wird zudem bereits durch die §§ 223 ff. StGB geschützt. Der Strafrahmen des § 223 StGB umfasst Strafen von der Geldstrafe bis zu fünf Jahren Freiheitsstrafe und ist damit identisch mit dem Strafrahmen des § 18 TPG. In den Fällen des § 224 StGB kann sogar eine Freiheitsstrafe bis zu zehn Jahren verhängt werden. Wenn keine wirksame Einwilligung des Spenders vorliegt, greifen die §§ 223 ff. StGB in diesen Fällen ebenso wie das TPG.

Das Rechtsgut der körperlichen Unversehrtheit ist somit bereits durch die §§ 223 ff. geschützt. Allerdings ist es dem Gesetzgeber nicht untersagt, ergänzende Regelungen mit Blick auf den Schutz eines Rechtsguts aufzustellen, insbe-

---

525 *Schroth*, JZ 1997, 1149, 1150.
526 *Schroth*, JZ 1997, 1149, 1153.
527 So auch *Pfeiffer*, Lebendorganspende, S. 142.

sondere in Bereichen des Nebenstrafrechts[528]. Das Bestehen der §§ 223 ff. StGB steht der Legitimität einer nebenstrafrechtlich sanktionierten Verhaltensnorm somit nicht entgegen.

dd. Das Prinzip der Verhältnismäßigkeit

Die Verbotsnorm muss das Prinzip der Verhältnismäßigkeit einhalten. Es muss also in Bezug auf das zu schützende Rechtsgut geeignet, erforderlich und angemessen sein. Die in den §§ 17, 18 TPG normierte Verhaltensnorm ist in Bezug auf das Rechtsgut „Schutz der Körperintegrität des Spenders" in ihrem Umfang nicht erforderlich. Der Schutz der Körperintegrität erfordert kein Verbot der Leichenspende, da das Schutzgut in diesen Fällen überhaupt nicht tangiert ist. Auch Sachverhalte, in denen der geäußerte Wille des Betroffenen nicht defizitär ist, müssen aus dem Anwendungsbereich der Verhaltensnorm grundsätzlich ausgeschlossen sein. Wer sich freiverantwortlich ein nicht lebensnotwendiges Organ entnehmen lassen möchte, dem muss dies zur Wahrung seines Rechts auf Selbstbestimmung erlaubt sein. Eine Norm, die die Spende post mortem ausklammern würde, wäre ein ebenso effektives, aber weniger belastendes Mittel zur Erreichung des Zwecks. Auch die Erstreckung des Verbotes auf Fälle, in denen der Spender wirksam eingewilligt hat, ist unter dem Aspekt der Erforderlichkeit verfehlt.

ee. Ergebnis

Der Schutz der körperlichen Integrität kann grundsätzlich eine Verhaltensnorm zum Schutze des Betroffenen legitimieren. In Bezug auf den Organhandel ist dieses Schutzgut allerdings in weiten Bereichen nicht geeignet, die aktuell bestehende Norm zu legitimieren. Das Handelsverbot mit post mortem gespendeten Organen lässt sich damit jedenfalls nicht begründen. Und auch in den Fällen der Lebendspende, in denen der Spender sich freiwillig für die Spende entscheidet, kann ein Verbot nicht mit dem Argument des Spenderschutzes legitimiert werden. Der Spender selbst hat ein verfassungsrechtlich verankertes Recht auf körperbezogene Selbstbestimmung, das auch die Freiheit umfasst, die eigene körperliche Integrität aufzuheben. Ein Organhandelsverbot steht in Widerspruch zu dieser Freiheit[529]. Auch in Bezug auf Dritte wie den Empfänger und den Arzt

---

528 *Pfeiffer* (Lebendorganspende, S. 142) ist der Ansicht, das Bestehen der §§ 223 ff. StGB führe dazu, dass die §§ 17, 18 TPG im Hinblick auf das hier behandelte Schutzgut überflüssig seien.
529 Ebenso *Reus*, KliFoRe 2007 (Heft 5), 136, 141.

ist der Aspekt der körperbezogenen Selbstbestimmung von Relevanz. Wenn ihnen verboten wird, die Beeinträchtigung der körperlichen Integrität zu fördern oder diese im Falle des Arztes selbst vorzunehmen, dann wird indirekt auch der Spender gehindert, seine körperliche Integrität zu schädigen. Jeder Mensch kann grundsätzlich in Körperverletzungen einwilligen, solange die Grenzen der § 216 StGB und § 228 StGB eingehalten werden. Es ist nicht ersichtlich, dass diese Grenzen im Falle des Organhandels missachtet werden. Folglich kann ein Organhandelsverbot nur in den Fällen mit dem Schutz der körperlichen Integrität begründet werden, in denen der Spender nicht rechtswirksam eingewilligt hat bzw. in denen die Freiwilligkeit seiner Handlung nach den hier bereits erörterten Kriterien nicht gegeben ist. Das aber bedeutet, dass das Verbot in seiner aktuellen Form über das legitime Ziel hinausschießt und insoweit nicht erforderlich ist. Eine Norm, die dem Verhältnismäßigkeitsprinzip entspricht, muss die Leichenspende ausklammern, darf den Spender selbst nicht als Adressat ansehen und muss die Verhaltensanweisungen Dritten gegenüber auf Fälle beschränken, in denen der Spender nicht wirksam eingewilligt hat bzw. Unfreiwilligkeit zu bejahen ist.

b. Die Ebene der Sanktionsnorm

Im Folgenden wird nicht (mehr) die in §§ 17, 18 TPG enthaltene, nicht als erforderlich erachtete Verhaltensnorm hinsichtlich ihrer Strafbewehrung untersucht. Diese Strafbewehrung einer nicht legitimierbaren Verhaltensnorm ist denknotwendig ihrerseits nicht legitimierbar. Die nachfolgenden Ausführungen zur Strafbewehrung setzten deshalb eine legitimierbare Verhaltensnorm voraus (die de lege ferenda klarstellend gesetzlich zu verankern ist). In Bezug auf das Rechtsgut „Schutz der körperlichen Integrität des Spenders" sind dies – wie näher dargelegt – Organentnahmen an Lebenden, in die nicht wirksam eingewilligt wurde bzw. bei denen Unfreiwilligkeit anzunehmen ist. Dann ist auch unter paternalistischen Aspekten eine Bestrafung der Mitwirkenden nicht ausgeschlossen. Der Spender selbst hingegen kann hinsichtlich der Verletzung seiner eigenen Körperintegrität niemals zum Täterkreis gehört.

aa. Rechtsgut der Sanktionsnorm

Rechtsgut der Sanktionsnorm ist immer die Aufrechterhaltung der Geltungskraft der Verhaltensnorm. Mittelbar schützt die Sanktionsnorm jedoch auch das Rechtsgut der Verhaltensnorm, somit im hier interessierenden Zusammenhang die körperliche Integrität des Spenders.

bb. Strafwürdigkeit des verbotswürdigen Verhaltens

In den Fällen, in denen der Betroffene nicht wirksam in die Organentnahme eingewilligt hat, ist die Explantation nach dem bereits Gesagten verbotswürdig. Die Verbotswürdigkeit ist jedoch nicht mit der Strafwürdigkeit gleichzusetzen. Vielmehr gibt es unterschiedliche staatliche Reaktionsmöglichkeiten auf verbotswürdige Verhaltensweisen. Neben dem Strafrecht als schärfste Sanktion gibt es den Bereich des Ordnungswidrigkeitenrechts oder den Verzicht auf staatliche „Gegenwehr". Im Folgenden wird untersucht, ob das Strafrecht eine angemessene Reaktion des Staates darstellt.

(1) Die Komponente der Gerechtigkeit

Die Komponente der Gerechtigkeit umfasst das vom Staat wahrzunehmende Interesse an der Sanktionsnorm und die weiteren verfassungsrechtlichen Anforderungen, die an die Bejahung der Strafwürdigkeit eines Verhaltens gestellt werden.

(a) Der mittelbare Schutz eines Rechtsguts des Individuums oder der Gemeinschaft

Die körperliche Integrität als Individualrechtsgut ist unumstritten ein rechtlich schützenswertes Interesse.

(b) Weitere verfassungsrechtliche Anforderungen an die Kriminalisierung menschlichen Verhaltens

Neben dem mittelbaren Schutz des Rechtsguts der Verhaltensnorm stellt die Rechtsordnung an die Kriminalisierung eines Verhaltens den Anspruch, dass dieses dem Verfassungsrecht und seinen Anforderungen entspricht. Insbesondere das Verhältnismäßigkeitsprinzip und der Grundsatz der hinreichenden Bestimmtheit spielen hier eine Rolle.

Das Aufstellen einer Strafnorm ist immer geeignet, die Geltungskraft der ihr zugrundeliegenden Verhaltensnorm zu stärken bzw. zu erhalten.

Sie muss zudem auch erforderlich sein. An der Erforderlichkeit könnte es fehlen, da bereits die §§ 223 ff. StGB die körperliche Unversehrtheit schützen. Wer einer Person ohne deren wirksame Einwilligung ein Organ entnimmt, wird sich immer auch wegen §§ 223 ff. StGB strafbar machen. Das Vorhandensein einer allgemeinen Norm spricht jedoch nicht gegen die Erforderlichkeit einer Spezialnorm. Vielmehr kann die Spezialnorm helfen, den Bürgern das in der Strafnorm enthaltene Verbot noch deutlicher vor Augen zu führen.

Auch ist kein milderes, ebenso effektives Mittel zur Erreichung des Ziels in Sicht. Das Vorhandensein der §§ 223 ff. StGB, die ebenfalls die körperliche Unversehrtheit mit den Mitteln des Strafrechts schützen wollen, spricht ebenfalls für die Erforderlichkeit des Einsatzes strafrechtlicher Mittel.

Auch die Angemessenheit der Norm steht nicht in Frage. Wer anderen Personen ohne deren wirksame Einwilligung ein Organ entnimmt oder der in diesem Wissen an einem Handel mit einem solchen Organ teilnimmt, verwirklicht großes Unrecht. Die Organentnahme – ob mit oder ohne Vollnarkose bleibt sich gleich – stellt einen schweren medizinischen Eingriff dar, der ohne Einwilligung des Betroffenen eine gefährliche und u. U. sogar eine schwere Körperverletzung darstellt. Das Aufstellen einer Strafnorm ist somit verhältnismäßig.

Der Bestimmtheitsgrundsatz bereitet in dem hier interessierenden Zusammenhang ebenfalls keine Probleme. Zwar sind einige der im Tatbestand enthaltenen Begriffe konkretisierungsbedürftig, jedoch nicht in einem Maße, dass Tragweite und Anwendungsbereich des Tatbestandes nicht mehr zu erkennen sind oder sich nicht regelgeleitet ermitteln ließen. Der gesetzgeberische Schutzzweck ist zudem Teil des Tatbestandes. Die hinreichende Bestimmbarkeit des unter das Strafgesetz fallenden Verhaltens ist somit zu bejahen.

(2) Die Komponente der Zweckmäßigkeit

Das Kriterium der Gerechtigkeit ist eine notwendige, aber keine hinreichende Bedingung der Strafwürdigkeitsbestimmung. Die Strafwürdigkeit eines Verhaltens setzt auch voraus, dass sie praktisch sinnvoll ist[530]. Keinen Sinn ergibt die Bestrafung wegen eines Verhaltens dann, wenn dies im Ergebnis mehr negative als positive Folgen hat[531]. Das wäre der Fall, wenn die Bestimmung der Strafwürdigkeit die Zielerreichung selbst verhindern oder ihr Ziel nur unter zu hoher Verletzung anderer Rechtsgüter erreichen würde[532]. Die hier untersuchte Strafnorm soll – mittelbar – Menschen vor der Beeinträchtigung ihrer körperlichen Integrität ohne ihre Einwilligung schützen. Es sind keine Gründe ersichtlich, die an der Zweckmäßigkeit der Norm zweifeln lassen.

---

530 *Hassemer*, in: NK StGB, vor § 1, Rn. 77.
531 *Müller-Emmert*, GA 1976, 292, 302.
532 Ein Beispiel für die erste Variante ist die strafrechtliche Kontrolle von AIDS-Erkrankungen, da durch sie die Kooperationsbereitschaft der HIV-Positiven beseitigt würde (*Herzog/Nestler-Tremel*, StV 1987, 360, 362). Die Strafbarkeit der Schwangerschaftsunterbrechung ist ein Beispiel für die zweite Variante, da durch eine solche viele Frauen durch Selbstabtreibungen oder Pfuscher gefährdet werden (*Hassemer*, in: NK StGB, vor § 1 Rn. 79).

3. Die Menschenwürde des Spenders

Die Menschenwürde des Spenders ist ein häufig angebrachtes – und auf den ersten Blick vielleicht auch einleuchtend erscheinendes – Argument, das Organhandelsverbot zu rechtfertigen. Schließlich verbinden die meisten Menschen mit Organhandel Schreckensbilder aus Schwellen- und Entwicklungsländern, in denen Organhandel unter menschenunwürdigen Bedingungen stattfindet. Eine solche Sicht der Dinge ist jedoch sehr eindimensional und macht eine Differenzierung unterschiedlicher Situationen des Handels notwendig. Es ist unerlässlich, mehrere Fragestellungen voneinander abzuschichten. Zum einen geht es darum, ob das Aufstellen des Organhandelsverbotes mit der Begründung, dieses verletze die Menschenwürde, legitim ist oder ob nicht das Autonomieprinzip zu einem anderen Ergebnis führen muss. Es geht somit in diesem Abschnitt um die grundsätzliche Frage, ob der Staat dem Einzelnen Verhaltensweisen mit der Begründung verbieten darf, das Individuum verletze durch dieses Verhalten seine Menschenwürde oder die eines anderen.

Davon zu trennen ist die Problematik, ob der Handel mit Organen tatsächlich in jedem Fall gegen die Menschenwürde verstößt.

Auch muss geklärt werden, ob das Aufstellen des Organhandelsverbotes selbst gegen die Menschenwürde verstößt. Schließlich macht der Staat den Menschen damit zum „Objekt seiner Erziehung".

a. Der Begriff der Menschenwürde

Der in Art. 1 I GG behandelte Begriff der Menschenwürde ist nicht einfach zu handhaben. Trotz seines ethisch-philosophischen Charakters in unserer Rechtsordnung muss er unabhängig von Glaube, Ethik oder Philosophie Gültigkeit besitzen[533]. Hinzu kommt, dass die Würde des Menschen als höchstes wertsetzendes Verfassungsprinzip angesehen wird[534], sie mithin von fundamentaler Wichtigkeit ist.

aa. Rechtshistorische Entwicklung des Menschwürdebegriffs

Seit langer Zeit wird versucht, dem Begriff der Würde des Menschen Konturen zu verleihen, ihm einen Inhalt zu geben, der universelle Geltungskraft besitzt. Die philosophischen und weltanschaulichen Ideen und Strömungen, die sich dieses

---

533 *Dreier*, in: Dreier, GG, Art. 1 I Rn. 1.
534 Vgl. *Stern*, Das Staatsrecht der BRD, Band IV/1, S. 8; BVerfGE 5, 85, 204; 35, 202, 225; 45, 187, 227; 72; 105, 115; 96, 375, 398.

Begriffes angenommen haben, sind zahlreich. Im Folgenden werden einige historische „Menschenwürde"- bzw. „Würde"-Konzepte vorgestellt, gefolgt von einem kurzen Einblick in die verfassungsgeschichtliche Entwicklung des Menschenwürdebegriffs. Man muss sich darüber im Klaren sein, dass sich nicht alle aus der Geschichte hervorgegangenen Würdebegriffe eignen, den in Art. 1 I GG enthaltenen Menschenwürdebegriff zu erhellen. In vielen philosophischen und weltanschaulichen Systemen kam der Würde eine Bedeutung zu, die mit dem in unserer Verfassung enthaltenen Begriff nichts mehr gemein hat. Verfassungsinterpretation ist zudem etwas anderes als die Interpretation philosophischer Ideen. Der verfassungsrechtliche Menschenwürdebegriff ist in jeglicher Hinsicht offen. Er durchzieht alle Lebensbereiche, erfasst eine unbestimmte Zahl von möglichen Anwendungsfällen und lässt sich damit nur schwer fassen[535]. Es ist zudem nicht möglich, eine präzise Definition zu finden, die eine Subsumtion aller erdenklichen Fälle ermöglicht[536]. Die folgenden Erläuterungen dienen daher nicht nur als Ausgangsposition zur Erfassung des verfassungsrechtlichen Würdebegriffs, sondern dem fundierten Verständnis.

(1) Rechtsethische und philosophische Konzepte der „Würde" oder „Menschenwürde"

(a) Christliches Würdekonzept[537]

Die besondere Würde, die dem Menschen zuteil wird, ist nach christlicher Vorstellung Ausdruck der Ebenbildlichkeit Gottes (imago dei)[538]. Dieser Umstand führt zu einer besonderen Stellung im weltlichen Gefüge. Die Ebenbildlichkeit Gottes bedingt die Gleichheit aller Menschen[539]. Der Mensch darf niemals von anderen „zum bloßen Objekt oder Instrument gemacht werden"[540], Standes- und

---

535 So bereits *Geddert-Steinacher*, Menschenwürde, S. 22 ff.
536 *Kunig*, in: v. Münch/Kunig, GG, Art. 1 Rn. 22.
537 Das Christentum hat die Werte und ethischen Prinzipien in unserer Gesellschaft geprägt wie keine andere Religion oder Weltanschauung. Damit ist jedoch nicht gemeint, dass sich der heutige Menschenwürdebegriff aus dem christlichen Verständnis des Menschen ableiten oder gar in Teilen übertragen lässt. Der Menschenwürdebegriff des Grundgesetzes muss unabhängig von bestimmten Religionen oder Weltanschauungen definiert werden.
538 *Pfeiffer*, Lebendorganspende, S. 145.
539 Wobei hier natürlich die weltliche Wirklichkeit und die Theorie der Bibel einander nicht entsprechen. Vielmehr wurde der Begriff des Menschen gerade in der Vergangenheit häufig mit dem des Mannes gleichgesetzt.
540 *Starck*, JZ 1981, 457, 459 f.

Rangunterschiede, wie es sie in früheren Gesellschaften immer gab, sollte es danach nicht mehr geben[541].

Das christliche Menschenbild geht im Gegensatz zum Grundgesetz nicht von einer individualistisch verstandenen Menschenwürde aus, sondern sieht den Menschen innerhalb der Schöpfung. Dem entspricht es, dass nach christlichem Verständnis Leib und Leben Geschenke Gottes an den Menschen sind, über die dieser nicht nach Belieben verfügen darf[542]. Die Kirche hat sich dennoch für Aufopferungen der körperlichen Unversehrtheit, insbesondere Organspende, ausgesprochen. Allerdings unter der Voraussetzung, dass diese einen Akt der Nächstenliebe darstelle. Eine Organentnahme aus finanziellen Gründen wird von der Kirche, trotz der positiven Konsequenzen für den Empfänger, nicht gutgeheißen[543].

(b) Der Menschenwürdebegriff nach Immanuel Kant

Kant kommt zu der Annahme, dass, wenn es eine spezifische Würde gibt, die jedem Menschen zukommt, diese Würde in dem begründet sein müsse, was das Wesen des Menschen ausmache. Die Vernunftsnatur „gilt als Grund für die herausragende Stellung und Würde des Menschen"[544]. Nach der Philosophie *Kants* ist die Würde des Menschen damit in der „Selbstgesetzgebung des autonomen Willens"[545], in seiner Moralfähigkeit verankert[546]. Die Würde ist ein absoluter innerer Wert, der jeder Person aufgrund ihrer Autonomie zukommt. Der Würdebegriff nach *Kant* lässt sich gleichsetzen mit der „sittlichen Autonomie"[547].

(c) Systemtheoretisches Würdekonzept nach Luhmann

In der Systemtheorie wird Würde als „Grundbedingung des Gelingens der Selbstdarstellung eines Menschen als individuelle Persönlichkeit"[548] gesehen. Er muss sich als Interaktionspartner in der Kommunikation mit anderen Menschen darstellen und dadurch an selbstbewusster Individualität gewinnen. Die Würde

---

541 Auch hier prallen Theorie und Wirklichkeit noch heute aufeinander.
542 *Pfeiffer*, Lebendorganspende, S. 145; *Ziegler*, Organverpflanzung, S. 68.
543 http://www.ekd.de/EKD-Texte/organtransplantation_1990.html,   Abruf   vom 09.08.2008.
544 *Pfeiffer*, Lebendorganspende, S. 146.
545 *Dreier*, in: Dreier, GG, Art. 1 I Rn. 12.
546 *Geddert-Steinacher*, Menschenwürde, S. 32.
547 *Kant*, Grundlegung zur Metaphysik der Sitten; dazu auch *Dreier*, in: Dreier, GG, Art. 1 I GG, Rn. 12; *Vitzthum*, JZ 1985, 201, 205; *Stern*, Staatsrecht, Bd. III/1, S. 7 f.
548 *Luhmann*, Grundrechte, S. 61.

des Menschen ist eng mit seiner Freiheit verknüpft, beide bedingen sich quasi gegenseitig[549]. *Luhmann* sieht die Würde des Menschen damit nicht als etwas Vorgegebenes, sondern als Ergebnis gelingender Selbstdarstellung[550].

(d) Marxistisches Würdekonzept

Marx leugnet jede religiöse Begründung der Menschenwürde. Nach *Marx* ist „Die Wurzel für den Menschen [...] aber der Mensch selbst"[551]. Das Wesen, die Würde des Menschen kann damit laut *Marx* nur in der Gesamtheit der gesellschaftlichen Verhältnisse gesehen werden. Er erkennt eine vorstaatliche Autonomie des Menschen nicht an, sondern geht davon aus, dass die gesellschaftlichen und ökonomischen Verhältnisse entscheidende Determinanten darstellen.

(e) Behavioristisches Würdekonzept

Anhänger des Behaviorismus gehen davon aus, dass es keine feste Identität des Menschen gibt. Die menschliche Identität werde vielmehr durch kulturelle und historische Bedingungen hervorgebracht, das Bewusstsein des Menschen sei leer, bevor es auf äußere Reize reagiere. Die Persönlichkeit hängt damit von der Außenwelt und den Außenbedingungen ab. *Skinner* geht davon aus, dass Autonomie empirisch nicht nachweisbar ist und nicht der Mensch selbst das Geschehen lenke, sondern die Umwelt. Die Begriffe von Freiheit und Würde müssten daher durch eine „Technologie operativen Verhaltens"[552] ersetzt werden.

(f) Stellungnahme

Die christliche Lehre hat die Wertvorstellungen in unserer Gesellschaft lange Zeit entscheidend geprägt. Die Vorstellung von der Ebenbildlichkeit Gottes kann jedoch nicht Grundlage des Menschenwürdebegriffs des Grundgesetzes sein, weil das Christentum bzw. der christliche Glaube nicht mehr „Gemeingut der Rechtsgemeinschaft"[553] sind. Die pluralistische Gesellschaft ist Realität geworden, der Einfluss der christlichen Kirchen hat abgenommen[554]. Neben den Christen gibt es

---

549 *Luhmann*, Grundrechte, S. 70.
550 *Luhmann*, Grundrechte, S. 68; so auch *Geddert-Steinacher*, Menschenwürde, S. 118.
551 *Marx*, Zur Kritik der hegelschen Rechtsphilosophie (1844), in: Frühschriften, hrsg. von S. Landshut, 1964, S. 216.
552 *Skinner*, Jenseits von Freiheit und Würde, S. 26.
553 *Stern*, Staatsrecht, Bd. III/1, S. 10
554 Ähnlich bereits *Geddert-Steinacher*, Menschenwürde, S. 113.

Angehörige anderer Religionen, Agnostiker und Atheisten. Da der Menschenwürdebegriff des Grundgesetzes für alle Mitglieder der Gesellschaft gelten muss und die Verfassung weltanschauliche Neutralität gewährleistet, kann das christliche Würdekonzept nicht Grundlage des verfassungsrechtlichen Menschenwürdebegriffs sein[555].

Stern führt an, dass bei *Kant* nicht ganz klar werde, auf wen sich die Würde beziehen soll[556]. Auf den einzelnen Menschen oder die Menschheit als Gattung. Falls *Kant* sich auf die Menschheit als Gattung beziehe, könne seiner Auffassung nur bedingt gefolgt werden[557]. Die in Art. 1 I GG verankerte Menschenwürde beziehe sich ganz sicher nicht nur auf den Menschen als Gattung, sondern auf das Individuum[558]. Eine intensive Auseinandersetzung mit der Philosophie *Kants* würde den Rahmen dieser Arbeit sprengen. Aber *Stern* ist insofern Recht zu geben, als die Würde jedem Individuum zustehen muss und nicht nur der Menschheit schlechthin.

Der systemtheoretische Ansatz *Luhmanns* ist insofern problematisch, als er dem Menschen die Würde nicht allein aufgrund seines Menschseins zuspricht, sondern diese erst vom Individuum selbst hergestellt werden müsse. Die Würde müsse durch Leistung „erarbeitet" werden[559]. Ein solches Konzept kann so interpretiert werden, dass nicht jedem Menschen Würde zusteht[560]. Es geht zudem mehr um einen vor- oder nichtrechtlichen Würdebegriff, der die Stellung des Menschen in der Gesellschaft beschreiben, quasi „Vorbedingung der Selbstdarstellung als individuelle Persönlichkeit" sein will. Auch kann der Staat dann die Menschenwürde nicht mehr garantieren, da sie im Grunde vom Menschen selbst erbracht werden muss[561]. Aufgabe des Staates ist es dann nicht, Menschenwürde zu gewährleisten, sondern nur noch die Bedingungen zu schaffen und zu erhalten, unter denen das Erbringen von Leistung möglich ist[562]. Eine solche Auffassung

---

555 So auch *Stern*, Das Staatsrecht der BRD, Band III/1, S. 10.
556 So jedenfalls *Stern*, Das Staatsrecht der BRD, Band III/1, S. 8.
557 *Stern*, Das Staatsrecht der BRD, Band III/1, S. 12 f.
558 *Stern*, Das Staatsrecht der BRD, Band III/1, S. 8 f.
559 So auch *Starck*, in: v. Mangoldt/Klein/Starck, Art. 1 Rn. 9.
560 *Geddert-Steinacher*, Menschenwürde, S. 119, merkt an, dass eine solche Interpretation nicht zwangsläufig erfolgen muss. Vielmehr sehe auch *Luhmann* Freiheit und Würde als „vorstaatliche" Kategorien. Aber auch *Geddert-Steinacher* gibt zu bedenken, dass *Luhmanns* Verzicht auf einen einheitlichen Freiheitsbegriff nicht mit der Verfassung in Einklang stünde. Die Menschenwürde werde relativiert, wenn man Freiheit und Selbstbestimmung durch die Stabilität des sozialen Systems ersetzen wolle, vgl. *Geddert-Steinacher*, Menschenwürde, S. 119 f.
561 *Starck*, in: v. Mangoldt/Klein/Starck, GG, Art. 1 Abs. 1 Rn. 9.
562 *Starck*, in: v. Mangoldt/Klein/Starck, GG, Art. 1 Abs. 1 Rn. 9.

von der Würde und der Aufgabe des Staates, diese zu erhalten, entspricht nicht unserer Verfassung.

Der behavioristische Ansatz *Skinners*, nach dem die Würde als Ausdruck der Autonomie des Individuums nicht existiert, gilt heutzutage als nicht mehr ernsthaft vertretbar. Die moderne Verhaltensforschung hat gezeigt, dass der Mensch nicht alleine durch äußere Einflüsse determiniert wird. *Geddert-Steinacher* kann darin zugestimmt werden, dass das Wechselspiel von Biologie, Umwelt und Geist sehr komplex ist und menschliches Verhalten nicht durch einen „schlichten Determinismus" erklärt werden kann[563]. Die Negierung der Autonomie bzw. der behavioristische Ansatz ist auch insofern misslich, als er zur Klärung des verfassungsrechtlichen Würdebegriffs nichts Wesentliches beitragen kann. Vielmehr muss „das zu Schützende und zu Achtende [...] bestimmt sein, wenn die Garantie nicht leer laufen oder als bequemen Alibi für die jeweils den Menschen entwerfende Politik dienen soll"[564].

Auch die marxistischen Ansätze verneinen die Selbstbestimmtheit des Menschen als Voraussetzungen der Rechtsordnung und müssen aus diesem Grunde abgelehnt werden.

Die Würde des Menschen darf nicht relativ und situationsabhängig gedeutet werden. Es muss immer klar sein, dass sie jedem Menschen zusteht und niemand von der Würdegarantie ausgeschlossen wird. Ihr Geltungsanspruch ist raum-, kultur- und zeitübergreifend[565]. Das ist dann der Fall, wenn man die Menschenwürde darin (begründet) sieht, dass der Mensch ein autonom handelndes Wesen ist.

Der Mensch muss somit richtigerweise als sich in Selbstbestimmung frei entfaltendes Wesen mit einem im Menschsein wurzelnden Eigenwert betrachtet werden. „Jeder Mensch ist Mensch kraft seines Geistes, der ihn abhebt von der unpersönlichen Natur und ihn aus eigener Entscheidung dazu befähigt, seiner selbst bewusst zu werden, sich selbst zu bestimmen und sich und die Umwelt zu gestalten"[566]. Er ist kein fremdbestimmtes Mitglied eines Kollektivs, dem er zu dienen hat[567]. Vielmehr hat die menschliche Gemeinschaft, meistens zu einem Staat institutionalisiert, eine dienende, ein selbstbestimmtes Leben des Einzelnen

---

563 *Geddert-Steinacher*, Menschenwürde, S. 125.
564 *Starck*, in: v. Mangoldt/Klein/Starck, Art. 1 Rn. 9.
565 *Stern*, Das Staatsrecht der BRD, Band III/1, S. 21.
566 *Dürig*, in: Maunz/Dürig, GG, Band I, Art. 1–10 (1998), Rn. 18; so auch *Köhne*, GewArch 2004, S. 285.
567 So bereits *Stern*, Das Staatsrecht der BRD, Band III/1, S. 15.

ermöglichende und unterstützende Funktion[568]. Genau diese Freiheit wird durch Art. 1 I GG geschützt.

(2) Die verfassungsrechtliche Entwicklung der Menschenwürde in Deutschland

Der langen philosophischen und historischen Tradition des Menschenwürdebegriffs steht nur eine verhältnismäßig kurze verfassungsrechtliche Geschichte gegenüber. Art. 151 I WRV sprach bereits von der Gewährleistung eines menschenwürdigen Daseins[569]. Die Verankerung der Unantastbarkeit der Menschenwürde in Art. 1 I GG beruht auf den schrecklichen Erfahrungen, die im Dritten Reich gemacht wurden[570]. Nach einer Zeit, in der das menschliche Leben nichts galt und die Würde vieler Menschen durch den Staat missachtet worden war, sollte die Menschenwürde als zentraler Punkt im Grundgesetz proklamiert werden. Die Verfassungen der Länder Bayern, Bremen, Hessen und Rheinland-Pfalz, die vor dem Grundgesetz erlassen wurden, enthalten ebenfalls Würdegarantien, die als Reaktion auf den Nationalsozialismus zu verstehen sind[571]. Erst die Verankerung in der heutigen Verfassung führt zur Statuierung von bindenden Rechtspflichten für den Staat.

bb. Der Begriff der Menschenwürde in der Rechtsprechung

Der Begriff der Menschenwürde und die Frage seines Inhalts waren schon häufig Gegenstand richterlicher Entscheidungen.

(1) Die Rechtsprechung des Bundesverfassungsgerichts

(a) Lebenslange Freiheitsstrafe

Gegenstand des Verfahrens vor dem *BVerfG* war u. a. die Frage, ob die lebenslange Freiheitsstrafe für den Mörder, der heimtückisch handelte oder um eine andere Straftat zu verdecken, mit Art. 1 I GG vereinbar ist. Das Schwurgericht, das das Strafverfahren ursprünglich zu verhandeln hatte, gab an, dass die lebenslange

---

568   Der Mensch ist zwar als soziales Wesen darauf angelegt, in Gemeinschaft mit anderen zu leben. Aber diese Gemeinschaft darf niemals über das Individuum gestellt werden. So bereits *Stern*, Das Staatsrecht der BRD, Band III/1, S. 11.
569   *Stern*, Das Staatsrecht der BRD, Band IV/1, S. 12.
570   *von Mangoldt*, DÖV 1949, 261, 263; *Starck*, von Mangoldt/Klein/Starck, Art. 1 I Rn. 1.
571   *Starck*, in v. Mangoldt/Klein/Starck, Art. 1 I Rn. 2; *Stern*, Das Staatsrecht der BRD, Band III/1, S. 12.

Freiheitsstrafe den endgültigen Ausschluss des Straftäters aus der Gesellschaft bewirke und diesen psychisch vernichte[572]. Das *BVerfG* führt dazu aus, ein Verstoß gegen die Würde des Menschen liege nicht vor, die lebenslange Freiheitsstrafe habe nicht notwendigerweise die psychische Vernichtung eines Menschen zur Folge[573]. Zum Begriff der Menschenwürde führt das Gericht aus, dass diese darin bestehe, dass der Mensch „als selbstverantwortliche Persönlichkeit anerkannt bleibt"[574]. Dies führe auf dem Gebiet des Strafvollzuges dazu, dass „der Täter [...] nicht zum bloßen Objekt der Verbrechensbekämpfung unter Verletzung seines verfassungsrechtlich geschützten sozialen Wert- und Achtungsanspruch gemacht werden [darf]„. Damit die Menschenwürde geschützt werde, müssen die „grundlegenden Voraussetzungen individueller und sozialer Existenz des Menschen [...] erhalten bleiben"[575].

(b) Abhörentscheidung aus dem Jahr 1970

In der Abhörentscheidung[576] stellt das *BVerfG* fest, dass die Würde des Menschen nicht generell verletzt sei, wenn der Mensch zum Objekt der Staatsgewalt wird. Da der Mensch häufig Objekt der gesellschaftlichen Entwicklung oder auch des Rechts sei, wenn er sich diesen fügen müsse, könne dies lediglich die Richtung andeuten[577]. Hinzukommen müsse, dass der Mensch in einer Weise behandelt werde, die seine Subjektqualität in Frage stelle. Ein Verhalten, das die Menschenwürde verletzen soll, muss „Ausdruck der Verachtung des Wertes, der dem Menschen kraft seines Personseins zukommt"[578], sein. Diese Entscheidung ist scharf kritisiert worden, da sie den Menschenwürdegrundsatz zu sehr einschränke und somit „Konzeption und Geist" des Grundgesetzes nicht gerecht werde[579].

(c) Luftsicherheitsgesetz

In der Entscheidung über das Luftsicherheitsgesetz hatte das *BVerfG* darüber zu befinden, ob eine Ermächtigung der Streitkräfte, ein Luftfahrzeug abzuschießen, das gegen das Leben von Menschen eingesetzt werden soll, mit der Menschen-

---

572 BVerfGE 45, 185, 192.
573 BVerfGE 45, 185, 199.
574 BVerfGE 45, 185, 228.
575 BVerfGE 45, 185, 228.
576 Zur Abhörentscheidung auch *Häberle*, JZ 1971, 145 ff.
577 BVerfGE 30, 1, 25 f.
578 BVerfGE 30, 1, 26.
579 Minderheitsvotum der Richter *Geller, v. Schlabrendorff, Rupp* vom 4.01.1971; *Häberle*, JZ 1971, 145, 151.

würdegarantie zu vereinbaren ist, wenn dabei tatunbeteiligte Passagiere betroffen sind. Das *BVerfG* hielt ein Gesetz, das den Abschuss solcher Luftfahrzeuge erlaubt, für mit Art. 1 I GG unvereinbar[580]. Den selbst schutzbedürftigen Flugzeuginsassen würde dabei der Wert abgesprochen, der dem Menschen um seiner selbst willen zukommt[581]. Wer argumentiere, dass die Passagiere selbst Teil dieser Waffe würden und deshalb auch so behandelt werden müssten, der bringe zum Ausdruck, „dass die Opfer eines solchen Vorgangs nicht mehr als Menschen wahrgenommen, sondern als Teil einer Sache gesehen und damit selbst verdinglicht werden. Mit dem Menschenbild des Grundgesetzes und der Vorstellung vom Menschen als einem Wesen, das darauf angelegt ist, in Freiheit sich selbst zu bestimmen, und das deshalb nicht zum reinen Objekt staatlichen Handelns gemacht werden darf, lässt sich das nicht vereinbaren"[582].

(2) Die Peep-Show-Entscheidungen des Bundesverwaltungsgerichts

Auch der verwaltungsrechtlichen Rechtsprechung ist die Diskussion um den Menschenwürdebegriff nicht fremd. Insbesondere die bereits angesprochenen Peep-Show-Entscheidungen[583] sind Thema vieler Diskussionen[584] geworden. In der Entscheidung aus dem Jahre 1981 geht es um einen Kläger, der die Erlaubnis zum Betrieb einer Peep-Show haben wollte. Diese verwehrte ihm das *BVerfG* mit der Begründung, eine Peep-Show verstoße gegen Art. 1 I GG. Bei der Peep-Show würde der Darstellerin „eine entwürdigende objekthafte Rolle zugewiesen"[585]. „Die Menschenwürde sei verletzt, wenn die einzelne Person zum Objekt herabgewürdigt wird"[586]. Nach Ansicht des Gerichts kann eine Verletzung der Menschenwürde nicht deshalb entfallen, weil die Frauen freiwillig handelten. Die Würde sei vielmehr ein objektiver, unverfügbarer Wert, auf den das Individuum nicht verzichten könne[587].

---

580 BVerfG, NJW 2006, 751 ff.
581 BVerfG, NJW 2006, 751, 758.
582 BVerfG, NJW 2006, 751, 759.
583 BVerwGE 64, 274 ff. = NJW 1982, 664 ff; BVerwGE 84, 314 ff.
584 Kritisch äußert sich z. B. *v. Olshausen*, NJW 1982, 2221 ff.
585 Diese Rolle ergebe sich aus mehreren Umständen: Der Anblick der nackten Frau werde wie die Ware eines Automaten ver- und gekauft. Durch den nur einseitigen Sichtkontakt werde die Frau verdinglicht und als Lustobjekt zur Schau gestellt. Durch diesen Geschehensablauf entstehe zudem der Eindruck einer entpersonifizierten Vermarktung der Frau, vgl. BVerwG, NJW 1982, 664, 664 f.
586 BVerwG, NJW 1982, 664.
587 BVerwG, NJW 1982, 664, 665.

(3) Die Polygraphenentscheidung des BGH

In der Polygraphenentscheidung prüfte der *BGH*, ob die Verwendung eines Polygraphen notwendigerweise gegen Verfassungsgrundsätze oder § 136a StPO verstößt.

Der *BGH* stellte fest, dass zu der Würde des Menschen die grundsätzliche Freiheit gehöre, „über sich selbst zu verfügen und sein Schicksal eigenverantwortlich gestalten zu können"[588]. Die Möglichkeit, an einen sog. „Lügendetektor" angeschlossen zu werden, kann einem Beschuldigten daher nicht mit der Begründung untersagt werden, der Anschluss an ein solches Gerät sei mit der Menschenwürdegarantie nicht vereinbar[589]. Ein dem ausdrücklichen Willen des Beschuldigten zuwiderlaufendes ausnahmsloses Verbot des Einsatzes des Polygraphen zwinge diesem einen Schutz auf, der der Sache nach nicht berechtigt sei[590]. Das Gericht kommt somit zu dem Schluss, dass der Wille des Betroffenen und seine individuellen Interessen höher zu bewerten sind als der Schutz seiner Würde vor ihm selbst.

(4) Stellungnahme

Im Gegensatz zu den aufgeführten Entscheidungen des *BVerfG* und des *BVerwG* zeigt sich die Entscheidung des *BGH* deutlich weniger paternalistisch. Die eigenverantwortliche Entscheidungsmöglichkeit des Trägers der Menschenwürde wird als Bestandteil seiner Menschenwürde verstanden[591]. Eine solche Auffassung ist vorzugswürdig. Der freie Wille des Betroffenen muss vom Staat geachtet werden, wenn dieser dessen Recht auf Selbstbestimmung nicht verletzen will. Die Menschenwürde ist damit keine absolute, vom Staat für alle Bürger verbindlich festgelegte Größe, sondern ein relativer Begriff, bei dessen Konkretisierung die Autonomie des einzelnen Bürgers zu beachten ist[592]. Den mündigen und aufgeklärten Menschen vor einer (vermeintlichen!) Selbstentwürdigung zu schützen, kann deshalb sogar bedeuten, ihn in seiner Würde zu verletzen. Obwohl es in

---

588 BGH NJW 1999, 657, 659.

589 Diese Entscheidung ist nicht unumstritten: Viele Stimmen in der Literatur nehmen einen Verstoß gegen die Menschenwürde selbst dann an, wenn der Betroffene einwilligt, vgl. BVerwGE 17, 342, 346 (in Bezug auf Polygraphen); *Kloepfer*, Leben und Würde des Menschen, in: FS 50 Jahre BVerfG, Bd. II, S. 98. Gegen eine Verletzung der Menschenwürde bei Freiwilligkeit *Schwabe*, NJW 1979, 576, 578 f.; *Hamm*, NJW 1999, 922, 922 f.

590 BGH NJW 1999, 657, 659.

591 So auch *Pfeiffer*, Lebendorganspende, S. 155.

592 So auch *Pfeiffer*, Lebendorganspende, S. 156 f.

dieser Arbeit eher umgekehrt um die Frage geht, ob Organhandel gegen die Menschenwürde verstößt, muss auch die Tatsache Beachtung finden, dass nicht jeder staatliche Eingriff – nur weil er sich nicht mit dem Willen des Bürgers deckt – die Menschenwürde verletzt.

cc. Der Begriff der Menschenwürde in der Literatur

Im Folgenden sollen einige Ansichten in der Literatur zum Begriff der Menschenwürde dargestellt und auf ihre Tauglichkeit zur Erhellung des Inhaltes der Würde hin untersucht werden.

(1) Die „Objektformel" nach Dürig

Die von *Dürig* entwickelte Objektformel sieht die Menschenwürde verletzt, wenn „der konkrete Mensch zum Objekt, zu einem bloßen Mittel, zur vertretbaren Größe herabgewürdigt wird"[593]. Diese Formel findet ihre Wurzeln in der Philosophie *Kants* und wurde vom *BVerfG* in vielen Entscheidungen übernommen[594]. Sie zeichnet sich auch dadurch aus, dass der Begriff der Menschenwürde nicht positiv umschrieben wird, sondern vom Verletzungstatbestand her im konkreten Einzelfall. Dies diene der Vermeidung einer „statischen, die wechselnden Bedrohungen der Menschenwürde verfehlende Definition"[595]. Die Würde des Menschen liegt letztlich darin begründet, dass er Subjekt ist, sich selbst Zwecke setzen kann, „kurz: *zur Selbstbestimmung fähig* ist"[596].

(2) Menschenwürde als Wert

Die Menschenwürde als einen von Gott, einer anderen höheren Macht oder der Natur mitgegebenen Wert zu verstehen, ist nicht neu, sondern wurzelt im Christentum und der Philosophie *Kants*. Ein Vertreter dieser Auffassung ist *Nipperdey*. Nach ihm stellt die Würde „den Eigenwert und die Eigenständigkeit, die Wesenheit, die Natur des Menschen schlechthin"[597] dar. Die Menschenwürde dient dem

---

593 *Dürig*, AöR 81 (1956), 117, 127; *ders.*, Maunz/Dürig, GG, Band I, Art. 1–10 (1998), Art. 1 Rn. 28.
594 *Dreier*, in: Dreier, GG, Art. 1 I Rn. 39; *Vitzthum*, JZ 1985, 201, 205.
595 *Vitzthum*, JZ 1985, 201, 202.
596 *Enders*, Menschenwürde, S. 11.
597 *Nipperdey*, in: Neumann/Nipperdey/Scheuner (Hrsg.), Die Grundrechte, Band II, S. 1.

Schutz des in staatlichen Institutionen lebenden Individuums vor zu großen staatlichen Einflüssen[598].

(3) Menschenwürde als Leistung nach Luhmann

Das Würdekonzept *Luhmanns* wurde bereits dargestellt[599]. Er ist der Auffassung, dass Menschenwürde durch einen Entwicklungsgang der Identitätsbildung und Selbstdarstellung erst zu gewinnen ist[600]. Würde stellt damit einen Prozess dar[601]. Menschenwürde wohnt dem Menschen nicht aufgrund seines Menschseins inne, sondern muss als Resultat erfolgreicher Identitätsbildung erst noch erlangt werden[602].

(4) Menschenwürde als Begriff der Kommunikation

Die Kommunikationstheorie orientiert sich hauptsächlich an der „Staatsgründungsfunktion"[603] der Würde. Die Menschenwürdegarantie sei eine „*Staatsfundamentierungsnorm*"[604]. Art. 1 I GG stelle damit nicht nur ein allgemeines Prinzip auf, sondern artikuliere einen Gründungsvorgang[605]. *Hofmann* führt weiter aus: „Würde meint in dieser Solidargemeinschaft gegenseitiger Anerkennung zum Zwecke gemeinsamen politischen Lebens allerdings mehr als bloß wechselseitige Achtung des Lebens, der Unverletzlichkeit und der Freiheit im negativen Sinne gegenseitiger Ungestörtheit. Würde bedeutet gegenseitige Anerkennung des anderen in seiner Eigenart und individuellen Besonderheit mit allem, was er als Teil des Ganzen einbringt"[606]. Schutzgut sei damit die „mitmenschliche Solidarität"[607]. Die Würde könne somit nicht losgelöst von einer konkreten Anerkennungsgemeinschaft gedacht werden[608].

---

598 *Ried*, in: Taupitz, Kommerzialisierung, S. 185, 188.
599 Kapitel E I 3. a. aa. (1) (c).
600 *Luhmann*, Grundrechte, S. 68 ff.
601 *Enders*, Menschenwürde, S. 12.
602 *Vitzthum*, JZ 1985, 201, 207.
603 *Hofmann*, AöR 118 (1993), 353, 368.
604 *Hofmann*, AöR 118 (1993), 353, 369.
605 *Hofmann*, AöR 118 (1993), 353, 368 f.
606 *Hofmann*, AöR 118 (1993), 353, 370.
607 *Hofmann*, AöR 118 (1993), 353, 364.
608 *Hofmann*, AöR 118 (1993), 353, 364.

(5) Stellungnahme

Die verschiedenen Ansichten in der Literatur stehen sich weder wechselseitig ausschließend gegenüber noch sind sie als strikte Gegenmodelle anzusehen[609]. Vielmehr ist allen gemeinsam, dass es im konkreten Fall weniger auf eine exakte Definition ankommt, als vielmehr darauf, ein bestimmtes Tun oder Unterlassen als Verletzung der Menschenwürde zu kennzeichnen[610].

Die Konzeption *Luhmanns* wurde bereits erörtert und abgelehnt, so dass eine weitere Beschäftigung mit ihr entbehrlich ist.

Dem Konzept der Kommunikationstheorie kann die Frage entgegengehalten werden, was passiert, wenn ein Mensch auf menschliche Solidarität verzichten möchte[611]. Da nach *Hofmann* „Menschenwürde nicht losgelöst von einer konkreten Anerkennungseigenschaft gedacht werden" kann, könnte dem, der keinerlei Beziehung zu anderen Menschen hat bzw. haben möchte, die Würde aberkannt werden. Eine solche Konsequenz ist mit der Verfassung sicherlich nicht in Einklang zu bringen.

Auch die Objektsformel ist nicht ohne Kritik geblieben. Schließlich kann man sich immer noch darüber streiten, wann ein Mensch zum Objekt gemacht wird[612]. Man ist im konkreten Fall auf Evidenz und Konsens angewiesen. Für viele Fragestellungen kann eine negative Bestimmung daher nur begrenzt Erfolg versprechen[613]. Andererseits würde eine positive Umschreibung des Schutzbereiches einen umfassenden Schutz unmöglich machen. Die Menschenwürde ist in jedem Lebensbereich von Bedeutung, „zeit- und ortsunabhängig", „unverfügbar und absolut"[614]. Eine positive Abgrenzung des Begriffs ist bisher niemandem überzeugend gelungen und scheint auch unmöglich.

Man muss sich vor Augen halten, aus welchem Grund der Menschenwürdebegriff in die Verfassung eingefügt wurde. Es handelt sich um einen „Schlüsselbegriff für das Verhältnis der Menschen zum Staat"[615]. Es geht darum, welches Verhältnis zwischen Menschen und Staat wir wollen und welche Aufgaben der Staat in Bezug auf den Menschen haben soll. Wichtig hierbei ist die Erkenntnis, dass der Staat um der Menschen Willen da ist und nicht andersherum. Der Staat ist ein menschliches Konstrukt, das ein friedliches und freiheitliches Zusammenleben gewährleisten und das gesellschaftliche Leben in geordnete Bahnen lenken

---

609 *Dreier*, in: Dreier, GG, Art. 1 I Rn. 58.
610 *Pieroth/Schlink*, Staatsrecht II, S. 83.
611 Diese Frage stellt auch *Stern*, Das Staatsrecht der BRD, Band IV/1, S. 22.
612 *Enders*, Menschenwürde, S. 22.
613 *Dreier*, GG, Art. 1 I Rn. 53; *Stern*, Das Staatsrecht der BRD, Band IV/1, S. 19.
614 *Stern*, Das Staatsrecht der BRD, Band IV/1, S. 20.
615 *Starck*, in: v. Mangoldt/Klein/Starck, GG, Art. 1 Abs. 1 Rn. 17.

soll. Der Staat dient nun auch dem Schutz des Menschen. Er soll davor bewahrt werden, durch irgendwen, auch durch den Staat selbst, herabgewürdigt, als „Rädchen im Räderwerk"[616] behandelt zu werden. Dass dabei auch eine immer weiterlaufende Diskussion um die Frage, wann genau die Menschenwürde verletzt ist, stattfinden muss, ist nicht notwendiges Übel, sondern Grundvoraussetzung einer pluralistischen Gesellschaft. In den Randbereichen wird es immer unterschiedliche Ansichten zu der Frage geben, wann genau eine Würdeverletzung vorliegt. Diese Randbereiche halten sich jedoch in Grenzen, wenn die Menschenwürde nicht in allen möglichen Gebieten des menschlichen Lebens, in denen Freiheitseinschränkungen stattfinden, sofort herangezogen wird, sondern man ihren Wert dadurch aufrechterhält, dass der Mensch tatsächlich seiner Subjektsqualität enthoben worden sein muss, um in seiner Würde verletzt zu sein.

b. Reichweite der Menschenwürdegarantie

aa. Schutz der Würde Lebender

Der lebende und bereits geborene[617] oder jedenfalls in der Geburt befindliche[618] Mensch ist in jedem Fall Träger der Menschenwürde, egal ob es sich um einen Deutschen, einen Ausländer oder einen Staatenlosen handelt[619]. Auch ist nicht erforderlich, dass sich der Träger dieser Würde bewusst ist oder sie selbst wahrzunehmen versteht[620]. Ein „würdiges Verhalten" ist ebenfalls nicht notwendig[621]. Minderjährige[622], Straftäter[623] und Geisteskranke[624] sind somit unzweifelhaft ebenfalls Träger der Menschenwürde. Der Schutz der Menschenwürde kommt somit allen Menschen zu, auch und gerade im Bereich des Organhandels.

---

616 *Starck*, in: v. Mangoldt/Klein/Starck, GG, Art. 1 Abs. 1 Rn. 17.
617 Eine Trägerschaft der Menschenwürde des nasciturus ist im Hinblick auf das in Deutschland geltende Abtreibungsrecht nicht unproblematisch. Die Zäsuren, die hinsichtlich des nasciturus in Bezug auf seine Menschenwürde oder auch seinen strafrechtlichen Schutz gemacht werden, sind von Menschen gemacht und in ihrer Beliebigkeit fragwürdig. In diesem Kontext spielt diese komplizierte Problematik jedoch keine Rolle und bedarf daher keiner Erörterung. Vgl. dazu *Dreier*, in: Dreier, GG, Art. 1 I Rn. 47 ff; *Jerouschek*, JZ 1989, 279, 280 ff.; *Hoerster*, JuS 1995, 192 ff.
618 Zu dieser Zäsur vgl. *Freund*, in: Janich, Orientierungswissenschaft, 149, 166 f.
619 *Dreier*, in: Dreier, GG, Art. 1 I Rn. 45.
620 *Starck*, in v. Mangoldt/Klein/Starck, Art. 1 I Rn. 17; *Geddert-Steinacher*, Menschenwürde, S. 59.
621 *Dreier*, in: Dreier, GG, Art. 1 I Rn. 46.
622 BVerfGE 24, 119, 144; 47, 46, 73; 74, 102, 124 f.; 79, 51, 63.
623 BVerfGE 35, 202, 220 u. 235; 64, 261, 284.
624 BGHSt 15, 279, 283; *Dürig*, in: Maunz/Dürig, GG, Art. 1 I Rn. 20.

bb. Schutz der Würde Hirntoter

Die Trägerschaft der Menschenwürde endet nicht mit dem Eintritt des (Hirn-) Todes[625]. Auch der gerade Verstorbene darf somit nicht zum bloßen Objekt gemacht werden[626]. Das bedeutet in Bezug auf die Organspende post mortem und den Organhandel, dass diese nicht gegen oder ohne den Willen des Betroffenen stattfinden dürfen. Die Plünderung eines Hirntoten zwecks Organentnahme ist mit der Würde nicht zu vereinbaren. Eine solche Entnahme bzw. ein solcher Handel verstoßen somit immer gegen die Menschenwürdegarantie[627].

c. Bedeutung der Menschenwürdegarantie und Trivialisierung in der heutigen Zeit

aa. Bedeutung der Menschenwürdegarantie

Die hohe Stellung der Menschenwürdegarantie innerhalb der Verfassung kommt unter anderem in der sog. Ewigkeitsgarantie gem. Art. 79 III GG zum Ausdruck. Art. 79 III GG bestimmt, dass eine Änderung des Grundgesetzes, durch die die in Art. 1 GG niedergelegten Grundsätze berührt werden, unzulässig ist. Selbst der verfassungsändernde Gesetzgeber ist somit nicht befugt, Art. 1 I GG zu verän-

---

625 Die postmortale Spende eines Organs kommt v. a. bei Hirntoten in Betracht, deren Körperfunktionen noch aufrecht erhalten werden. Der Hirntod als Zeitpunkt des Todeseintritts ist nicht unumstritten. Ebenso wird vertreten, dass ein Hirntoter noch kein Verstorbener, sondern erst ein Sterbender sei, vgl. *Truog*, in: Firnkorn, Hirntod, S. 83, 92 ff.; *Jonas* vertritt die Auffassung, in dieser Phase bestünden noch Zweifel am Tod so dass man davon ausgehen müsse, dass die Person noch lebe, *Jonas*, Technik, Medizin, Ethik. Es würde den Rahmen dieser Arbeit sprengen, dies abschließend zu diskutieren. Festzuhalten ist jedenfalls eines: Auch wenn man den Hirntoten als bereits verstorben ansieht, kommt ihm richtigerweise dennoch Menschenwürde zu. Es ist hier zu unterscheiden zwischen Leichen, die bereits „kalt" sind und Toten, deren Körperfunktionen noch aufrecht gehalten werden und die rein äußerlich noch lebend scheinen. *Dürig*, in: Maunz/Dürig, GG, Art. 1 I, Rn. 23, 26; *Starck*, in: v. Mangoldt/Klein/Starck, Art. 1 I Rn. 17; *Maurer*, DÖV 1980, 7, 7 nehmen ebenfalls an, dass die Menschenwürde nicht automatisch mit dem Tod erlischt.
626 Jedenfalls nicht sofort nach Eintritt des Todes. Der Schutz, der dem Toten zukommt, wird jedoch mit der Zeit immer geringer und endet irgendwann. Dies äußert sich auch darin, dass z. B. Leichenreste oder Mumien, die schon seit Hunderten von Jahren existieren, öffentlich ausgestellt und gehandelt werden dürfen.
627 Wenn einer verstorbenen Person, deren vitale Funktionen längst erloschen sind, Körpersubstanzen entnommen werden, wird zwar nicht mehr die Menschenwürde, aber noch das postmortale Persönlichkeitsrecht tangiert.

dern oder abzuschaffen[628]. Konsequenz ist, dass der Staat[629] niemals Handlungen, Aktionen oder Maßnahmen treffen oder ausführen darf, die die Menschenwürde verletzen. Die Bedeutung der Menschenwürdegarantie tritt zudem durch die Formulierung zutage, die Menschenwürde sei „unantastbar". Im Gegensatz zu allen anderen Verfassungsbestimmungen und den Grundrechten ist eine Abwägung ausgeschlossen[630]. Wenn eine Maßnahme die Menschenwürde verletzt, kann sie somit niemals verfassungsrechtlich gerechtfertigt sein[631]. Folglich ist die Erkenntnis, wann eine Menschenwürdeverletzung vorliegt, besonders wichtig.

bb. Trivialisierung und Inflation des Menschenwürdebegriffs in heutiger Zeit

Das Argument, eine Handlung verletze die Menschenwürde, lässt sich nicht nur in Diskussionen finden, die fundamentale Fragen zur Stellung des Menschen in der Gesellschaft oder im Verhältnis zum Staat betreffen, sondern die Menschenwürde wird bereits herangezogen, wenn eine Handlung unverhältnismäßig erscheint oder es gar um Triviales geht[632]. Die Menschenwürdegarantie wird damit zu einer Art „Auffanggrundrecht"[633], zur „kleinen Münze des Verfassungsrechts"[634] degradiert. Durch die ständige und oft beliebig wirkende Berufung auf die Menschenwürde läuft diese Gefahr, entwertet zu werden und damit an Wirkkraft zu verlieren[635]. Im Falle der Organtransplantation und des Organhandels besteht die Gefahr der Inflation oder der Entwertung der Menschenwürdegarantie jedenfalls nicht als generelles Problem. Die Entnahme und der Verkauf von Organen sind keine banalen Handlungen, sondern tangieren den Menschen in ele-

---

628 Vgl. *Lücke/Sachs*, in: Sachs, GG, Art. 79 Rn. 80.
629 Aber auch die Bürger untereinander.
630 In der Literatur finden sich Stimmen, die im Zusammenhang mit dem Schutz von Embryonen eine Abwägung für möglich halten, indem sie die Menschenwürde in verschiedene Stufen einteilen, vgl. *Kloepfer*, JZ 2002, 417, 420 f., 422 f., *Herdegen*, JZ 2001, 773, 774 f.
631 *Dreier*, in: Dreier, GG, Art. 1 I, Rn. 44.
632 In der Rechtsprechung lassen sich für diese Trivialisierung viele Beispiele finden: So ging ein Fall durch alle Instanzen, in dem jemand seine Menschenwürde verletzt sah, weil in amtlichen Schreiben die Wiedergabe des „ö" in seinem Namen durch „oe" erfolgte, vgl. BVerwGE 31, 236, 236 f.; Andere Bürger sahen ihre Menschenwürde verletzt durch die Pflicht zum Tragen einer Amtstracht für Rechtsanwälte oder die Pflicht, ein Fahrtenbuch zu führen, vgl. BVerfGE 26, 14, 15 ff. sowie BVerwGE 18, 107, 107 ff. Die Menschenwürdegarantie verkommt damit zum „Allesproblemlöser", vgl. *Dreier*, in: Dreier, GG, Art. 1 I Rn. 45.
633 *Geddert-Steinacher*, Menschenwürde, S. 16.
634 Diese Formulierung stammt von *Dürig*, in: Maunz/Dürig, GG, Band I, Art. 1–10 (1998), Art. 1, Rn. 29.
635 So bereits *Dreier*, in: Dreier, GG, Art. 1 I GG, Rn. 47.

mentarer Weise. Zur Würde gehört das Wissen, dass mit dem Tod der Körper nicht für „vogelfrei" erklärt, sondern weiterhin mit Respekt und Achtung behandelt wird. Die Menschenwürde kann im Falle der Transplantation und des Verkaufs somit berührt sein, wenn diese z. B. keinen Akt der Freiwilligkeit darstellen. In diesem Kontext ist trotzdem Vorsicht geboten. Im Bereich der Transplantation, wie auch in vielen anderen Zweigen der medizinischen und biotechnologischen Forschung, wird das Menschenwürdeargument häufig herangezogen, um Neuerungen zu diskreditieren oder zu verhindern[636]. Die Menschenwürde wird dann nicht mehr in Bezug auf konkrete Individuen und deren Schutz herangezogen, sondern zur Sicherung bestimmter Zustände.

d. Disponibilität der Menschenwürde: Wie weit reicht das Selbstbestimmungsrecht des mündigen Bürgers?

Die Würde des Menschen ist unantastbar, es gibt also keinen legitimen Grund, der es rechtfertigen kann, die Menschenwürde zu verletzen. Davon zu trennen ist die Frage, ob der Bürger – freiwillig – Handlungen vornehmen (lassen) darf, die, wenn sie ohne oder gegen seinen Willen geschähen, in jedem Fall eine Würdeverletzung darstellten[637]. Dieses Problem ist im Kontext des Organhandels von zentraler Bedeutung. Wenn der Staat ein Verbot des Handels damit begründet, die Menschenwürde werde verletzt, dann kann dieses Argument nur Bestand haben, falls eine Würdeverletzung des Spenders auch möglich ist, wenn dieser aus freien Stücken zu der – nach Ansicht des Staates würdeverletzenden – Maßnahme bereit ist. Wer definiert also die Menschenwürde? Darf der Staat bestimmen, wann eine Würdeverletzung vorliegt oder spielt das subjektive Empfinden des Würdeträgers eine zentrale Rolle? Von großer Bedeutung ist letztlich die Frage,

---

636 Damit soll nicht gesagt werden, dass es nicht Forschungszweige oder neue technische Möglichkeiten gibt, bei denen die Menschenwürdegarantie und deren Achtung eine Rolle spielt und auch spielen muss. Es ist jedoch auffällig, dass Kritiker neuer Forschungsmethoden sehr häufig eine Verletzung der Menschenwürde als „Totschlagargument" in den Raum stellen.

637 Diese Frage stellt auch *van den Daele*, in: Taupitz, Kommerzialisierung, S. 127, 130. Er kommt zu dem Ergebnis, dass ein Würdeverstoß in einem Fall des Organhandels nur zu bejahen sei, wenn in der Bezahlung von Körperteilen eine mit der Würde unvereinbare Erniedrigung liege. Ob dies generell der Fall ist, beantwortet *van den Daele* nicht. Es scheint ihm aber fraglich, da die vom Menschen abgetrennten Teile des Körpers nicht mit dem Menschen gleichzusetzen seien. Daneben scheinen *van den Daele* v. a. die Motive, Zwecke und Ziele, die mit dem Organhandel verbunden sind, eine Rolle zu spielen. Das ist durchaus richtig, berücksichtigt das Selbstbestimmungsrecht und die Frage, inwieweit es mit der Menschenwürde zusammenhängt, jedoch nur in unzureichendem Maße.

inweiweit das Selbstbestimmungsrecht als Teil der Menschenwürde angesehen werden muss.

aa. Der Rechtsgutscharakter der Menschenwürde: Handelt es sich überhaupt um ein schützenswertes Rechtsgut?

Die Frage, ob es sich bei der Menschenwürde um ein schützenswertes Rechtsgut handelt, ist schnell beantwortet. Die Respektierung der Menschenwürde ist für die freie Entfaltung des Einzelnen, die Verwirklichung seiner Grundrechte[638] und das Funktionieren eines auf dieser Zielvorstellung aufbauenden staatlichen Systems absolut notwendig. Wenn Menschenwürdeverletzungen wie die Sklaverei, Folter oder sonstiges Absprechen der Subjektsqualität in unserer Gesellschaft (rechtlich legitimierter) Alltag wären, könnte es ein friedliches gemeinschaftliches Zusammenleben aller Bürger nicht geben. Obwohl in den Fällen der Würdeverletzung in aller Regel bereits andere Rechtsgüter tangiert sind, kann grundsätzlich auch die Menschenwürde herangezogen werden, um Verhaltensnormen zu legitimieren[639].

bb. Die Pflicht des Staates, die Menschenwürde zu schützen

Der Staat hat die Pflicht, den Menschen vor Würdeverletzungen sowohl durch den Staat selbst als auch durch andere Mitmenschen zu schützen[640].

(1) Dreipoliges Rechtsverhältnis

Es ist mittlerweile allgemein anerkannt, dass der Staat die Menschenwürde des Individuums im Verhältnis zu seinen Mitmenschen schützen muss. Dies hat das *BVerfG* bereits in einer seiner ersten Entscheidungen festgestellt[641] und auch später beibehalten[642]. Bedroht also ein Dritter die Würde eines Menschen, ist der Staat verpflichtet, einzugreifen und diese Verletzung zu verhindern[643]. Zu diesem Zweck ist es angesichts der Gewichtigkeit und des hohen Wertes der Menschen-

---

638 Die Frage, ob es sich bei der Menschenwürde selbst um ein Grundrecht handelt, ist für diese Arbeit nicht von Relevanz und bleibt daher unbeantwortet.
639 So auch *Roxin*, AT/1, § 2 Rn. 20.
640 *Stern*, Staatsrecht, Bd. III/1, S. 29.
641 BVerfGE 1, 97, 104.
642 BVerfGE 107, 275, 284.
643 *Höfling*, in: Sachs, GG, Art. 1 Rn. 46 ff.; *Starck*, in: v. Mangoldt/Klein/Starck, GG, Art. 1 Abs. 1 Rn. 36.

würde absolut legitim, menschenwürdeverletzende Verhaltensweisen nicht nur zu verbieten, sondern dieses Verbot auch mit Hilfe des Strafrechts durchzusetzen[644].

(2) Menschenwürdeschutz gegen sich selbst – Darf der Staat Verhaltensweisen verbieten, weil das Individuum damit – nach Ansicht des Staates – seine Würde verletzt?

Problematischer – und für diese Arbeit essentiell – ist die Frage, ob der Staat den Bürger auch gegenüber sich selbst „schützen" darf[645], ob es ihm also erlaubt ist, „Würdeverletzungen"[646] des Bürgers zu verbieten, die dieser selbst nicht als solche ansieht oder die er zumindest geschehen lassen will[647].

Es geht um die Fragestellung, wer eigentlich das Recht hat, zu bestimmen, wann eine Würdeverletzung vorliegt bzw. wie weit der Autonomieanspruch des Individuums – begriffen als Teil seiner Würde – gegenüber dem Staat reicht.

(a) Das Selbstbestimmungsrecht als Teil der Menschenwürde

Die vielbeachteten Gerichtsentscheidungen zum „Zwergenweitwurf"[648], zur „Peep-Show" und zur Fernsehsendung „Big Brother"[649] haben die Diskussion um die Frage, wann eine Menschenwürdeverletzung vorliegt bzw. wie weit das Selbstbestimmungsrecht des Bürgers reicht, angekurbelt. Den verschiedenen Sachverhalten ist gemeinsam, dass die Handlungen von den teilnehmenden Per-

---

644 So auch *Roxin*, AT/1, § 2 Rn. 20.
645 In diesem Zusammenhang sind vor allem die „Zwergenweitwurf-Entscheidung" (VG Neustadt, Beschl. v. 21.05.1992 – 7 L 1271/92, NVwZ 1993, 98 ff.) und die „Peep-Show-Entscheidung" von Relevanz.
646 Der Begriff Würdeverletzung steht in Anführungszeichen, weil noch zu diskutieren sein wird, wer genau eigentlich definiert, wann eine Würdeverletzung vorliegt (der Staat oder das Individuum?). Insofern ist die Begriffswahl hier natürlich ungenau. Gemeint sind Handlungen, die, wenn sie gegen den Willen des Betroffenen vorgenommen werden, eine Würdeverletzung darstellen.
647 Strikt dagegen *Roxin*, AT/1, § 2 Rn. 21.
648 Bei einer „Zwergenweitwurf"-Veranstaltung werden kleinwüchsige Menschen von anderen Menschen möglichst weit geworfen – zur Belustigung eines Publikums. Eine solche Veranstaltung ist sicherlich eine Frage des (schlechten) Geschmacks. Ob sie aber untersagt werden darf aufgrund einer Menschenwürdeverletzung des Kleinwüchsigen, ist eine andere Frage.
649 In der Fernsehsendung „Big Brother" geht es darum, dass wildfremde Menschen gemeinsam in ein Haus gesperrt werden, um dort zusammen zu leben und von den Veranstaltern der Sendung vorgegebene Aufgaben zu erfüllen. Brisant ist, dass das Haus keine „kamerafreien" Rückzugsmöglichkeiten bietet, die Intimsphäre somit vollständig aufgehoben ist.

sonen „freiwillig" ausgeführt wurden. Keine Person wurde somit gegen ihren geäußerten Willen als Objekt missbraucht[650].

Die Diskussion dreht sich insbesondere um die Frage, ob die Selbstbestimmung wirklich der ganze Inhalt des Art. 1 I GG sei, oder ob es einen unverfügbaren Kern gebe, auf den der einzelne Bürger nicht wirksam verzichten kann. Der einzelne sei als geistig-sittliches Wesen Subjekt und könne auf diese Subjektsqualität nicht verzichten[651]. Die Würde des Menschen sei eben unverfügbar und unverzichtbar[652].

Eine solche Argumentation verkennt jedoch, dass Art. 1 I GG kein klar definiertes Menschenbild, keine positive Definition dessen, was Menschenwürde ausmacht, vorschreibt[653]. Verhaltensanforderungen, die jeder Mensch zu befolgen hat, um seine Würde zu wahren, sieht das Grundgesetz nicht vor[654]. Das ist auch richtig, da eine bestimmte Auffassung vom Wesen des Menschen die Selbstbestimmung zu stark einschränken würde. Auch die Verfassung ist letztlich nur von Menschen gemacht. Empfindungen darüber, welche Verhaltensweisen gesellschaftskonform oder auch „eines Menschen würdig" sind, wechseln, sind zeit- und ortsabhängig und damit immer relativ. Die Menschenwürde hingegen ist absolut[655].

Art. 1 I GG gebietet, dass der einzelne nicht zum Objekt staatlichen Handelns gemacht werden darf. Warum solle ihm dann gerade an der Stelle, wo ihm ebendies zugesichert wird, die Verantwortung abgenommen, er also zum „Objekt" einer nur als objektive Norm verstandenen Werteentscheidung gemacht werden[656]?

---

650 Auf den geäußerten Willen kommt es natürlich nicht maßgeblich an. Letztlich ist entscheidend, ob ein Willensmangel vorliegt oder tatsächlich hinreichend freiwillig gehandelt wurde. Das ist aber eine Entscheidung des Einzelfalls. Ein grundsätzliches Verbot erfasst immer auch Fälle, in denen der geäußerte Wille der Personen nicht defizitär war.

651 VG Neustadt, NVwZ 1993, 98, 99 („Zwergenweitwurf"); *Gronimus*, JuS 1985, 174, 175. *Gronimus* ist in seinem Urteil jedoch differenzierend. Er hält es ebenso für vertretbar, der Autonomie der Frau den Vorzug zu geben. Seiner Ansicht nach sind somit weder das Urteil des *Bundesverwaltungsgerichts* noch die Aussagen seiner Gegner sakrosankt, sondern vielmehr handelt es sich um Abwägungen, die in unterschiedliche Richtungen ausfallen können.

652 VG Neustadt, NVwZ 1993, 98, 99 („Zwergenweitwurf").

653 *Köhne*, GewArch 2004, 285, 287.

654 *Köhne*, GewArch 2004, 285, 287; so ist wohl auch der Beitrag von *Zech*, in: Taupitz, Kommerzialisierung, S. 325, 330 zu verstehen.

655 Das Absolute der Menschenwürde besteht gerade (auch) darin, dass es subjektsrelativ ist. Der Inhalt der Menschenwürdegarantie wird immer relativiert durch seinen Träger.

656 Diese Frage stellt – zu Recht – auch *Benda*, Handbuch des Verfassungsrechts, § 6 Rn. 8.

Menschenwürde bedeutet, dass der Mensch sich in seiner Individualität begreift und in eigener Verantwortung leben darf. Gerade weil die Würde des Menschen der Bestimmung durch den einzelnen Bürger unterliegt, ist eine abstrakte Definition, die jedes Individuum umfasst, nicht denkbar. Die Selbstbestimmung beinhaltet vielmehr, dass der Bürger grundsätzlich selbst entscheiden darf, wann seine Würde verletzt ist[657].

Etwas anderes kann jedoch in Lebensbereichen gelten, in denen der Staat direkt beteiligt ist[658]. So darf es beispielsweise dem Staat niemals möglich sein, seine Bürger zu foltern, selbst wenn diese freiwillig zustimmen[659]. Das Verhältnis zwischen Staat und Bürger ist nun doch eine besondere Beziehung, die immer von der Dominanz und Macht des Staates geprägt ist. Anders verhält es sich in Beziehungen zwischen Bürgern. Hier gebietet es die Menschenwürde, die in freier Selbstbestimmung getroffene Entscheidung grundsätzlich zu respektieren.

Wer also freiwillig an den oben genannten Veranstaltungen teilnimmt, hat sich selbst entschlossen, an einem solchen Akt mitzuwirken und verletzt nicht seine Menschenwürde. Auch andere tun es dann nicht.

(b) Das Aufstellen von Verhaltensnormen zum Schutz des sich „Selbstentwürdigenden"

Das Aufstellen von Verhaltensnormen muss immer dem Rechtsgüterschutz und der Verhinderung sozialschädlichen Verhaltens dienen. Die – angebliche – „Verletzung" der eigenen Würde müsste somit, wollte man Verbotsnormen diesbezüglich rechtfertigen, ein Rechtsgut verletzen bzw. sozialschädlich sein. Die Menschenwürde ist unbestritten schützenswertes Rechtsgut, wenn sie von einer dritten Person verletzt wird.

Bleibt die Frage, ob die Selbstentwürdigung – wenn man sie denn bejaht – sozialschädlich bzw. rechtsgutsverletzend ist. In Bezug auf den Organhandel

---

657 *Köhne*, GewArch2004, 285, 285.

658 Der Staat hat natürlich immer auch öffentlich-rechtliche Bindungen, wie z. B. das Folterverbot, zu achten. Solche Bindungen können jedoch – zumindest theoretsich – auch wieder gelöst werden.

659 Auch wenn es nicht um einen Zivilisten, sondern um einen Soldaten geht, ist in diesem Zusammenhang eine Entscheidung des *Bundesverwaltungsgerichtes* (BVerwGE 113, 272–279) von Relevanz: Das Gericht äußerte sich in einer Entscheidung, die – mit Einverständnis des Betroffenen – vorgenommene Stockschläge „Bestrafungsritual" unter Soldaten betraf, dass „Selbst wenn der hier betroffene Untergebene tatsächlich [...] den Willen gehabt und erklärt haben sollte, die Anwendung eines „Bestrafungsrituals" ihm gegenüber zu akzeptieren, stellt sich diese ehr- und körperverletzende Behandlung durch Vorgesetzte als Verstoß gegen [...] Art. 1 Abs. 1 Satz 2 GG [...] dar". Dieser Entscheidung ist zuzustimmen.

heißt das, dass eine andere Person geschädigt werden oder das freiheitliche und friedliche Zusammenleben gefährdet sein muss, wenn jemand einen finanziellen Anreiz zur Spende erhält. Wer aber soll diese Person sein? Bei der postmortalen Spende ist keine Person ersichtlich, die durch den Verkauf unrechtmäßig Nachteile erleiden muss, im Gegenteil. Viele Menschen – vom Empfänger und seiner Familie bis zu den Angehörigen des Spenders – profitieren in vielerlei Hinsicht von der Weitergabe der Organe. Von einer „Selbstentwürdigung" des Verstorbenen kann keine Rede sein. Er macht sich bzw. seinen Körper weder zum Objekt noch findet eine „Verächtlichmachung" statt. Eine Organexplantation entspricht lediglich dem – durch den finanziellen Anreiz entstandenen – Willen des Verstorbenen, was nach seinem Tode mit seinem Körper zu geschehen habe. Nicht weniger, aber auch nicht mehr.

Auch bei einer Lebendspende ist kein Grund zu sehen, warum eine „Selbstentwürdigung" das Aufstellen einer Verhaltensnorm rechtfertigen kann. Der Mensch selbst bestimmt, wann seine Würde verletzt ist. Moralvorstellungen des Gesetzgebers oder der Allgemeinheit haben in diesem sensiblen Lebensbereich nichts zu suchen. Wie *Roxin* richtig ausführt, kommt einer Bestrafung[660] aufgrund einer Verletzung der eigenen Menschenwürde eine ähnliche Bedeutung zu, wie sie die Bestrafung der „Verwerflichkeit" oder „Unsittlichkeit" hatte[661].

e. Die Pflicht des Staates, die Menschenwürde zu achten – Verletzt das Aufstellen des Organhandelsverbotes die Menschenwürde?

Der Staat hat die Pflicht, die Menschenwürde zu achten. Der einzelne Bürger hat folglich ein Recht darauf, dass der Staat seinen Anspruch auf Achtung der Menschenwürde nicht verletzt und Würdeverletzungen, wie z. B. die Folter, unterlässt[662]. In Bezug auf den Organhandel heißt das, dass zwangsweise Organentnahmen unterbleiben müssen, weil diese immer eine Würdeverletzung darstellen[663]. Das Gebot enthält somit die abwehrrechtliche Dimension der Menschenwürde. Fraglich ist in dem hier interessierenden Zusammenhang, ob der Staat seine Achtungspflicht verletzt, wenn er dem mündigen Individuum verbietet, seine (nicht lebensnotwendigen) Organe zu verkaufen. Man könnte argumentieren, dass er ihn damit zum „Objekt staatlicher Erziehung" macht und die Subjektsqua-

---

660 *Roxin* trennt nicht präzise zwischen Verhaltens- und Sanktionsnormen. Es ist davon auszugehen, dass er auch das Aufstellen von Verhaltensnormen als „Minusmaßnahme" für nicht verfassungskonform hält.

661 *Roxin*, AT/1, § 2 Rn. 21.

662 *Kunig*, in: von Münch/Kunig, GG, Art. 1, Rn. 29; *Stern*, Staatsrecht, Bd. III/1, S. 30.

663 *Schmidt-Didczuhn*, ZRP 1991, 264, 265.

lität abspricht. Dafür lässt sich anführen, dass das Selbstbestimmungsrecht zur Menschenwürde gehört, beide untrennbar miteinander verbunden sind. Allerdings müsste die Subjektsqualität des Individuums in Frage gestellt worden sein. Das ist richtigerweise zu verneinen. Nicht jeder Verstoß gegen das Selbstbestimmungsrecht verstößt auch gegen die Menschenwürde. Die Nichtbeachtung des Selbstbestimmungsrechtes muss vielmehr so weit gehen, dass der Einzelne nur noch Objekt ist, er nicht mehr als Individuum wahrgenommen wird. Das ist bei der Aufstellung des Organhandelsverbotes nicht der Fall[664]. Der Bürger wird zwar tatsächlich zum „Objekt staatlicher Erziehung", aber allein diese Wortwahl nimmt ihm nicht seine Subjektsqualität[665]. Wenn der Staat dem Bürger verbietet, seine Organe zu verkaufen, bevormundet er ihn damit und zwingt ihm „Schutz" auf, den dieser gar nicht will. Diese Verletzung des Selbstbestimmungsrechts nimmt dem Individuum aber nicht seine Würde, weil es nicht die Grundfesten der Persönlichkeitsentfaltung erschüttert, nicht Ausdruck von Verachtung ist, sondern „lediglich" dazu führt, dass dem potentiellen Spender eine Einnahmequelle verschlossen bleibt.

Um nicht falsch verstanden zu werden: Der Staat darf nicht nach freiem Belieben Verhaltensweisen verbieten, erst Recht nicht, wenn er damit nur gängige Moralvorstellungen schützen will. Aber es geht darüber hinaus, in einem solchen Verhalten bereits eine Würdeverletzung zu sehen. Die Menschenwürde ist vielmehr nur verletzt, wenn der *Kernbereich* des Selbstbestimmungsrechtes tangiert ist[666]. Das heißt, nur wenn dieser –verfassungsrechtlich unantastbare – Teil des Selbstbestimmungsrechts berührt wird, ist auch die Würde des Individuums verletzt.

---

664 Dies zeigt auch der Vergleich mit anderen Menschenwürdeverletzungen, wie Stigmatisierung, Brandmarkung und Folter. Auch hier zeigt sich, wie wichtig es ist, die Menschenwürde nicht zur „kleinen Münze" des Verfassungsrechtes zu degradieren und jede Form staatlicher Einmischung in das Leben sofort als Würdeverletzung zu deklarieren.

665 Man muss bedenken, dass der Einzelne jedes Mal zum „Objekt staatlicher Erziehung" wird, wenn der Staat die Freiheit des Bürgers gegen dessen Willen einschränkt. Ein „Objekt der Erziehung" kann aber trotzdem noch ein Subjekt sein. Anders verhielte es sich z. B., wenn der Staat (Um-)Erziehungslager einrichten würde, um das Verhalten seiner Bürger mittels Gewalt oder Gehirnwäsche in eine bestimmte Richtung zu lenken. Allein das Verbieten einer Verhaltensweise, die die meisten Menschen nicht in elementarer Weise in ihrer Persönlichkeitsentfaltung behindert, lässt den Bürger nicht seine Subjektsstellung verlieren. In diese Richtung geht auch das Urteil des *BVerfG*, das herausstellt: „Allgemeine Formeln wie die, der Mensch dürfe nicht zum bloße Objekt der Staatsgewalt herabgewürdigt werden, können lediglich die Richtung andeuten, in der Fälle der Verletzung der Menschenwürde gefunden werden können.", BVerfGE 30, 1, 25.

666 *Frisch*, in: Leipold, Selbstbestimmung in der modernen Gesellschaft, S. 105 ff.

Folglich ist das Aufstellen des Organhandelsverbotes zwar in Teilen eine Rechtsverletzung, der Staat verletzt damit aber nicht die Menschenwürde.

f. Der Handel mit Organen und anderen Körpersubstanzen: Tatsächlich ein Verstoß gegen die Menschenwürde?

In der Gesetzesbegründung zum TPG[667] und auch im Schrifttum[668] wird behauptet, der Verkauf von Organen verletze in jedem Fall die Menschenwürde[669]. *Sasse* führt in diesem Zusammenhang an, durch den Verkauf von Organen würde „das aus der Würdegarantie abgeleitete Verbot, den Körper für Zwecke zu nutzen, die außerhalb seiner selbst liegen, berührt"[670]. Weiter führt er aus, dass „Würde man den Verkauf von Körperteilen für ethisch vertretbar halten und zulassen, wäre es – konsequent zu Ende gedacht – kein großer Schritt mehr, denjenigen, die keine Organe mehr zu verkaufen haben, zu erlauben, sich als „Sklaven" zu verdingen"[671]. Dass diese Argumentation so weder haltbar noch überzeugend ist, liegt auf der Hand. Zwischen dem Verkauf eines (nicht notwendigen) Organs und der Aufgabe jeglichen Rechts auf Selbstbestimmung, wie sie die Sklaverei mit sich bringt, besteht ein großer Unterschied. Eine Erlaubnis der Sklaverei bedeutet, die Gesellschaftsordnung, in der alle Individuen grundsätzlich frei und gleich sind, aufzuheben. Auch die Pflicht des Staates, die Menschenwürde zu schützen, ist in dem Fall nicht mehr gewährleistet. Der Handel mit Organen, soweit und solange er gesetzlich reglementiert und kontrolliert wird[672], hebt im Gegensatz dazu weder eine auf Freiheit und Gleichheit angelegte Gesellschaftsordnung auf noch tangiert er zwingend die Schutzpflicht des Staates zur Achtung der Menschenwürde[673]. *Sasses* Aussage, der Staat habe die Pflicht, den

---

667 BT-Drucks. 13/4355.

668 *Sasse*, Aspekte der Veräußerung von Organen.

669 Dass eine Würdeverletzung vorliegt, wenn einer Person ohne deren Wissen bzw. Wollen ein Organ entnommen wird, ist unbestritten.

670 *Sasse*, Aspekte der Veräußerung von Organen, S. 100.

671 *Sasse*, Aspekte der Veräußerung von Organen, S. 101.

672 Daran mag es in Schwellen- und Entwicklungsländern fehlen, in Deutschland sind (wirksame) Regulationsmöglichkeiten und Kontrollinstanzen jedoch durchaus denkbar. So auch *König*, Strafbarer Organhandel, S. 112.

673 Diese These wird durch die in Deutschland und allen anderen Ländern der Welt vorherrschende Kommerzialisierung anderer Körpersubstanzen gestützt. In vielen deutschen (Universitäts-)Städten gibt es Blut- und Plasmabanken, die dem Spender eine „Aufwandsentschädigung" zahlen. Gerade für Schüler und Studenten ist das eine gute Möglichkeit, sich das „Einkommen" aufzubessern. Auch der neue Trend der Haarverlängerungen mit Echthaar macht deutlich, dass eine Kommerzialisierung von Körpersubstanzen (gesellschaftlich akzeptierte) Realität darstellt und von niemandem ernsthaft als Würdeverletzung angeprangert wird.

Bürger (hier: den potentiellen „Spender") davor zu bewahren, sich selbst zum Objekt zu machen[674], ist ebenfalls falsch. Das Gegenteil ist der Fall. Der Staat muss grundsätzlich das Recht des Bürgers auf Selbstbestimmung achten und darf nicht für ihn entscheiden, wann ein Würdeverstoß vorliegt. *König* ist sicherlich rechtzugeben, wenn er anführt, dass Verhältnisse, „in denen man Augen, Teile der Leber oder eben Nieren offeriert wie andernorts gebrauchte Kraftfahrzeuge, [...] mit dem Menschenbild des Grundgesetzes gewiß nicht in Einklang zu bringen wäre[n],"[675]. Der Handel mit Organen ist eine sehr sensible Angelegenheit, die große Umsicht erfordert und nicht den Gesetzen der freien Marktwirtschaft überlassen werden darf. Aber diese Tatsache alleine kann noch keine Verletzung der Menschenwürde in Bezug auf jeden Organhandel begründen. Der deutsche Gesetzgeber hat mit dem TPG Regelungen und Voraussetzungen in Bezug auf eine Organspende geschaffen. Insbesondere die in § 8 TPG[676] zu erfüllenden Voraussetzungen sorgen dafür, dass dem potentiellen Spender Schutz zukommt, Risiken für ihn minimiert werden und er eben nicht zum „Organersatzteillager" degradiert wird[677]. Wenn der potentielle Spender vor dem Eingriff angehört wird, man alle Risiken des Eingriffs mit ihm bespricht und er dem Eingriff zustimmt, führt eine Organentnahme nicht zu einem Verlust der Subjektsstellung. Daran ändert auch das Motiv des Vorgangs nichts. Die Entgegennahme einer Gegenleistung führt nicht zu einer Degradierung des Spenders. Im Gegenteil, eine angemessene finanzielle Entschädigung durch den Empfänger, der durch den „Einsatz" des Spenders sein Leben verlängern oder zumindest seinen Gesundheitszustand verbessern kann, führt gerade dazu, dass der Spender nicht ausgebeutetes Objekt ist, sondern als gleichwertiges Subjekt betrachtet wird. Zudem sind in Deutschland echte Notsituationen, in denen es für den Verkäufer des Or-

---

674 *Sasse*, Aspekte der Veräußerung von Organen, S. 102.

675 *König*, Strafbarer Organhandel, S. 112; *ders.* ähnlich, in: Schroth/König/Gutmann/ Oduncu, TPG, Vor §§ 17, 18, Rn. 18.

676 Hier heißt es u. a. in Ansatz 1: (1) Die Entnahme von Organen einer lebenden Person ist nur zulässig, wenn 1. die Person a) volljährig und einwilligungsfähig ist, b) nach Absatz 2 Satz 1 aufgeklärt worden ist und in die Entnahme eingewilligt hat, c) nach ärztlicher Beurteilung als Spender geeignet ist und voraussichtlich nicht über das Operationsrisiko hinaus gefährdet oder über die unmittelbaren Folgen der Entnahme hinaus gesundheitlich schwer beeinträchtigt ist, 2. die Übertragung des Organs auf den vorgesehenen Empfänger nach ärztlicher Beurteilung geeignet ist, das Leben dieses Menschen zu erhalten oder bei ihm eine schwerwiegende Krankheit zu heilen, ihre Verschlimmerung zu verhüten oder ihre Beschwerden zu lindern, 3. ein geeignetes Organ eines Spenders nach § 3 oder § 4 im Zeitpunkt der Organentnahme nicht zur Verfügung steht und 4. der Eingriff durch einen Arzt vorgenommen wird.

677 So auch *König*, Strafbarer Organhandel, S.113.

gans um Leben und Tod geht, eher nicht denkbar. Die sozialen Sicherungssysteme federn jeden „Sturz" ab und sorgen dafür, dass niemand um sein Überleben bangen muss. Folglich sind solche Fälle, in denen von Freiwilligkeit nicht gesprochen werden kann, im Inland eher unwahrscheinlich. In Bezug auf die Organspende post mortem liegt ein Würdeverstoß noch ferner. Wenn die Einwilligung des Verstorbenen vorliegt, weil er sich von der Spende eine finanzielle Absicherung oder zumindest eine Unterstützung für seine Angehörigen erhofft, rückt eine „Entmenschlichung" oder Degradierung in weite Ferne[678]. Vielmehr sollte eine Gegenleistung als Möglichkeit betrachtet werden, das Organaufkommen in Deutschland zu erhöhen und vielen kranken Menschen ein „zweites Leben" zu schenken[679].

g. Ergebnis

Was genau unter dem Begriff der Menschenwürde zu verstehen ist, ist nicht durch eine einfache Definition positiv bestimmen. Zum einen umfasst der Begriff vielgestaltige Lebensbereiche und muss insofern offen genug sein, zum anderen gebietet es das Recht auf Selbstbestimmung, den mündigen Bürger selbst entscheiden zu lassen, wann er sich in seiner Würde verletzt sieht.

Das Organhandelsverbot nach §§ 17, 18 TPG lässt sich jedenfalls mit dem Argument, der Spender verletze seine Würde, nicht begründen. Wer sich freiwillig entscheidet, ein nichtlebensnotwendiges Organ gegen andere Güter einzutauschen, der übt sein verfassungsmäßiges Recht auf Selbstbestimmung aus und darf daran nicht durch einen obrigkeitlichen Staat gehindert werden.

II. Rechtsgüter der Allgemeinheit

1. Die Bekämpfung des Organhandels in Schwellen- und Entwicklungsländern

Ein weiteres Argument des Gesetzgebers für ein umfassendes Organhandelsverbot ist die Bekämpfung des Organhandels in der sog. „Dritten Welt"[680]. Im Folgenden wird untersucht, ob diese Begründung geeignet ist, das in den §§ 17, 18 TPG enthaltene Verbot zu legitimieren. Es darf schon vorweggenommen werden, dass es sich dabei im Ergebnis nicht um einen gesetzgeberischen Zweck mit ei-

---

678 *Roxin*, AT/1, § 2 Rn. 23.
679 So auch *Roxin*, AT/1, § 2 Rn. 23.
680 BT-Drucks. 13/4355, S. 15.

genständiger Schutzrichtung handelt, sondern ein *Scheinrechtsgut* vorliegt, das letztlich auf den Schutz von Individualrechtsgütern hinausläuft.

a. Organhandel in Schwellen- und Entwicklungsländern

Dass Organhandel im Ausland stattfindet, ist vielfach dokumentiert[681]. Während es sich dabei in Deutschland um Ausnahmeerscheinungen handelt[682], floriert der Handel in vielen Schwellen- und Entwicklungsländern[683]. In Berichten über sogenannten „Transplantationstourismus" finden insbesondere Indien, der Iran, die Türkei, Südafrika, China und Ägypten immer wieder Erwähnung[684]. Vor allem die Niere ist ein beliebtes Kauf- bzw. Verkaufsobjekt, weil man eine davon „spenden" kann, ohne sein eigenes Leben zu verlieren.

Patienten aus den westlichen Industrienationen, aber auch aus dem arabischen und südostasiatischen Kulturkreis reisen in fremde Länder, um sich dort Organe transplantieren zu lassen. Unter den Käufern sind auch in Deutschland lebende Patienten. Die Deutsche Stiftung Organtransplantation hat durch eine Befragung von Mitarbeitern in Transplantationszentren herausgefunden, dass diesen zum Zeitpunkt der Befragung 47 Personen bekannt waren, die im Ausland eine Niere gekauft und sich dort übertragen haben lassen. Bei den Käufern, die plötzlich von den Wartelisten verschwunden waren, handelte es sich um 13 Deutsche, 27 Tür-

---

681 *Gutmann*, Für ein neues Transplantationsgesetz, S. 101 ff.; *Pater/Raman*, Organhandel; *Hauck/Müller*, Zur Sache: Organspende, S. 121 ff; www.spiegel.de/wirtschaft/0,1518,488035,00.html, Abruf vom 25.09.2007; www.heise.de/tp/r4/artikel/17/17596/1.html, Abruf vom 25.09.2007.

682 Um nicht falsch verstanden zu werden: Das soll nicht heißen, dass Deutsche nicht an im Ausland stattfindenden Organhandel beteiligt sind. So hatte z. B. das *BSG* über einen Fall zu entscheiden, in dem ein Mann seine Krankenkasse auf Kostenerstattung wegen der im Ausland erfolgten Transplantation verklagte, vgl. BSG NJW 1997, 823. In Deutschland selbst jedoch scheint das Organhandelsverbot dafür zu sorgen, dass Handelssituationen selten sind.

683 So jedenfalls *Nikola Biller-Andorno* in einem Interview mit dem ZDF-Heute-Magazin am 31.01.2006, www.heute.de/ZDFheute/inhalt/17/0,3672,3725009,00.html, Abruf vom 25.06.2007. Aber auch manche Länder im europäischen Raum sind betroffen. So spricht ein im Juni 2003 veröffentlichter Bericht des Europarates, den die schweizer Politikerin *Ruth-Gaby Vermot-Mangold* erstellte, von einer Zunahme des Organhandels in Moldawien, einem der ärmsten Länder Europas. Hier würden junge Menschen aus ländlichen Regionen ihre Nieren für 2500–3000 $ verkaufen, was bei einem durchschnittlichen Monatseinkommen von 30 US-Dollar ein Vermögen für die Spender ist, vgl. *Merten*, Organhandel: Erschütternde Fakten, www.aerzteblatt.de/v4/archiv/artikel.asp?id=37895, Abruf vom 25.09.2007.

684 BT-Drucks. 15/5050, S. 68.

ken und einige andere Nationalitäten[685]. Obwohl fast alle Länder Gesetze gegen Organhandel haben, wird der Handel mit Organen und Geweben in manchen Ländern staatlich toleriert oder sogar gefördert. So ist z. B. bekannt, dass in Israel sowohl das Verteidigungsministerium[686] als auch die privaten Krankenkassen bereit sind, die Kosten für eine kommerzielle Nierentransplantation im Ausland bis zu einer gewissen Höhe zu tragen[687]. Der israelische Nephrologe *Friedländer* soll bereits 400 Patienten in Jerusalem betreut haben, die sich im Ausland eine neue Niere haben transplantieren lassen[688]. In Israel ist der Bedarf an Lebendspenden enorm hoch, was vor allem mit der strikten Auslegung des jüdischen Glaubens zu tun hat, nach der ein Jude keine Organe postmortal spenden soll[689].

In Indien ist die Lebendspende seit 1994 gesetzlich geregelt, der Handel mit Organen ist offiziell verboten. Allerdings ist die indische Regelung in Bezug auf den Spenderkreis sehr großzügig und erlaubt die Lebendspende in unentgeltlicher Form auch unter Personen, wenn der Spender die Übertragung aus Gründen der Bindung an den Empfänger oder aus irgendeinem sonstigen besonderen Grund wünscht[690]. In einem solchen Fall muss die Autorisationskommission den Fall untersuchen und bei Vorliegen der gesetzlichen Voraussetzungen die Genehmigung aussprechen. In der Realität ermöglicht diese Praxis einen florierenden Markt für Organe und Gewebe, da die Kommission unter dem Druck der ständig steigenden Nachfrage[691] selten die Hintergründe des jeweiligen Falles erforscht. Ob Geld fließt oder nicht, wird somit in der Praxis von niemandem kontrolliert. Erschwert wird das Vorgehen gegen den Organhandel zudem dadurch, dass Justiz und Polizei nicht selbständig gegen potentielle Organhändler vorgehen dürfen, sondern nur auf Beschwerde der zuständigen Behörden[692].

Die großzügige gesetzliche Regelung führte zusammen mit den anderen genannten Missständen und der Tatsache, dass 80% der in Indien lebenden Men-

---

685 *Hebborn*, Möglichkeiten und Grenzen, S. 75 f.

686 Das Verteidigungsministerium ist verantwortlich für die Gesundheitsversorgung der Veteranen, vgl. BT-Drucksache 15/5050, S. 27.

687 *Friedländer*, The right to sell or buy a kidney: are we failing our patients?, in: The Lancet (359), 971–973 ff; *Martina Keller*, „Operation Niere", in: Die Zeit 50/2002, www.zeit.de/2002/50/Organhandel_2?page=1.

688 BT-Drucksache 15/5050, S. 27 Fn. 196.

689 http://www.heise.de/tp/r4/artikel/17/17596/1.html, Abruf vom 25.09.2007.

690 *Schmitt*, „Eine Niere für 500 €", www.spiegel.de/wirtschaft/0,1518,488035,00.html, Abruf vom 25.09.2007.

691 So jedenfalls *Schmitt*, „Eine Niere für 500 €", www.spiegel.de/wirtschaft/ 0,1518,488035,00.html, Abruf vom 25.09.2007.

692 BT-Drucks. 15/5050, S. 25 f.

schen über ein nur sehr geringes Einkommen[693] verfügen, dazu, dass Indien weltweit gesehen als größter Lieferant für gekaufte Nieren gilt[694]. Der *„Spiegel"* spricht in diesem Zusammenhang sogar von einer „Exportindustrie". Jährlich würden mehr als 1000 Nieren vor allem in arabische Länder, aber auch nach Europa und Übersee verkauft. Der Handel dieses Ausmaßes führt dazu, dass es in Indien ganze Dörfer gibt, in denen in fast jeder Familie eine Person lebt, der eine Niere entfernt wurde. Meistens handelt es sich dabei um mittellose junge Frauen, die sich für 500 bis 700 € von einer Niere trennen und dann wegen fehlender Nachbehandlung häufig ein Leben lang mit starken gesundheitlichen Problemen zu kämpfen haben[695].

Neben dem gerade beschriebenen Organhandel im Ausland, bei dem der Spender die bewusste Entscheidung trifft, eines seiner Organe oder Gewebe gegen ein Entgelt zu spenden, gibt es auch noch Fälle, in denen Menschen Körpersubstanzen ohne ihr Wissen und ihren Willen einfach weggenommen werden. So beschreiben z. B. *Hauck* und *Müller* den Fall der drei im englischen Humana Hospital Wellington praktizierenden Ärzte *Joyce*, *Bewick* und *Crockett*, die in vier Fällen verurteilt wurden, Türken ohne deren Wissen eine Niere entnommen und diese weiterverkauft und transplantiert zu haben[696].

b. Möglichkeit der Bekämpfung des Organhandels in anderen Ländern durch das deutsche TPG

Die Grundvoraussetzung für die Bekämpfung des Organhandels durch Deutsche in anderen Ländern wurde durch § 5 Nr. 15 StGB, der durch § 24 TPG neu eingeführt wurde, geschaffen[697]. Danach kann ein deutscher Staatsbürger auch bestraft[698] werden für nach deutschem Recht rechtswidrige Handlungen, die er im Ausland begangen hat. Wenn nun ein Deutscher z. B. nach Indien reist, um sich dort gegen Entgelt die Niere eines Inders verpflanzen zu lassen, kann er nach

---

693 Über die Hälfte der armen Menschen in Indien hat nicht einmal soviel, dass ein Existenzminimum gewährt wäre, vgl. *Pater/Raman*, Organhandel, S. 19.

694 *Hauck/Müller*, Zur Sache: Organspende, S. 126.

695 *Schmitt*, „Eine Niere für 500 €", www.spiegel.de/wirtschaft/0,1518,488035,00.html, Abruf vom 25.09.2007; Auch *Schneider*, in: Taupitz, Kommerzialisierung, S. 109, 116 berichtet über eine an indischen Nierenverkäufern durchgeführte Studie, die folgendes Ergebnis zeigte: 71% der Nierenverkäufer waren Frauen, die teilweise von ihren Ehemännern zu der Explantation gedrängt wurden. 86% berichteten, dass sich ihr Gesundheitszustand nach der Nierenentnahme verschlechtert habe.

696 http://news.bbc.co.uk/2/hi/health/937204.stm, Abruf vom 25.09.2007.

697 *Pfeiffer*, Lebendorganspende, S. 139.

698 Wenn es möglich ist, einen Täter zu bestrafen, dann befindet er sich auch im Wirkungskreis der – hier diskutierten – Verhaltensnorm.

§§ 17, 18 TPG bestraft werden, wenn die strafbewehrten Voraussetzungen für eine legale Lebendspende nach deutschem Recht nicht vorliegen. § 5 Nr. 15 StGB sorgt mittelbar für die strafbewehrte Geltungskraft der *Verhaltensnorm* im Ausland. Die Verwirklichung des gesetzgeberischen Ziels ist also möglich, da sich die im Organhandelsverbot enthaltene (strafbewehrte) Verhaltensnorm auch dann an Deutsche richtet, wenn sich diese im Ausland aufhalten.

c. *Die Bekämpfung des Organhandels in der „Dritten Welt" als Legitimationsgrund für das in §§ 17, 18 TPG normierte Organhandelsverbot als Verhaltensnorm*

Die Bekämpfung des Organhandels in der Dritten Welt dient den Individualrechtsgütern Körperintegrität und Schutz vor Ausbeutung von Notlagen. Aus der Gesetzesbegründung ergibt sich auch, dass es dem Gesetzgeber zuvorderst um diese Schutzgüter ging. Somit ist fraglich, ob es sich bei der Bekämpfung des Organhandels in Schwellen- und Entwicklungsländern tatsächlich um ein Schutzgut mit eigenständiger Schutzrichtung handelt. Diese Frage ist zu verneinen. Wenn der Gesetzgeber eine Norm schafft, die die Ausbeutung von Notlagen verhindert und die Körperintegrität von Spendern schützt, dann dient diese auch der Bekämpfung des – häufig unmenschlichen – Organhandels in Schwellen- und Entwicklungsländern. Dieser vom Gesetzgeber angegebene Grund ist demnach nicht selbständig bedeutsam, sondern neben dem Schutz der genannten Individualrechtsgüter überflüssig. Er vermag jedenfalls keine weitergehenden Eingriffe zu rechtfertigen.

d. *Diskussion: Organhandel als „Entwicklungshilfe"*

Es fällt schwer, den Organhandel in der dritten Welt als eine Art „Entwicklungshilfe" zu betrachten, wie von *Schroeder*[699] durchaus in Betracht gezogen wird[700]. Danach sei es eine Tatsache, dass viele bitterarme Menschen in Entwicklungsländern nur eine Lebenswahrscheinlichkeit von maximal 35 Jahren besäßen. Ein absolutes Organhandelsverbot raube diesen Menschen die Möglichkeit, „mit dem Verkauf einer Niere einen Ausstieg aus dieser Umgebung möglich zu machen, der [...] ihre Lebensumstände entscheidend verbessert [...] [und] ihre Lebenserwartung wesentlich erhöht"[701]. *Schroeder* spricht sich dabei allerdings gegen ei-

---

699 *Schroeder*, ZRP 1997, 265 ff.
700 Kritisch hierzu äußert sich auch *Schneider*, in: Taupitz, Kommerzialisierung, S. 109, 116 f.
701 *Schroeder*, ZRP 1997, 265, 266.

nen völlig unregulierten Markt aus, auf dem skrupellose Organhändler den Ärmsten der Welt Organe für einen Bruchteil dessen abkaufen, was der Käufer zahlen muss.

Vielmehr möchte er einen rechtlichen Rahmen schaffen, durch den eine Ausbeutung von Menschen in Entwicklungsländern verhindert wird. Er schlägt vor, die potentiellen Spender in Deutschland von einer Gutachterstelle anzuhören und sie bei der Anlage des Geldes zu betreuen. Allerdings ist zu bezweifeln, dass sich damit die Ausnutzung wirtschaftlicher Notlagen verhindern lässt. Die Argumentation *Schroeders* ist in sich nicht schlüssig. Er möchte Menschen zu Spendern machen, die auf der Straße leben und wegen ihrer prekären finanziellen Lage frühzeitig sterben. Bei diesen Personen soll durch eine Gutachterstelle überprüft werden, ob die Ausnutzung einer wirtschaftlichen Notlage vorliegt und die Freiwilligkeit des Handelns zu verneinen ist. Wenn man davon ausgeht, dass die potentiellen Spender Menschen sind, die in der Organspende eine Möglichkeit sehen, länger zu leben und nicht zu verhungern, dann braucht es keine Gutachterkommission für die Feststellung, dass diese Menschen nicht freiwillig handeln, sondern nach einem Strohhalm greifen, um ihrer katastrophalen wirtschaftlichen Lage zu entkommen.

Gerade in Indien sind Fälle bekannt geworden, in denen die Ehefrau von ihrem Mann und ihrer Familie gezwungen wurde, eine Niere zu „spenden"[702]. Es ist fraglich, ob eine Gutachterkommission einen solchen Fall aufdecken könnte, wenn die Frau vorher genau „instruiert" wurde, was sie zu sagen hat[703]. Studien in Indien haben gezeigt, dass fast alle Organverkäufer ihrer Armut nicht entkommen konnten und auch nach der Explantation weiterhin verschuldet waren[704]. Menschen, die im Zweifel weder lesen noch schreiben können, effizient hinsichtlich des Geldes zu beraten erscheint aussichtslos. Es ist sehr wahrscheinlich, dass

---

702 Hierzu auch *Schneider*, in: Taupitz, Kommerzialisierung, S. 109, 116. In Indien sind Frauen nicht viel wert. Die Menschen dort leben zum Großteil in Armut und eine Tochter bzw. deren Hochzeit kostet die Familie viel Geld. Mädchen werden deshalb wesentlich häufiger in Heime abgegeben als Jungen. Insofern scheint es durchaus plausibel, dass Ehemänner ihre Frauen trotz der Gefahren zu einem Nierenverkauf drängen.

703 Es ist zuzugeben, dass ein solcher Sachverhalt sich auch in Deutschland ereignen könnte. Allerdings besteht im Gegensatz zu Indien für ein Familienmitglied in Deutschland eher die Möglichkeit, sich dem Druck zu entziehen. Niemand hier ist für sein wirtschaftliches Überleben darauf angewiesen, dass die Familie ihn nicht verstößt (Damit soll die Schwierigkeit, sich familiärem Druck zu entziehen, nicht negiert werden. Tatsache ist jedoch, dass es gravierende Unterschiede hinsichtlich der Abhängigkeit von der Familie zwischen Deutschland und Schwellen- und Entwicklungsländern gibt).

704 *Schneider*, in: Taupitz, Kommerzialisierung, S. 109, 116 f.

sie – da sie nie gelernt haben, effektiv zu wirtschaften und mit verhältnismäßig viel Geld umzugehen – tatsächlich weiterhin in Armut und verschuldet leben werden.

Ein Organhandelsverbot mit Blick auf Menschen, die von extremer Armut betroffen sind und denen keine sozialen Sicherungssysteme zur Verfügung stehen, hat nichts damit zu tun, dass sich die westlichen Länder ein reines Gewissen geben wollen[705]. Vielmehr muss in solchen Fällen immer vom verwerflichen Ausnutzen einer Notlage und damit auch von der Verletzung der körperlichen Integrität des Spenders ausgegangen werden.

e. Fazit

Die Bekämpfung des Organhandels in der „Dritten Welt" dient insbesondere dem Individualrechtsgüterschutz der in diesen Ländern lebenden Menschen und ist insofern eine durchaus lobenswerte Zielsetzung des Gesetzgebers. Die gesetzgeberischen Ziele „Schutz der Körperintegrität" und „Schutz vor Ausbeutung existentieller Notlagen" sind jedoch Zwecke, die bereits auf ihre Eignung zur Rechtfertigung des Organhandelsverbotes überprüft wurden. Folglich kommt insoweit der Bekämpfung des Organhandels keine eigenständige Schutzrichtung mehr zu, so dass angesichts der vorangehend vorgenommenen Erörterung des Stellenwerts der Individualrechtsgüter[706] diesem gesetzgeberischen Zweck nicht weiter nachzugehen ist.

2. Das Rechtsgut „Integrität der Transplantationsmedizin"

Ob der Schutz der Integrität der Transplantationsmedizin ein absolutes Organhandelsverbot rechtfertigt, soll im Folgenden geprüft werden.

a. Die „Integrität der Transplantationsmedizin" als schützenswertes Rechtsgut einer Verhaltensnorm

Die Gesetzesbegründung zum Schutzgut „Integrität der Transplantationsmedizin" führt aus, dass eine „Relativierung der medizinischen Indikation durch finanzielle Erwägungen nicht hingenommen werden könne"[707]. Dies führe zum einen zu ei-

---

705 So aber *Schroeder*, ZRP 1997, 265, 267.
706 Siehe Kapitel E I 1 und 2.
707 BT-Drucks. 13/4355, S. 24.

ner Zwei-Klassen-Medizin und zum anderen sänke die Bereitschaft der Menschen zu einer altruistischen Spende.

aa. Das Argument des Entstehens einer Zwei-Klassen-Medizin

Der Lockerung eines Organhandelsverbotes wird entgegnet, dies führe zu einer Zwei-Klassen-Medizin, die finanziell schwachen Menschen eine wesentlich geringere Chance gebe, ein Transplantat zu erhalten und die damit sozial ungerecht sei. Dieser Einwand hat jedoch nur eine bedingte Berechtigung. Nur dann, wenn die Organe und Gewebe frei auf dem Markt für jeden zugänglich sind und der potentielle Empfänger sich eigenverantwortlich um ein Transplantat bemühen muss, hat er Gewicht[708]. Ein Handel mit Körpersubstanzen kann jedoch auch so ausgestaltet sein, dass nicht der Kranke selbst, sondern seine Krankenkasse ein Transplantat für ihn erwirbt. Der Spender dürfte dann nicht an den „Höchstbietenden" verkaufen, sondern nur ein bestimmtes (durch Gesetz oder die Krankenkasse festgelegtes) Entgelt für seine Körpersubstanz nehmen[709]. In einem solchen System ist das Entstehen einer Zwei-Klassen-Medizin im Transplantationswesen sehr unwahrscheinlich[710]. Auch die medizinische Indikation bliebe dann weiterhin maßgebliches Kriterium bei der Frage der Organallokation. Das mögliche Entstehen eines solchen Zwei-Klassen-Systems ist daher nicht geeignet, ein absolutes Organhandelsverbot zu rechtfertigen.

bb. Die Gefahr der Reduzierung altruistisch motivierter Spenden

Die Integrität der Transplantationsmedizin soll auch unter einem zweiten Aspekt bedenkenswert sein: Kritiker einer Lockerung des Handelsverbotes vermuten, dass altruistische Spender, gerade im Bereich der Leichenspende, durch eine mögliche Entgeltzahlung abgeschreckt werden könnten. Auch Angehörige könn-

---

708 Für einen freien und unreglementierten Markt tritt jedoch niemand ernsthaft ein. So auch *Schöne-Seifert*, in: Taupitz, Kommerzialisierung, S. 37, 45.

709 Dieses Entgelt müsste sich aus verschiedenen Faktoren zusammensetzen, z B. angemessene Aufwandsentschädigung, Schmerzensgeld und Einsparungen der Krankenkasse an Dialysekosten.

710 Sofern man das Bestehen einer Zwei-Klassen-Medizin nicht bereits bejahen muss. Schließlich ist heutzutage nahezu unbestritten, dass die wohlhabenden Menschen eine bessere medizinische Versorgung erhalten als der ärmere Teil der Bevölkerung. Man denke in diesem Zusammenhang an Chefarztbehandlungen, Zahnersatz oder die immer wieder dokumentierte bessere Behandlung von Privatpatienten beim Arzt. Die gesetzlichen Kassen zahlen immer weniger Leistungen, was dazu geführt hat, dass nützliche Vorsorgeuntersuchungen vom Patienten selbst getragen werden müssen.

ten sich des Verdachts ausgesetzt sehen, die Organe eines verstorbenen Angehörigen „zu verhökern" und deshalb den Körper lieber nicht zur Spende freigeben. Die Aufhebung des Organhandelsverbotes in seiner jetzigen Form könnte daher mittelbar zu einem Rückgang der altruistischen Organspende führen[711]. Dieses Argument ist zwar hypothetischer Natur, entbehrt aber zumindest auf den ersten Blick nicht einer gewissen Logik. Gerade in Fällen der Leichenspende, in denen eine ausdrückliche Willenserklärung des Verstorbenen nicht vorliegt, könnten sich die Angehörigen mit einer Zustimmung zur Organentnahme schwer tun, wenn sie fürchten müssten, dass von ihrem Umfeld der Verdacht gehegt würde, sie hätten die Organe und Gewebe ihres Verwandten gewinnbringend veräußert und nicht dem Willen des Verstorbenen entsprechend gehandelt[712]. Andererseits ist eine Organspende keine öffentliche Angelegenheit, so dass es den Angehörigen in jedem Fall freisteht, sich anderen Menschen gegenüber zu einer Zustimmung bzw. einer Entnahme von Körpersubstanz zu äußern oder nicht. Eine Reaktion des Umfeldes ist also bei Verschwiegenheit der Angehörigen nicht zu erwarten.

Die Spendebereitschaft ist heutzutage sehr gering. Das ist u. a. darauf zurückzuführen, dass Organspende ein sehr schwieriges und hochsensibles Thema ist, mit dem sich viele Menschen weder selbst befassen noch es mit Angehörigen besprechen. Wer die Ansicht seines Angehörigen zur Organspende nicht explizit kennt, dem wird ein „Ja" zur Spende post mortem immer schwer fallen. Die Möglichkeit einer Gegenleistung könnte nun dazu führen, dass sich mehr Menschen mit der Organspende – auch verbal – auseinandersetzen. Es ist zu erwarten, dass die Bereitschaft der Angehörigen wächst, wenn sie die Auffassung des Verstorbenen kennen.

Bei der altruistischen Lebendspende ist zwischen einer anonymen Lebendspende und einer Spende unter Personen, die sich kennen, zu unterscheiden. Nur die nicht anonyme Spende kann im Rahmen eines Organhandelsverbotes eine Rolle spielen, da es nur hier zu einem Austausch von Leistungen zwischen Spender und Empfänger kommen kann. Die nicht anonyme Spende muss wiederum in zwei Kategorien unterteilt werden.

Wenn zwei Menschen sich nur flüchtig kennen, ist die Wahrscheinlichkeit nicht gering, dass der Spender eine Vergütung für seine Körpersubstanz erhält, da die „Spende" für ihn mit Unannehmlichkeiten und Schmerzen verbunden ist. Die Anzahl solcher Fälle, in denen Menschen altruistisch spenden wollen und der

---

711 Zu diesen Bedenken auch *Schöne-Seifert*, in: Taupitz, Kommerzialisierung, S. 37, 45 f.
712 Zu diesen Bedenken auch *Schöne-Seifert*, in: Taupitz, Kommerzialisierung, 37, 45 f.

Gedanke, sie könnten als Verkäufer des eigenen Körpers dastehen und die Missbilligung durch ihre Mitmenschen auf sich ziehen, dürfte jedoch sehr gering sein. Selbst wenn es Einzelfälle geben sollte, in denen Menschen wegen dieser Erwägungen nicht (mehr) zur Spende bereit sind, wiegen die Fälle, in denen Menschen erst wegen des Anreizes spenden, diese wahrscheinlich mehr als auf[713].

In Bezug auf die (legale) altruistische Spende unter Personen, die in einer Beziehung nach § 8 TPG zueinander stehen, ist anzumerken, dass sich für Spender und Empfänger bei einer Freigabe des Organhandelsverbotes nicht viel ändern würde. Es ist nicht wahrscheinlich, dass einem Verwandten und einer engen Vertrauensperson und dem Transplantatempfänger unterstellt würde, sie hätten mit dem Transplantat gehandelt. Jedenfalls ist der Verdacht nicht größer, als er es heutzutage ist, wenn sich jemand bereit erklärt, für einen anderen ein Organ zu spenden.

cc. Fortfall des Vertrauens der Bevölkerung in die Transplantationsmedizin

Die Verletzung der Integrität der Transplantationsmedizin kann zu einem Vertrauensverlust in der Bevölkerung führen. Entgegen der Ansicht *Schroths*[714] kann es sich daher grundsätzlich sehr wohl um ein schützenswertes Rechtsgut handeln[715]. Zwar ist dieses sicherlich nicht so gewichtig wie das Leben, die körperliche Unversehrtheit oder die Fortbewegungsfreiheit, aber das Vertrauen der Allgemeinheit in die Medizin und die Ärzte ist ein wichtiges Element zur Schaffung einer friedlichen und freiheitlichen Gesellschaft. Unzufriedenheit und mangelndes Vertrauen in die „Obrigkeit" ist immer ein Grund für das Zusammenfallen oder Scheitern eines Gesellschaftssystems[716]. Gerade die Medizin ist ein Bereich,

---

713 Dabei handelt es sich selbstredend um eine Hypothese. Allerdings ist die Annahme, altruistische Spenden könnten zurückgehen, ebenfalls eine Hypothese. Angesichts des heutzutage geringen Aufkommens an Spenderorganen und der täglichen Zunahme der Wartenden ist festzuhalten, dass das aktuelle System nicht funktioniert. Es scheint daher notwendig, neue Wege zu gehen und neue Möglichkeiten zu finden, das Spendeaufkommen zu erhöhen.

714 *Schroth*, in: FS für Claus Roxin, S. 869, 871.

715 Konkret spricht *Schroth* sich gegen den Rechtsgutscharakter aus, weil er das Mittel des Strafrechts in diesem Zusammenhang für unangebracht hält. Hier zeigt sich, wie wichtig es ist, klar zwischen Verhaltens- und Sanktionsnormen zu trennen. Der Integrität der Transplantationsmedizin kann Rechtsgutscharakter zugesprochen werden, ohne dass man deshalb das Strafrecht zur Sanktionierung von rechtsgutbeeinträchtigenden Verhaltensnormverstößen gutheißen muss.

716 Um nicht falsch verstanden zu werden: Unser gesellschaftliches System bricht natürlich nicht automatisch zusammen, wenn das Vertrauen der Bevölkerung in einige Institutionen fehlt. Es ist aber ein wichtiger Bestandteil zur Erhaltung des Systems.

in dem sich viele Menschen ohnmächtig und ausgeliefert fühlen und zu dem sie unbedingt Vertrauen haben müssen. Wenn die Bevölkerung kein Vertrauen mehr in die Ärzte und die Medizin hat, ist das Risiko hoch, dass die friedliche und freiheitliche Gesellschaft Schäden nimmt. Folglich dürfen im Bereich der Transplantationsmedizin Verhaltensnormen geschaffen werden, um die Transplantationsmedizin von sachfremden Erwägungen freizuhalten und das Vertrauen der Bevölkerung zu erhalten. Legitimierbar wären z. B. Normen bzgl. eines Kontrollverfahrens, um Missstände zu vermeiden. Wenn jede Verpflanzung eines gehandelten Organs einer strengen Kontrolle[717] von unabhängigen Gutachtern unterliegt, ist nicht mit einem Fortfall des Vertrauens der Bevölkerung zu rechnen. Diese – von staatlicher Seite vergüteten – Gutachter könnten einen Verpflanzungsvorgang und den damit verbundenen Handel komplett überwachen, Gespräche mit den Beteiligten führen und dafür Sorge tragen, dass es nicht zu „Mauscheleien" kommt. Ein absolutes Organhandelsverbot ist dagegen aber nicht zu rechtfertigen.

dd. Ergebnis

Mittelbare Auswirkungen, die der „Anschein sachfremder Erwägungen" in der Transplantationsmedizin eventuell mit sich bringen *könnte*, genügen nicht, um die Relevanz des Rechtsguts „Integrität der Transplantationsmedizin" hinsichtlich eines *absoluten* Handelsverbotes aufzuzeigen. Lediglich ein freier Markt muss verhindert werden, damit die Menschen nicht das Vertrauen in die Medizin verlieren. Die Integrität der Transplantationsmedizin ist deshalb ein von der Rechtsordnung zu schützendes Gut. Das Verbot eines freien Marktes muss zum Schutz der Integrität der Transplantationsmedizin bestehen bleiben, gegen einen reglementierten Markt spricht dieses Schutzgut jedoch nicht.

b. Verfassungsrechtliche Legitimationsanforderungen an die Strafbewehrung einer die Integrität der Transplantationsmedizin schützenden Verhaltensnorm

Die Integrität der Transplantationsmedizin kann eine Verhaltensnorm – in Bezug auf das Verbot eines freien Marktes – rechtfertigen. Zweifelhaft ist aber, ob diese Verhaltensnorm mit den Mitteln des Strafrechts durchgesetzt werden darf.

Die Verletzung des Rechtsguts einer Verhaltensnorm ist Voraussetzung für eine Sanktionsnorm, andersherum ist aber nicht jedes Verhalten strafwürdig, nur

---

717 Eine Kontrolle könnte z. B. hinsichtlich der Organverteilung erfolgen. Für eine solche Kontrolle müssten eventuell neue Kompetenzen geschaffen werden. Dies sollte aber der Einführung einer Kontrollmöglichkeit nicht im Wege stehen.

weil es ein Rechtsgut verletzt. Es stellt sich mithin die Frage, ob der Schutz der Integrität der Transplantationsmedizin für die Schaffung eines entsprechenden Straftatbestandes ausreicht.

Grenze der Strafwürdigkeit eines Verhaltens sind die verfassungsrechtlichen Grundsätze[718]. In dem hier interessierenden Zusammenhang kommt vor allem dem *Subsidiaritätsprinzip* eine große Bedeutung zu. Danach ist die Verletzung einer Verhaltensnorm nur dann strafwürdig, wenn der Einsatz strafrechtlicher Mittel erforderlich ist. Der Staat ist nicht verpflichtet, absolute und allgemeine Gerechtigkeit herzustellen. Ob er straft, hängt davon ab, ob die Strafe für den Bestand der Rechtsordnung erforderlich erscheint[719]. In der Gesetzesbegründung zum TPG führt der Gesetzgeber selbst an, dass auch vor Erlass des TPG keine Verstöße gegen die Eigenbindung der Transplantationsmediziner, keine aus einem Organhandel stammenden Organe zu verpflanzen, bekannt geworden seien. Tatsächlich kann von einem „blühenden Organhandel" in der Bundesrepublik vor 1998 nicht gesprochen werden. Auch ohne das Organhandelsverbot gab es demnach keinen allgemein verbreiteten freien Handel mit Organen[720].

---

718 *Gropp*, Strafrecht AT, § 3 Rn. 10; *Meyer*, ZStW 115 (2003), 249, 290.

719 *Zipf*, Kriminalpolitik – Ein Lehrbuch, S. 113 f.; *Stratenwerth*, ZStW 71 (1959), 567 f.; *Müller-Emmert*, GA 1976, 291, 301f.; *Albrecht*, Kriminologie, S. 309.

720 Von Ausnahmen muss ausgegangen werden. So ging im August 2007 ein Fall durch die Presse, in dem mehrere Saudis an dem Universitätsklinikum Schleswig-Holstein Lebertransplantate eingepflanzt wurden, die eigentlich für Europäer vorgesehen waren.
Zwei der arabischen Männer waren zusammen mit nahen Verwandten nach Schleswig-Holstein gekommen, um hier eine Lebendspende vorzunehmen. Im ersten Fall stellte sich angeblich heraus, dass die Leber des Verwandten zur Transplantation nicht geeignet war. Der Mann wartete deshalb mehrere Wochen in Kiel, bis eine geeignete Spenderleber von Eurotransplant geliefert wurde. Im anderen Fall stellt Eurotransplant kurz vor der Operation eine postmortal gespendete Leber zur Verfügung.
Pikantes Detail der Geschichte: Die beiden Saudis hatten laut dem Magazin Spiegel zuerst versucht, am Hamburger Universitätsklinikum Eppendorf eine neue Leber zu erhalten. Auch hier hätten sie einen geeigneten Spender mitbringen müssen. Die Männer reisten jedoch alleine nach Hamburg, so dass die Transplantation verweigert wurde. Erst in Kiel tauchten die Verwandten auf, die dann, Eurotransplant sei Dank, doch kein eigenes Organ spenden mussten. Der Chirurg *Dieter Bröring* äußerte jedoch zu diesem Vorgang, die Männer hätten juristisch betrachtet einen Anspruch auf die Organe gehabt.
Und tatsächlich ist der Klinik und den handelnden Medizinern wahrscheinlich kein Verstoß gegen das TPG vorzuwerfen. Es ist den Transplantationszentren erlaubt, fünf Prozent der Wartelistenplätze an Ausländer zu vergeben, die ihren Wohnsitz nicht in einem Land von Eurotransplant haben. Da die postmortale Organspende in Deutschland Vorrang vor der Lebendspende hat, musste auch der Mann auf der

Entscheidend gegen den Einsatz des Strafrechts spricht v. a. das doch eher als gering zu bewertende Gewicht des etwaigen Fehlverhaltens im Einzelfall. Der Schutz der Integrität der Transplantationsmedizin stellt ein als „vergeistigt" zu bezeichnendes Rechtsgut dar, so dass das Verhalten im Einzelfall gar nicht geeignet ist, großen Schaden zu bewirken. Das soll heißen, der einzelne Fall wird in aller Regel nicht das Vertrauen der Bevölkerung in die Transplantationsmedizin untergraben. Erst wenn eine Vielzahl an Fällen bekannt würde, ist mit ernsthaftem Schaden zu rechnen. Man kann den Vergleich zu dem Raucher ziehen, der mit seinem Verhalten die Luft bzw. Umwelt verschmutzt. Auch wenn das Rauchen an sich die Luft verschmutzt, stellt das einzelne Rauchen einer Zigarette in dieser Hinsicht höchstens Bagatellunrecht dar. Auch ein Rechtsgüter anderer Menschen schädigender Organhandel verursacht im Hinblick auf die Integrität der Transplantationsmedizin somit lediglich nicht sehr bedeutenden Schaden. Das Unrecht des Einzelfalls ist daher nicht gewichtig genug, um den Einsatz des Strafrechts zu rechtfertigen. Eine Sanktion aus dem Ordnungswidrigkeitenrecht genügt hier vollkommen.

Als milderes Mittel zur Sanktionierung von Missbräuchen kommt auch das ärztliche Standesrecht in Betracht[721]. Zudem führt *König*[722] an, dass der Gesetzgeber bei Blut, Knochenmark, Genen, DNA-Teilen, embryonalem und fetalem Gewebe auch kein strafbewehrtes Handelsverbot für erforderlich hält. Auch wenn heutzutage embryonales und fetales (unbearbeitetes) Gewebe unter das Organhandelsverbot fällt, hat dieses Argument zumindest in Bezug auf Blut und Knochenmark durchaus noch Geltungskraft.

Der Einsatz des Strafrechts ist daher zum Schutze der Integrität der Transplantationsmedizin nicht erforderlich.

Warteliste von Eurotransplant registriert werden, der eigentlich einen Lebendspender vorzuweisen hatte.

Auch wenn juristisch betrachtet alles korrekt verlaufen sein sollte, hat die Geschichte dennoch einen fahlen Beigeschmack. Bedenkt man, dass die Saudis als Privatpatienten natürlich eine lukrativere Einnahmequelle für die Klinik darstellte als Kassenpatienten aus Deutschland, drängt sich die Frage auf, ob die Transplantationen auch stattgefunden hätten, wenn es sich bei den Patienten nicht um reiche Männer aus Saudi-Arabien gehandelt hätte. Letztlich lässt sich wohl nie ausschließen, dass dort, wo sich Geld verdienen lässt, von manchen Menschen moralische Prinzipien über Bord geworfen werden. Es bleibt aber festzuhalten, dass kriminelle Machenschaften in Deutschland nicht gang und gäbe sind und (hoffentlich) zu einem Großteil von der Presse aufgedeckt werden.

721 So auch *König*, Organhandel, S. 126; *Schroth*, in: FS für Roxin, S. 869, 871.
722 *König*, Organhandel, S. 126.

3. Schutz des Pietätsgefühls der Allgemeinheit

In der Gesetzesbegründung wird als weiteres zu schützenden Rechtsgut das Pietätsgefühl der Allgemeinheit genannt[723].

a. Der Begriff der Pietät

Unter dem Begriff „Pietät" versteht man ein „Verhalten, das in der Ehrfurcht und Achtung vor Überliefertem, Gesittung, Brauchtum usw. [...] wurzelt"[724]. Pietät wird als „Achtung vor dem alle Verstorbenen umgreifenden objektiven Geist"[725] begriffen.

Im Zusammenhang mit dem Pietätsgefühl als Rechtsgut verstehen einige darunter das Pietätsgefühl der Allgemeinheit[726], andere sehen das Pietätsgefühl der Angehörigen[727] betroffen. Letzteres kann jedoch nicht (ausschließlich) gemeint sein, da unbestritten jeder Verstorbene in den Schutzbereich aufgenommen wird, gleichgültig ob er Angehörige hat oder nicht. Zudem können verbotene Verhaltensweisen auch durch Angehörige selbst begangen werden[728].

b. Der Schutz des Pietätsgefühls als Rechtsgut im Kernstrafrecht

Das Pietätgefühl wird in § 189 StGB, der die Verunglimpfung des Andenkens Verstorbener behandelt, als Schutzgut benannt, ebenso in § 168 StGB, der die Störung der Totenruhe unter Strafe stellt.

Die Systematik zeigt, dass das Schutzgut „Pietätsgefühl" immer dann eine Rolle spielt, wenn mit dem Leichnam eines Menschen in einer Art und Weise umgegangen wird, die so in einer Gesellschaft nicht üblich ist und von der Mehrheit der Bevölkerung missbilligt wird. So soll § 168 StGB nach weit verbreiteter Ansicht „die Ehrfurcht vor der entseelten Hülle", „die eingewurzelte heilige Scheu vor dem Leichnam" schützen[729]. *Hörnle* ist rechtzugeben, wenn sie anführt, es handele sich um „sozialethische Vorstellungen über den angemessen

---

723 BT-Drucks. 13/4355, Begründung zu § 16 Abs. 1 S. 1.
724 Brockhaus Enzyklopädie, Stichwort „Pietät".
725 *Rüping*, GA 1977, 299, 300.
726 *Hörnle*, in: MünchKomm StGB, § 168 Rn. Rn. 1; *dies.*, Grob anstößiges Verhalten, S. 368; für ein Pietätsempfinden der Allgemeinheit auch *Glaser*, ZStW 33 (1912), 825, 841; *Sternberg-Lieben*, NJW 1987, 2062; *Czerner*, ZStW 115 (2003), 91, 97.
727 So z. B. OLG Frankfurt, NJW 1975, 271, 272.
728 So *Hörnle*, in: MünchKomm StGB, § 168 Rn. 1; *dies.*, Grob anstößiges Verhalten, S. 368.
729 *Rüping*, GA 1977, S. 299 m. w. N.

Umgang mit Toten"[730], die durch (strafbewehrte) Verhaltensnormen geschützt werden sollen.

c. Der Schutz des Pietätsgefühls im Kontext des Organhandelsverbotes gem. §§ 17, 18 TPG

Der Gesetzgeber führt den Schutz des Pietätsgefühls der Allgemeinheit als weiteren Grund für ein umfassendes Organhandelsverbot an. Im Folgenden wird erörtert, warum dieses Rechtsgut – soweit man es überhaupt als solches anerkennt – nicht geeignet ist, das Organhandelsverbot in seiner jetzigen Form zu rechtfertigen.

aa. Die Lebendspende und das Schutzgut „Pietätsgefühl der Allgemeinheit"

Im Rahmen der Lebendspende und Selbstkommerzialisierung unter Lebenden ist fraglich, ob das Schutzgut „Pietätsgefühl der Allgemeinheit" überhaupt eine Rolle spielt und damit – zumindest theoretisch – ein absolutes Organhandelsverbot rechtfertigen kann.

Bei dem Pietätsempfinden geht es in aller Regel um den Umgang mit Verstorbenen. Zwar kann das Wort Pietät, im Sinne von „Achtung" und „Respekt" auch in anderem Zusammenhang eine Rolle spielen, es ist jedoch nicht davon auszugehen, dass ihm im Rahmen der Gesetzesbegründung zum Organhandelsverbot auch eine solche Bedeutung zukommt[731]. Der Gesetzgeber führt als Rechtsgüter der Reihe nach die Körperintegrität der Lebenden, die Menschenwürde der Lebenden und der Verstorbenen und dann das Pietätsgefühl der Allgemeinheit an. Erst kommt somit das Rechtsgut, das sich allein auf die Lebenden bezieht, danach die Menschenwürde, die über den (Hirn-)Tod hinaus Wirkungen zeitigt und schließlich das Rechtsgut, das speziell für den Organhandel post mortem gedacht ist. Die Reihenfolge der Rechtsgüter und auch der dem Wort Pietätsgefühl allgemein zugedachte Inhalt zeigen, dass sich das Schutzgut nicht auf den Handel mit lebend gespendeten Organen bezieht.

Das Schutzgut „Pietätsempfinden der Allgemeinheit" taugt somit nicht dazu, ein umfassendes Organhandelsverbot zu rechtfertigen[732].

---

730 *Hörnle*, in: MünchKomm StGB, § 168 Rn. 1.
731 Zu diesem Ergebnis kommt auch *Zillgens*, Lebendorganspende, S. 321 f.
732 So i. E. auch *König*, in: Schroth/König/Gutmann/Oduncu, TPG, Vor §§ 17, 18 Rn. 19; *ders.*, Strafbarer Organhandel, S. 125.

bb. Die Leichenspende mit dem Einverständnis des Betroffenen bzw. seiner Angehörigen

Die Frage, ob das Pietätsgefühl der Allgemeinheit verletzt wird, wenn der Verstorbene vor seinem Tod in die Organentnahme post mortem mit dem Gedanken eingewilligt hat, für diese „Spende" eine Gegenleistung für sich oder seine Angehörigen zu erhalten, ist zu verneinen[733]. Dafür spricht, dass das Pietätgefühl in engem Zusammenhang mit dem postmortalen Persönlichkeitsrecht und der den (Hirn-)Tod überdauernden Wirkungen der Menschenwürde steht. Einem Menschen ist auch nach seinem Versterben noch ein gewisses Maß an Achtung und Respekt zu zollen[734]. Weder das postmortale Persönlichkeitsrecht noch die Würde, an der auch der Leichnam in gewisser Weise noch teilhat, sind jedoch in einem Fall verletzt, in dem der Betroffene in die Organentnahme wirksam eingewilligt hat. Aus diesem Grund wird die Bevölkerung einen Organkauf bzw. -verkauf auch nicht mit völligem Unverständnis betrachten, wenn der Spender sich zu Lebzeiten mit der Entnahme einverstanden erklärt hat[735]. Im Gegenteil, es ist davon auszugehen, dass sie im konkreten Fall Verständnis aufbringen und sich nicht in ihrem Pietätsgefühl verletzt sehen wird[736].

cc. Die Leichenspende ohne oder gegen den Willen des Betroffenen

Entnimmt man einen Verstorbenen ohne dessen Willen bzw. ohne Wissen und Wollen der Angehörigen Körpersubstanzen und Organe, „schlachtet" man ihn in gewissem Maße „aus". Von Respekt oder Achtung vor dem unfreiwilligen „Spender" kann in einem solchen Fall nicht mehr gesprochen werden. Ein solches Verhalten ist mit dem Brauchtum in unserer Gesellschaft gegenüber den Verstorbenen nicht zu vereinbaren. Das Pietätsempfinden der Allgemeinheit wurzelt in dem Achtungsanspruch des Verstorbenen und der immer noch nachwirkenden Menschenwürde[737]. Wenn man das Pietätsgefühl der Allgemeinheit

---

733 So auch *Schroth*, in: FS für Roxin, S. 869, 871 f., der die Verletzung des Pietätgefühls der Allgemeinheit verneint. Wenn sich eine Person bereit erkläre, nach ihrem Tod gegen Entgelt ein Organ zu spenden, dann sei das Pietätgefühl der Allgemeinheit nicht betroffen.

734 Vgl. etwa BGH NJW 1968, 1773; *Hubmann*, Das Persönlichkeitsrecht, S. 340 ff.; *Dippel*, in: LK, § 168 Rn. 2 m. w. N.

735 So auch *König*, in: Schroth/König/Gutmann/Oduncu, TPG, Vor §§ 17, 18 Rn. 19; *ders.*, Strafbarer Organhandel, S. 125.

736 *König*, Strafbarer Organhandel, S. 125 f.

737 Wie in Kapitel E I 3 erörtert, muss bzgl. der Frage der Teilhabe an der Menschenwürde Verstorbener differenziert werden. Dem bereits vor langer Zeit Verstorbenen kommt sicherlich keine Menschenwürde mehr zu, während es sachgerecht erscheint,

als Rechtsgut an sich anerkennt, ist es für diesen Teil des Organhandelsverbotes rechtfertigendes Schutzgut.

dd. Der Handel mit embryonalem und fetalem Gewebe

Auch der Anwendungsbereich des Transplantationsgesetzes in seiner ursprünglichen Fassung spricht gegen das Schutzgut „Pietätsempfinden der Allgemeinheit" als tragfähige Begründung des Organhandelsverbotes nach §§ 17, 18 TPG. Vor der Änderung des TPG im Jahre 2007 waren embryonale und fetale Organe und Gewebe vom Anwendungsbereich des TPG ausgeschlossen, d. h. auch das Organhandelsverbot war nicht auf sie anwendbar[738]. Es ist bekannt, dass mit Embryonen und Feten weltweit und auch in Deutschland Handel getrieben wurde. Die menschlichen Gewebe von Ungeborenen wurden und werden sowohl in der medizinischen und pharmazeutischen Forschung als auch in der Kosmetikindustrie genutzt[739]. Die Bevölkerung ist über die Vermarktung allerdings wenig aufgeklärt. Hätte man nun das Organhandelsverbot mit dem Schutzgut „Pietätsempfinden der Allgemeinheit" rechtfertigen wollen, hätte man auch den Handel mit Teilen von Embryonen und Föten unter Strafe stellen müssen[740]. Die Nichtanwendbarkeit des TPG in seiner Fassung von 1997 auf embryonale und fetale Gewebe zeigt, dass der Schutz des Pietätsgefühls auch für den Gesetzgeber keinen bedeutenden gesetzgeberischen Zweck darstellte. Vielmehr verdeutlicht es, dass der Gesetzgeber ein gesellschaftliches Tabu in eine Verhaltensnorm pressen und damit weite Teile dieser Gesellschaft zufrieden stellen wollte.

Dass Embryonen und Föten jetzt vom Anwendungsbereich des TPG umfasst sind, könnte natürlich ein Indiz dafür sein, dass das Pietätsempfinden der Allgemeinheit nun Schutzgut des Organhandelsverbotes sein soll. Aus der Gesetzesbegründung geht eine solche Zielsetzung jedoch nicht hervor. Nirgendwo ist erwähnt, dass durch die Erweiterung des Anwendungsbereichs dem Handel mit embryonalem und fötalem Gewebe von nun an Einhalt geboten werden soll. Vielmehr ist zumindest die Entnahme und Verarbeitung von embryonalem und fetalem Gewebe auch in der neuen Fassung des TPG nicht ausgeschlossen. Wenn diese Gewebe weiter be- bzw. verarbeitet werden, dürfen sie – als Arzneimittel – auch gehandelt werden. Folglich sind die Änderungen im TPG kein zwingender Grund zur Anerkennung des Pietätsgefühls der Allgemeinheit als Schutzgut im Rahmen des Organhandelsverbotes. Vielmehr hat das Argument, der Gesetzgeber

---

dem Hirntoten, dessen Körperfunktionen immer noch aufrecht erhalten werden, Menschenwürde zuzugestehen.

738 Zur alten Rechtslage siehe *König*, Strafbarer Organhandel, S. 109 ff.
739 So auch *König*, Organhandel, S. 126.
740 So auch *Schroth*, in: FS für Roxin, S. 869, 872.

hätte auch den Handel mit und das „Ausschlachten" von Embryonen und Föten ganz verboten, wollte er tatsächlich das Pietätsempfinden der Allgemeinheit schützen, weiterhin Gewicht.

ee. Zwischenergebnis

Der Schutz des Pietätsgefühls der Allgemeinheit ist schon grundsätzlich – und unabhängig von der umstrittenen Frage, ob es sich überhaupt um ein Rechtsgut handelt – nicht geeignet, ein umfassendes Organhandelsverbot als Verhaltensnorm gem. den §§ 17, 18 TPG zu rechtfertigen. Der gesamte Bereich der Lebendspende und auch die Leichenspende mit Einwilligung der Betroffenen fallen unter diesem Aspekt heraus.

d. Das Pietätsgefühl der Allgemeinheit als Rechtsgut für den Bereich der Leichenspende ohne Einwilligung des Betroffenen bzw. seiner Angehörigen

Der einzige Anwendungsbereich der §§ 17, 18 TPG, bei dem eine Rechtfertigung der Verhaltensnorm wegen des Schutzes des Pietätsgefühls der Allgemeinheit *theoretisch* in Betracht kommt, ist die Organentnahme bzw. der Verkauf ohne oder gegen den Willen der Betroffenen.

aa. Der Schutz von Gefühlen oder Tabus als Rechtfertigung für das Aufstellen von Verhaltensnormen

Der Begriff des „Tabus" ist „flexibel, diffus, implizit und international"[741]. Es geht um eine Vielzahl von Phänomenen, die „als unappetitlich, peinlich oder [...] anstößig empfunden werden oder die als furchteinflößend gelten, die aber gleichzeitig geeignet sind, an eine gewisse Sensationslust [...] zu rühren"[742]. Ein Tabu im hier interessierenden Sinn ist eine Situation, die zwar von der Mehrheit der Bevölkerung als inakzeptabel wahrgenommen wird, bei dem ein Rechtsgüterschutzinteresse (in Bezug auf eine Unterbindung) jedoch nicht vorliegt[743] bzw. jedenfalls nicht ohne weiteres aufgewiesen werden kann.

Gefühle sind „Grundphänomene, die im Erleben eine Rolle spielen und daher jedermann bekannt sind". Gefühle werden als „seelisches Grundvermögen" betrachtet, das neben Denken und Wollen existiert[744]

---

741 *Seibel*, Begriff des Tabus, S. 3.
742 *Hörnle*, Grob anstößiges Verhalten, S. 111.
743 *Roxin*, AT/1, § 2 Rn. 43.
744 Brockhaus Enzyklopädie, Stichwort „Gefühl, Emotion".

Moralvorstellungen, Gefühle[745] und Tabus sind für sich genommen grundsätzlich nicht geeignet, das Aufstellen von Verhaltensnormen zu rechtfertigen[746]. Verhaltensnormen bedürfen zu ihrer Legitimität immer eines Rechtsgutes. Schließlich wird die Handlungsfreiheit des Individuums durch den Gesetzgeber eingeschränkt. Dies kann nur dann berechtigt sein, wenn schützenswerte Rechtsgüter anderer Personen oder der Gemeinschaft betroffen sind. Man könnte sich zwar insofern für ein Verbot der Verletzung von Tabus oder Gefühlen aussprechen, weil in einer Situation, in der tiefverwurzelte Tabus oder Gefühle einer Mehrheit der Bevölkerung verletzt werden, eine Empörung durch die Gesellschaft geht, die im Falle eines Nichthandelns durch den Staat zu einem Vertrauensverlust der Menschen in den Staat und sein Funktionieren führen kann. Allerdings wird in einem solchen Fall regelmäßig auch ein rechtlich anerkanntes Rechtsgut verletzt sein, das ein Eingreifen des Staates rechtfertigt und einen Vertrauensverlust verhindert. Lediglich in einer Situation, in der die friedliche und freiheitliche Koexistenz gefährdet ist, können staatliche Verhaltensvorschriften erforderlich werden. Der Schutz von Gefühlen oder Tabus, die durch eine Mehrheit der Bevölkerung aufgestellt werden und keinen rationalen Hintergrund haben, also nicht dem Schutz eines Rechtsguts nach der in dieser Arbeit gefundenen Definition dienen, führt unweigerlich zu einer Unterdrückung und Benachteiligung von Minderheiten.

Das Brauchtum des Totenkultes an sich und die Gefühle der Allgemeinheit bzgl. der Einhaltung einer bestimmten Verhaltensweise gegenüber Verstorbenen alleine kann somit nicht geeignet sein, das Aufstellen von (strafbewehrten) Verhaltensnormen zu rechtfertigen.

bb. Schutz spezieller Rechte des Verstorbenen

Das soeben Gesagte führt nicht zu dem Schluss, über Verstorbene bzw. deren Leichnam dürfe nach Belieben verfügt werden. Jedoch muss sich die durchaus mögliche Aufstellung von Verhaltensnormen über den Umgang mit Verstorbenen auf rechtlich anerkannte Rechtsgüter stützen. Als solche kommen nachwirkende

---

745 In Bezug auf Gefühle kann es Lebenssachverhalte geben, in denen ein Handlungsverbot zum Schutz von Emotionen notwendig ist. Dies ist z. B. dann der Fall, wenn so starke Bedrohungsgefühle hervorgerufen werden, dass das friedliche und freiheitliche Zusammenleben in unserer Gesellschaft gefährdet wird, vgl. *Roxin*, AT/1, § 2 Rn. 17. Handlungsverbote dürfen jedoch nicht aufgestellt werden, weil eine Mehrheit in der Bevölkerung sich nicht im Stande sieht, von eigenen Wertvorstellungen abweichende Verhaltensweisen zu tolerieren, vgl. *Roxin*, AT/1, § 2 Rn. 26.
746 Zur fehlenden Eignung von Tabus als Rechtsgüter auch *Roxin*, AT/1, § 2 Rn. 43.

Rechte des Verstorbenen[747], insbesondere das postmortale Persönlichkeitsrecht und der Schutz der Menschenwürde in Betracht.

Art. 2 I GG gewährt dem Individuum das Recht, in eigenen Angelegenheiten selbst zu bestimmen. Dieses Recht steht Verstorbenen grundsätzlich nicht mehr zu[748]. Allerdings umfasst Art. 2 I GG das Recht, dass die zu Lebzeiten getroffenen Regelungen zu postmortalen Angelegenheiten auch nach dem Tod für die Hinterbliebenen verpflichtend bleiben[749]. Insbesondere ist hiermit der Umgang mit der Leiche gemeint, wie z. B. das Begräbnis oder die Entnahme von Organen. Das Selbstbestimmungsrecht bezieht sich somit auch auf die Frage einer postmortalen Organexplantation[750]. Bestrebungen, sich über den Willen des Verstorbenen hinwegzusetzen mit dem Argument, die Organe würden schließlich gebraucht und könnten Menschenleben retten, kann und darf im Interesse des Selbstbestimmungsrechtes nicht gefolgt werden[751]. Es geht um die Frage, ob ein Teil des Spenders, eventuell lebenswichtige Organe wie Herz oder Lunge, in eine andere Person eingepflanzt werden sollen und dort „weiterleben"[752]. Diese Entscheidung ist höchstpersönlicher Natur und darf einem mündigen Individuum nicht genommen werden.

Wenn ein Leichnam wie eine Sache behandelt wird, wenn man in ihm nur noch „brauchbares Material" erblickt und seinen zu Lebzeiten geäußerten Willen nicht respektiert, dann kann im Falle des Hirntoten die (nachwirkende) Menschenwürde des Verstorbenen verletzt sein[753].

e. Fazit

Der Schutz des Pietätsgefühls der Allgemeinheit als ein irgendwie nicht so recht fassbares Gut ist nach allem Bisherigen jedenfalls nicht in der Lage, das Organ-

---

747 *Hörnle*, in: MünchKomm StGB, § 168 Rn. 1.
748 *Kunig*, in: v. Münch/Kunig, GG, Art. 2 Rn. 5; *Starck*, in: v. Mangoldt/Klein/Starck, GG, Art. 2 Rn. 41.
749 *Starck*, in: v. Mangoldt/Klein/Starck, GG, Art. 2 Rn. 41; *Maurer*, DÖV 1980, 7, 10; das gesamte Erbrecht ist nur auf dieser Grundlage möglich. Ansonsten würde die Möglichkeit, überhaupt Anordnungen für den Fall des eigenen Todes zu treffen, letztlich ad absurdum geführt.
750 Interessant ist in diesem Zusammenhang die These *Maurers*, dass das Organ, da es zum Zeitpunkt der Entnahme noch funktionstüchtig sei, „noch lebt", vgl. *Maurer*, DÖV 1980, 7, 7 u. 11.
751 Zu dieser Diskussion *Maurer*, DÖV 1980, 7, 11 ff.
752 Natürlich muss eine Organ- oder Geweebentnahme nicht zu diesem Zweck erfolgen. Die entnommenen Körpersubstanzen können auch in der Forschung verwendet werden. Das Selbstbestimmungsrecht des Einzelnen ist dann ebenso beachtenswert.
753 Vgl. dazu Kapitel E I 3 zur Menschenwürde als Rechtsgut.

handelsverbot nach §§ 17, 18 TPG komplett zu rechtfertigen. Lediglich hinsichtlich der Organentnahme bei Verstorbenen ohne oder gegen deren Willen kommt es – theoretisch – in Betracht. Aber auch in diesem Bereich sind die Gefühle der Allgemeinheit bzw. ein Tabu in Bezug auf einen bestimmten Umgang mit Verstorbenen nicht geeignet, die Handlungsfreiheit einer anderen Person in legitimierbarer Weise einzuschränken[754]. Es hat sich zudem gezeigt, dass man auf die Gefühle der Allgemeinheit oder auch ein gesellschaftliches Tabu im Umgang mit einem Leichnam gar nicht abstellen muss. Vielmehr sind in den betroffenen Fällen „handfeste" Individualrechtsgüter tangiert. Wenn der Leichnam eines Menschen „ausgeschlachtet" wird, sind seine über den Tod hinaus wirkende Menschenwürde bzw. sein Selbstbestimmungsrecht verletzt. Es sind somit die „überlebenden" Rechte des Toten auf Achtung und Respekt, die es uns verbieten, mit seinem Leichnam nach Belieben zu verfahren und ihm z. B. ohne oder gegen sein Einverständnis die Organe und andere Körpersubstanzen zu entnehmen. Auf die Gefühle einer Mehrheit der Bevölkerung oder gar ein gesellschaftliches Tabu hinsichtlich des Umgangs mit Verstorbenen kommt es nicht entscheidend an[755].

Es besteht somit auch überhaupt kein Anlass, auf das *Scheinrechtsgut* „Pietätsgefühl der Allgemeinheit" zurückzugreifen.

---

754 *König* stellt auf die Vagheit des Begriffes ab, aufgrund derer ein Verbot sich nicht entscheidend auf diesen Zweck stützen könne, vgl. *König*, in: Schroth/König/Gutmann/Oduncu, TPG, Vor §§ 17, 18 Rn. 19.

755 Meistens wird man auf diese Gefühle bzw. die Gefahr einer Demoralisierung der Gesellschaft hinsichtlich des Funktionierens des Staates auch nicht zurückgreifen müssen.

F. Zusammenfassende Darstellung der Ergebnisse der Untersuchung

Die in dieser Arbeit angestellten Überlegungen kommen zu folgenden wesentlichen Ergebnissen:

- Das in Art. 2 I GG verankerte Recht des Menschen auf körperbezogene Selbstbestimmung beinhaltet die Freiheit, über die eigene Körperintegrität grundsätzlich nach eigenem Belieben zu Verfügen. Dazu gehört auch das Recht des mündigen Bürgers, den eigenen Körper und seine Bestandteile zu kommerzialisieren.
- Staatlicher Paternalismus – staatlicher Schutz einer Person vor sich selbst – steht in einem Spannungsfeld zu dem Recht des Bürgers auf körperbezogene Selbstbestimmung. Paternalismus birgt die Gefahr, dass unter dem Deckmantel des Wohlwollens eine Diktatur entsteht. Grundsätzlich hat der Staat sich deshalb zurückzuhalten und eine Bevormundung seiner vollverantwortlich handelnden Bürger zu unterlassen. Auch risikoreiche Verhaltensweisen dürfen nicht untersagt werden. Lediglich wenn Risiken – aus Fahrlässigkeit, Leichtsinn oder Übermut – nicht erkannt oder unterschätzt werden, darf der Staat eingreifen und den Bürger „zu seinem Glück zwingen". Verhaltensanforderungen an den Einzelnen sind somit legitim, wenn eine Person fahrlässig gegenüber sich selbst handelt, da sie in einem solchen Fall weiterhin schutzwürdig und schutzbedürftig ist. Dabei gestaltet sich die Grenzziehung zur in einer freiheitlichen Rechtsordnung zugestandenen Unvernunft schwierig. Im Zweifel muss der Grundsatz „In dubio pro Libertate" Beachtung finden.
- Die Funktion des Rechtsgutsbegriffs beschränkt sich nicht nur auf die Auslegung der vorhandenen Normenordnung (teilsystemimmanente Funktion). Daneben hat er auch die Aufgabe, das vorhandene Normensystem kritisch zu hinterfragen. Durch eine stimmige Rechtsgutskonzeption müssen somit Kriterien geschaffen werden, anhand deren außerhalb des Gesetzes bestimmt werden kann, wann eine Verhaltensnorm, sei sie strafbewehrt oder nicht, legitim ist.
- Der Begriff des Rechtsguts kann nicht universell gültig definiert werden, sondern ist immer abhängig von den jeweiligen gesellschaftlichen Verhältnissen. Ein präziser Inhalt kann ihm daher nicht innewohnen. Eine solche Sicht des Rechtsgutsbegriffs wertet diesen aber nicht etwa ab, sondern macht ihn überhaupt erst handhabbar. Durch eine Rechtsgutskonzeption muss ein Korsett geschaffen werden, das den Rechtsgutsbegriff davor bewahrt, völlig leer und

beliebig zu werden. Dieser Rahmen ist dann – in Bezug auf positive Rechtsgüter – von der jeweiligen Gesellschaft zu füllen.

- Für die Untersuchung der Verfassungsmäßigkeit einer konkreten Norm, wie
z. B. dem Organhandelsverbot, ist eine klare Trennung zwischen Verhaltens-
und Sanktionsnormen wesentlich. Die Ebene der Verhaltensnorm ist dem
Strafrecht vorgelagert und hat mit diesem zunächst noch nichts zu tun. Auf
der Ebene der Verhaltensnorm muss geklärt werden, ob ein Verhalten verbotswürdig ist. Dafür bedarf es eines legitimen Zwecks (dem Rechtsgut) und
weiterer verfassungsrechtlicher Voraussetzungen. Nur wenn die Verbotswürdigkeit eines Verhaltens festgestellt wurde, stellt sich überhaupt erst die Frage
der Strafwürdigkeit.

- Individual- und Gemeinschaftsrechtsgüter, wie z. B. die körperliche Unversehrtheit oder die Rechtspflege, beziehen sich unmittelbar nur auf Verhaltensnormen. Unmittelbares Rechtsgut der Sanktionsnorm können sie nicht
sein, da die Sanktionsnorm nicht unmittelbar in der Lage ist, sie überhaupt
wirkungsvoll zu schützen. Rechtsgut der Sanktionsnorm ist vielmehr die
„Aufrechterhaltung der Geltungskraft der Verhaltensnorm".

- Die vom Gesetzgeber genannten Gründe zur Legitimierung des Organhandelsverbotes sind nur in Teilen geeignet, die Verhaltensnorm zu legitimieren.
Insbesondere das Verbot der kommerzialisierten Organspende post mortem
lässt sich in größen Bereichen nicht rechtfertigen. Es entsteht der Eindruck,
als habe der Gesetzgeber mehrere jeweils für sich genommen nicht überzeugende Gründe für ein Verbot „gebündelt", um ein gesellschaftliches Tabu in
Gesetzesform zu gießen.

- Das in den §§ 17, 18 TPG aufgestellte Organhandelsverbot ist in weiten Teilen eine paternalistische Norm. Die zu schützende Person und der Normadressat sind identisch. Wegen der damit verbundenen Situation der Bevormundung bedarf es einer besonderen Rechtfertigung. Die Arbeit kommt zu dem
Ergebnis, dass eine solche Rechtfertigung nur in unzureichendem Maße gegeben ist. Das Verbot in seiner umfassenden Form lässt sich jedenfalls nicht
rechtfertigen, wenn der Betroffene vollverantwortlich handelt und über alle
Risiken aufgeklärt ist.

- Der Schutz vor Ausbeutung existentieller Notlagen ist für den Spender letztlich ein Schutz vor Beeinträchtigung des körperbezogenen Selbstbestimmungsrechtes und bzgl. des Empfängers vor Beeinträchtigung seines Vermögens. Diese Schutzgüter sind geeignet, sowohl eine Verhaltensnorm als auch
eine Sanktionsnorm zu legitimieren. Allerdings liegt eine Ausbeutungssituation nicht in allen Fällen des Organhandels vor. Insbesondere bei einer Leichenspende ist sie nur schwer vorstellbar. Das in den §§ 17, 17 TPG enthalte-

ne Organhandelsverbot ist diesbezüglich viel zu weit und kann daher durch dieses Schutzgut nur in Teilen gerechtfertigt werden.

- Das Rechtsgut „Körperintegrität" betrifft den Spender. Wegen des Rechts auf körperbezogene Selbstbestimmung erscheint problematisch, dass dieser gleichzeitig Normadressat ist. Wenn rechtswirksam eingewilligt wurde, darf der Staat dem Bürger eine Beeinträchtigung der Körperintegrität nicht verbieten. Zudem kann dieses Schutzgut das Organhandelsverbot nicht in seiner jetzigen umfassenden Form rechtfertigen. Der gesamte Bereich der Leichenspende lässt sich so nicht legitimieren.

- Die in Art. 1 I GG normierte Menschenwürde ist grundsätzlich taugliches Schutzgut einer (strafbewehrten) Verhaltensnorm. Wenn jedoch der Spender mit der Organentnahme einverstanden ist, kann die Menschenwürde nicht als Legitimationsgrund für ein Verbot herangezogen werden. Das Selbstbestimmungsrecht ist Teil der Menschenwürde. Nicht der Staat, sondern das einzelne Subjekt entscheidet somit, was Bestandteil seiner Würde ist bzw. wann diese verletzt wird.

- Die Bekämpfung des Organhandels in der dritten Welt entpuppt sich bei näherem Hinsehen als Scheinrechtsgut, das nicht geeignet ist, weitergehende Eingriffe zu rechtfertigen. Letztlich geht es auch hier nur um den Schutz der körperlichen Integrität und des Selbstbestimmungsrechtes der Spender.

- Der Schutz der Integrität des Transplantationswesens ist zwar grundsätzlich geeignet, eine Verhaltensnorm zu legitimieren. Für eine Strafbewehrung dieses Verbotes ist der Unrechtsgehalt der einzelnen Verhaltensweise hinsichtlich dieses Schutzzwecks jedoch nicht ausreichend.

- Auch das Rechtsgut „Pietätsgefühl der Allgemeinheit" kann, wenn man es überhaupt als Rechtsgut anerkennt, nur in Teilen geeignet sein, ein Organhandelsverbot zu legitimieren. Der gesamte Bereich der Lebendspende und die Leichenspende mit Einwilligung des Betroffenen müssen ausgeklammert werden. Über menschliche Leichname darf nicht nach Belieben verfügt werden. Dies ergibt sich aber nicht aus Rechten der Allgemeinheit oder Hinterbliebener, sondern aus dem postmortalen Persönlichkeitsrecht und der zumindest bei Hirntoten noch verbleibenden Menschenwürde.

G. Anhang: Normen aus dem TPG

Abschnitt 1

Allgemeine Vorschriften

§ 1 Anwendungsbereich

(1) Dieses Gesetz gilt für die Spende und die Entnahme von menschlichen Organen oder Geweben zum Zwecke der Übertragung sowie für die Übertragung der Organe oder der Gewebe einschließlich der Vorbereitung dieser Maßnahmen. Es gilt ferner für das Verbot des Handels mit menschlichen Organen oder Geweben.

(2) Dieses Gesetz gilt nicht für
1. Gewebe, die innerhalb ein und desselben chirurgischen Eingriffs einer Person entnommen werden, um auf diese rückübertragen zu werden,
2. Blut und Blutbestandteile.

§ 1 a Begriffsbestimmungen

Im Sinne dieses Gesetzes

1. sind Organe, mit Ausnahme der Haut, alle aus verschiedenen Geweben bestehenden Teile des menschlichen Körpers, die in Bezug auf Struktur, Blutgefäßversorgung und Fähigkeit zum Vollzug physiologischer Funktionen eine funktionale Einheit bilden, einschließlich der Organteile und einzelnen Gewebe oder Zellen eines Organs, die zum gleichen Zweck wie das ganze Organ im menschlichen Körper verwendet werden können;
2. sind vermittlungspflichtige Organe die Organe Herz, Lunge, Leber, Niere, Bauchspeicheldrüse und Darm im Sinne der Nummer 1, die nach § 3 oder § 4 entnommen worden sind;
3. sind nicht regenerierungsfähige Organe alle Organe, die sich beim Spender nach der Entnahme nicht wieder bilden können;
4. sind Gewebe alle aus Zellen bestehenden Bestandteile des menschlichen Körpers, die keine Organe nach Nummer 1 sind, einschließlich einzelner menschlicher Zellen;

5. sind nächste Angehörige in der Rangfolge ihrer Aufzählung
   a. der Ehegatte oder der eingetragene Lebenspartner,
   b. die volljährigen Kinder,
   c. die Eltern oder, sofern der mögliche Organ- oder Gewebespender zur Todeszeit minderjährig war und die Sorge für seine Person zu dieser Zeit nur einem Elternteil, einem Vormund oder einem Pfleger zustand, dieser Sorgeinhaber,
   d. die volljährigen Geschwister,
   e. die Großeltern;
6. ist Entnahme die Gewinnung von Organen oder Geweben;
7. ist Übertragung die Verwendung von Organen oder Geweben in oder an einem menschlichen Empfänger sowie die Anwendung beim Menschen außerhalb des Körpers;
8. ist Gewebeeinrichtung eine Einrichtung, die Gewebe zum Zwecke der Übertragung entnimmt, untersucht, aufbereitet, be- oder verarbeitet, konserviert, kennzeichnet, verpackt, aufbewahrt oder an andere abgibt;
9. ist Einrichtung der medizinischen Versorgung ein Krankenhaus oder eine andere Einrichtung mit unmittelbarer Patientenbetreuung, die fachlich-medizinisch unter ständiger ärztlicher Leitung steht und in der ärztliche medizinische Leistungen erbracht werden;
10. ist schwerwiegender Zwischenfall jedes unerwünschte Ereignis im Zusammenhang mit der Entnahme, Untersuchung, Aufbereitung, Be- oder Verarbeitung, Konservierung, Aufbewahrung oder Abgabe von Geweben, das die Übertragung einer ansteckenden Krankheit, den Tod oder einen lebensbedrohenden Zustand, eine Behinderung oder einen Fähigkeitsverlust von Patienten zur Folge haben könnte oder einen Krankenhausaufenthalt erforderlich machen oder verlängern könnte oder zu einer Erkrankung führen oder diese verlängern könnte; als schwerwiegender Zwischenfall gilt auch jede fehlerhafte Identifizierung oder Verwechslung von Keimzellen oder Embryonen im Rahmen von Maßnahmen einer medizinisch unterstützten Befruchtung;
11. ist schwerwiegende unerwünschte Reaktion eine unbeabsichtigte Reaktion, einschließlich einer übertragbaren Krankheit, beim Spender oder Empfänger im Zusammenhang mit der Entnahme oder der Übertragung von Geweben, die tödlich oder lebensbedrohend verläuft, eine Behinderung oder einen Fähigkeitsverlust zur Folge hat oder einen Krankenhausaufenthalt erforderlich macht oder verlängert oder zu einer Erkrankung führt oder diese verlängert.

Abschnitt 2

Entnahme von Organen und Geweben bei toten Spendern

§ 3 Entnahme mit Einwilligung des Spenders

(1) Die Entnahme von Organen oder Geweben ist, soweit in § 4 oder § 4a nichts Abweichendes bestimmt ist, nur zulässig, wenn

1. der Organ- oder Gewebespender in die Entnahme eingewilligt hatte,
2. der Tod des Organ- oder Gewebespenders nach Regeln, die dem Stand der Erkenntnisse der medizinischen Wissenschaft entsprechen, festgestellt ist und
3. der Eingriff durch einen Arzt vorgenommen wird.

Abweichend von Satz 1 Nr. 3 darf die Entnahme von Geweben auch durch andere dafür qualifizierte Personen unter der Verantwortung und nach fachlicher Weisung eines Arztes vorgenommen werden.

(2) Die Entnahme von Organen oder Geweben ist unzulässig, wenn

1. die Person, deren Tod festgestellt ist, der Organ- oder Gewebeentnahme widersprochen hatte,
2. nicht vor der Entnahme bei dem Organ- oder Gewebespender der endgültige, nicht behebbare Ausfall der Gesamtfunktion des Großhirns, des Kleinhirns und des Hirnstamms nach Verfahrensregeln, die dem Stand der Erkenntnisse der medizinischen Wissenschaft entsprechen, festgestellt ist.(3) Der Arzt hat den nächsten Angehörigen des Organ- oder Gewebespenders über die beabsichtigte Organ- oder Gewebeentnahme zu unterrichten. Die entnehmende Person hat Ablauf und Umfang der Organ- oder Gewebeentnahme aufzuzeichnen. Der nächste Angehörige hat das Recht auf Einsichtnahme. Er kann eine Person seines Vertrauens hinzuziehen.

§ 4 Entnahme mit Zustimmung anderer Personen

(1) Liegt dem Arzt, der die Organ- oder Gewebeentnahme vornehmen oder unter dessen Verantwortung die Gewebeentnahme nach § 3 Abs. 1 Satz 2 vorgenommen werden soll, weder eine schriftliche Einwilligung noch ein schriftlicher Widerspruch des möglichen Organ- oder Gewebespenders vor, ist dessen nächster Angehöriger zu befragen, ob ihm von diesem eine Erklärung zur Organ- oder Gewebespende bekannt ist. Ist auch dem nächsten Angehörigen eine solche Erklärung nicht bekannt, so ist die Entnahme unter den Voraussetzungen des § 3 Abs. 1 Satz 1 Nr. 2 und 3, Satz 2 und Abs. 2

Nr. 2 nur zulässig, wenn ein Arzt den nächsten Angehörigen über eine in Frage kommende Organ- oder Gewebeentnahme unterrichtet und dieser ihr zugestimmt hat. Kommt eine Entnahme mehrerer Organe oder Gewebe in Betracht, soll die Einholung der Zustimmung zusammen erfolgen. Der nächste Angehörige hat bei seiner Entscheidung einen mutmaßlichen Willen des möglichen Organ- oder Gewebespenders zu beachten. Der Arzt hat den nächsten Angehörigen hierauf hinzuweisen. Der nächste Angehörige kann mit dem Arzt vereinbaren, dass er seine Erklärung innerhalb einer bestimmten, vereinbarten Frist widerrufen kann; die Vereinbarung bedarf der Schriftform.

(2) Der nächste Angehörige ist nur dann zu einer Entscheidung nach Absatz 1 befugt, wenn er in den letzten zwei Jahren vor dem Tod des möglichen Organ- oder Gewebespenders zu diesem persönlichen Kontakt hatte. Der Arzt hat dies durch Befragung des nächsten Angehörigen festzustellen. Bei mehreren gleichrangigen nächsten Angehörigen genügt es, wenn einer von ihnen nach Absatz 1 beteiligt wird und eine Entscheidung trifft; es ist jedoch der Widerspruch eines jeden von ihnen beachtlich. Ist ein vorrangiger nächster Angehöriger innerhalb angemessener Zeit nicht erreichbar, genügt die Beteiligung und Entscheidung des zuerst erreichbaren nächsten Angehörigen. Dem nächsten Angehörigen steht eine volljährige Person gleich, die dem möglichen Organ- oder Gewebespender bis zu seinem Tode in besonderer persönlicher Verbundenheit offenkundig nahegestanden hat; sie tritt neben den nächsten Angehörigen.

(3) Hatte der mögliche Organ- oder Gewebespender die Entscheidung über eine Organ- oder Gewebeentnahme einer bestimmten Person übertragen, tritt diese an die Stelle des nächsten Angehörigen.

(4) Der Arzt hat Ablauf, Inhalt und Ergebnis der Beteiligung der nächsten Angehörigen sowie der Personen nach Absatz 2 Satz 5 und Absatz 3 aufzuzeichnen. Die nächsten Angehörigen sowie die Personen nach Absatz 2 Satz 5 und Absatz 3 haben das Recht auf Einsichtnahme.

§ 5 Nachweisverfahren

(1) Die Feststellungen nach § 3 Abs. 1 Satz 1 Nr. 2 und Abs. 2 Nr. 2 sind jeweils durch zwei dafür qualifizierte Ärzte zu treffen, die den Organ- oder Gewebespender unabhängig voneinander untersucht haben. Abweichend von Satz 1 genügt zur Feststellung nach § 3 Abs. 1 Satz 1 Nr. 2 die Untersuchung und Feststellung durch einen Arzt, wenn der endgültige, nicht behebbare Stillstand von Herz und Kreislauf eingetreten ist und seitdem mehr als drei Stunden vergangen sind.

(2) Die an den Untersuchungen nach Absatz 1 beteiligten Ärzte dürfen weder an der Entnahme noch an der Übertragung der Organe oder Gewebe des Spenders beteiligt sein. Sie dürfen auch nicht Weisungen eines Arztes unterstehen, der an diesen Maßnahmen beteiligt ist. Die Feststellung der Untersuchungsergebnisse und ihr Zeitpunkt sind von den Ärzten unter Angabe der zugrunde liegenden Untersuchungsbefunde unverzüglich jeweils in einer Niederschrift aufzuzeichnen und zu unterschreiben. Dem nächsten Angehörigen sowie den Personen nach § 4 Abs. 2 Satz 5 und Abs. 3 ist Gelegenheit zur Einsichtnahme zu geben. Sie können eine Person ihres Vertrauens hinzuziehen.

(3) Die Feststellung nach § 4a Abs. 1 Satz 1 Nr. 1 ist durch einen Arzt zu treffen, der weder an der Entnahme noch an der Übertragung der Organe oder Gewebe des Embryos oder Fötus beteiligt sein darf. Er darf auch nicht Weisungen eines Arztes unterstehen, der an diesen Maßnahmen beteiligt ist. Die Untersuchungsergebnisse und der Zeitpunkt ihrer Feststellung sind von den Ärzten unter Angabe der zugrunde liegenden Untersuchungsbefunde unverzüglich jeweils in einer gesonderten Niederschrift aufzuzeichnen und zu unterschreiben. Der Frau, die mit dem Embryo oder Fötus schwanger war, ist Gelegenheit zur Einsichtnahme zu geben. Sie kann eine Person ihres Vertrauens hinzuziehen.

§ 6 Achtung der Würde des Organ- und Gewebespenders

(1) Die Organ- oder Gewebeentnahme bei verstorbenen Personen und alle mit ihr zusammenhängenden Maßnahmen müssen unter Achtung der Würde des Organ- oder Gewebespenders in einer der ärztlichen Sorgfaltspflicht entsprechenden Weise durchgeführt werden.

(2) Der Leichnam des Organ- oder Gewebespenders muss in würdigem Zustand zur Bestattung übergeben werden. Zuvor ist dem nächsten Angehörigen Gelegenheit zu geben, den Leichnam zu sehen.

(3) Die Absätze 1 und 2 gelten entsprechend für tote Embryonen und Föten.

Abschnitt 3

Entnahme von Organen und Geweben bei lebenden Spendern

§ 8 Entnahme von Organen und Geweben

(1) Die Entnahme von Organen oder Geweben zum Zwecke der Übertragung auf andere ist bei einer lebenden Person, soweit in § 8a nichts Abweichendes bestimmt ist, nur zulässig, wenn
1. die Person
   a. volljährig und einwilligungsfähig ist,
   b. nach Absatz 2 Satz 1 und 2 aufgeklärt worden ist und in die Entnahme eingewilligt hat,
   c. nach ärztlicher Beurteilung als Spender geeignet ist und voraussichtlich nicht über das Operationsrisiko hinaus gefährdet oder über die unmittelbaren Folgen der Entnahme hinaus gesundheitlich schwer beeinträchtigt wird,
2. die Übertragung des Organs oder Gewebes auf den vorgesehenen Empfänger nach ärztlicher Beurteilung geeignet ist, das Lebens dieses Menschen zu erhalten oder bei ihm eine schwerwiegende Krankheit zu heilen, ihre Verschlimmerung zu verhüten oder ihre Beschwerden zu lindern,
3. im Fall der Organentnahme ein geeignetes Organ eines Spenders nach § 3 oder § 4 im Zeitpunkt der Organentnahme nicht zur Verfügung steht und
4. der Eingriff durch einen Arzt vorgenommen wird.
Die Entnahme einer Niere, des Teils einer Leber oder anderer nicht regenerierungsfähiger Organe ist darüber hinaus nur zulässig zum Zwecke der Übertragung auf Verwandte ersten oder zweiten Grades, Ehegatten, eingetragene Lebenspartner, Verlobte oder andere Personen, die dem Spender in besonderer persönlicher Verbundenheit offenkundig nahestehen.
(2) Der Spender ist durch einen Arzt in verständlicher Form aufzuklären über
1. den Zweck und die Art des Eingriffs,
2. die Untersuchungen sowie das Recht, über die Ergebnisse der Untersuchungen unterrichtet zu werden,
3. die Maßnahmen, die dem Schutz des Spenders dienen, sowie den Umfang und mögliche, auch mittelbare Folgen und Spätfolgen der beabsichtigten Organ- oder Gewebeentnahme für seine Gesundheit,
4. die ärztliche Schweigepflicht,

5. die zu erwartende Erfolgsaussicht der Organ- oder Gewebeübertragung und sonstige Umstände, denen er erkennbar eine Bedeutung für die Spende beimisst, sowie über

6. die Erhebung und Verwendung personenbezogener Daten.

Der Spender ist darüber zu informieren, dass seine Einwilligung Voraussetzung für die Organ- oder Gewebeentnahme ist. Die Aufklärung hat in Anwesenheit eines weiteren Arztes, für den § 5 Abs. 2 Satz 1 und 2 entsprechend gilt, und, soweit erforderlich, anderer sachverständiger Personen zu erfolgen. Der Inhalt der Aufklärung und die Einwilligungserklärung des Spenders sind in einer Niederschrift aufzuzeichnen, die von den aufklärenden Personen, dem weiteren Arzt und dem Spender zu unterschreiben ist. Die Niederschrift muss auch eine Angabe über die versicherungsrechtliche Absicherung der gesundheitlichen Risiken nach Satz 1 enthalten. Die Einwilligung kann schriftlich oder mündlich widerrufen werden. Satz 3 gilt nicht im Fall der beabsichtigten Entnahme von Knochenmark.

(3) Bei einem Lebenden darf die Entnahme von Organen erst durchgeführt werden, nachdem sich der Spender und der Empfänger, die Entnahme von Geweben erst, nachdem sich der Spender zur Teilnahme an einer ärztlich empfohlenen Nachbetreuung bereit erklärt hat. Weitere Voraussetzung für die Entnahme von Organen bei einem Lebenden ist, dass die nach Landesrecht zuständige Kommission gutachtlich dazu Stellung genommen hat, ob begründete tatsächliche Anhaltspunkte dafür vorliegen, dass die Einwilligung in die Organspende nicht freiwillig erfolgt oder das Organ Gegenstand verbotenen Handeltreibens nach § 17 ist. Der Kommission muss ein Arzt, der weder an der Entnahme noch an der Übertragung von Organen beteiligt ist, noch Weisungen eines Arztes untersteht, der an solchen Maßnahmen beteiligt ist, eine Person mit der Befähigung zum Richteramt und eine in psychologischen Fragen erfahrene Person angehören. Das Nähere, insbesondere zur Zusammensetzung der Kommission, zum Verfahren und zur Finanzierung, wird durch Landesrecht bestimmt.

Abschnitt 6

Verbotsvorschriften

§ 17 Verbot des Organ- und Gewebehandels

(1) Es ist verboten, mit Organen oder Geweben, die einer Heilbehandlung eines anderen zu dienen bestimmt sind, Handel zu treiben. Satz 1 gilt nicht für

1. die Gewährung oder Annahme eines angemessenen Entgelts für die zur Erreichung des Ziels der Heilbehandlung gebotenen Maßnahmen, insbesondere für die Entnahme, die Konservierung, die weitere Aufbereitung einschließlich der Maßnahmen zum Infektionsschutz, die Aufbewahrung und die Beförderung der Organe oder Gewebe, sowie

2. Arzneimittel, die aus oder unter Verwendung von Organen oder Geweben hergestellt und den Vorschriften über die Zulassung nach § 21 des Arzneimittelgesetzes, auch in Verbindung mit § 37 des Arzneimittelgesetzes, oder der Registrierung nach § 38 oder § 39a des Arzneimittelgesetzes unterliegen oder durch Rechtsverordnung nach § 36 des Arzneimittelgesetzes von der Zulassung oder nach § 39 Abs. 3 des Arzneimittelgesetzes von der Registrierung freigestellt sind, oder Wirkstoffe im Sinne des § 4 Abs. 19 des Arzneimittelgesetzes, die aus oder unter Verwendung von Zellen hergestellt sind.

(2) Ebenso ist verboten, Organe oder Gewebe, die nach Absatz 1 Satz 1 Gegenstand verbotenen Handeltreibens sind, zu entnehmen, auf einen anderen Menschen zu übertragen oder sich übertragen zu lassen.

Abschnitt 7

Straf- und Bußgeldvorschriften

§ 18 Organ- und Gewebehandel

(1) Wer entgegen· § 17 Abs. 1 Satz 1 mit einem Organ oder Gewebe Handel treibt oder entgegen § 17 Abs. 2 ein Organ oder Gewebe entnimmt, überträgt oder sich übertragen lässt, wird mit Freiheitsstrafe bis zu fünf Jahren oder mit Geldstrafe bestraft.

(2) Handelt der Täter in den Fällen des Absatzes 1 gewerbsmäßig, ist die Strafe Freiheitsstrafe von einem Jahr bis zu fünf Jahren.

(3) Der Versuch ist strafbar.

(4) Das Gericht kann bei Organ- oder Gewebespendern, deren Organe oder Gewebe Gegenstand verbotenen Handeltreibens waren, und bei Organ- oder Gewebeempfängern von einer Bestrafung nach Absatz 1 absehen oder die Strafe nach seinem Ermessen mildern (§ 49 Abs. 2 des Strafgesetzbuchs).

Literaturverzeichnis

Ach, Johann S./Anderheiden, Michael/Quante, Michael: Ethik der Organtransplantation, 1. Aufl. 2000.

Achenbach, Hans: Beteiligung am Suizid und Sterbehilfe – Strukturen eines unübersichtlichen Problemfeldes, Jura 2002, S. 542 ff.

Albrecht, Peter-Alexis: Kriminologie: eine Grundlegung zum Strafrecht, 3. Aufl. 2005.

Amelung, Knut: Der Begriff des Rechtsguts in der Lehre vom strafrechtlichen Rechtsgüterschutz, in: Hefendehl/von Hirsch/Wohlers, Die Rechtsgutstheorie – Legitimationsbasis des Strafrechts oder dogmatisches Glasperlenspiel, 2003, S. 155 ff.

Amelung, Knut: Rechtsgüterschutz und Schutz der Gesellschaft: Untersuchungen zum Inhalt und zum Anwendungsbereich eines Strafrechtsprinzips auf dogmengeschichtlicher Grundlage; zugleich ein Beitrag zur Lehre von der „Sozialschädlichkeit" des Verbrechens, 1972 (zit.: Amelung, Rechtsgüterschutz).

Amelung, Knut/Eymann, Frieder: Die Einwilligung des Verletzten im Strafrecht, JuS 2001, S. 937 ff.

Appel, Ivo: Verfassung und Strafe: zu den verfassungsrechtlichen Grenzen staatlichen Strafens, 1998.

Aumann, Christian/Gaertner, Wulf: Die Organknappheit – Ein Plädoyer für eine Marktlösung, in: Breyer, Friedrich/Engelhard, Margret (Hrsg.), Anreize zur Organspende, Graue Reihe Nr. 39, November 2006, S. 59 ff.

Baumann, Jürgen/Weber, Ulrich/Mitsch, Wolfgang: Strafrecht, allgemeiner Teil, Lehrbuch, 9.Aufl. 2003.

Benda, Ernst (Hrsg.): Handbuch des Verfassungsrechts der Bundesrepublik Deutschland, 2. Aufl. 1994.

Bergmann, Matthias/Freund, Georg: Zur Reichweite des Betrugstatbestandes bei rechts- oder sittenwidrigen Geschäften, JR 1988, S. 189 ff.

Berz, Ulrich: Die Bedeutung der Sittenwidrigkeit für die rechtfertigende Einwilligung, GA 1969, S. 145 ff.

Binding, Karl: Systematisches Handbuch der deutschen Rechtswissenschaft, Handbuch des Strafrechts, Band 1, 1885.

Binding, Karl: Die Normen und ihre Übertretung, Band 2.1, 1914.

Birnbaum, J. M. F.: Über das Erfordernis einer Rechtsverletzung zum Begriffe des Verbrechens, mit besonderer Rücksicht auf den Begriff der Ehrenkränkung, Archiv des Criminalrechts, 1834, S. 149 ff.

Blankart, Charles B.: Spender ohne Rechte. Das Drama der Organtransplantation, in: Breyer, Friedrich/Engelhard, Margret (Hrsg.), Anreize zur Organspende, Graue Reihe Nr. 39, November 2006, S. 27 ff.

Bleckmann, Albert: Staatsrecht II – Die Grundrechte, 4. Aufl. 1997.

Bockelmann, Paul/Volk, Klaus: Strafrecht, allgemeiner Teil, 4. Aufl. 1987.

Calliess, Rolf-Peter: Theorie der Strafe im demokratischen und sozialen Rechtsstaat: ein Beitrag zur strafrechtsdogmatischen Grundlagendiskussion, 1974.

Cooter, Robert D.: The best Right Laws: Value Foundations of the Economic Analysis of Law, Notre Dame Law Review, 64, S. 812 ff.

Czerner, Frank: Leichenteilasservate zwischen Forschungsfreiheit und Störung der Totenruhe, ZStW 115 (2003), S. 91 ff.

Detterbeck, Steffen: Öffentliches Recht – Staatsrecht, Verwaltungsrecht, Europarecht mit Übungsfällen, Ein Basislehrbuch, 6. Aufl. 2008.

Dölling, Dieter: Anmerkung zum Beschluss des Pfälz. OLG Zweibrücken v. 14.05.1993 – 1 Ss 90/93, JR 1994, S. 520 f.

Dreier, Horst: Grundgesetz, Band 1, Präambel, Art. 1–19, 2. Aufl. 2004.

Dürig, Günter: Der Grundsatz der Menschenwürde – Entwurf eines praktikablen Wertsystems der Grundrechte aus Art. 1 Abs. I in Verbindung mit Art. 19 Abs. II des Grundgesetzes, AöR 81 (1956), S. 117 ff.

Duttge, Gunnar: Freiheit für alle oder allgemeine Handlungsfreiheit?, NJW 1997, S. 3353 ff.

Duttge, Gunnar: Der BGH auf rechtsphilosophischen Abwegen – Einwilligung in Körperverletzung und „gute Sitten", NJW 2005, S. 260 ff.

Eidenmüller, Horst: Effizienz als Rechtsprinzip: Möglichkeiten und Grenzen der ökonomischen Analyse des Rechts, 2. Aufl. 1998.

Enderlein, Wolfgang: Rechtspaternalismus und Vertragsrecht, 1996.

Enders, Christoph: Die Menschenwürde in der Verfassungsordnung – Zur Dogmatik des Art. 1 GG, 1997.

Esser, Dirk: Verfassungsrechtliche Aspekte der Lebendspende von Organen zu Transplantationszwecken, 2000.

Fateh-Moghadam, Bijan: Die Einwilligung in die Lebendorganspende: Die Entfaltung des Paternalismusproblems im Horizont differenter Rechtsordnungen am Beispiel Deutschlands und Englands, 2008.

Feinberg, Joel: Harm to self, The Moral Limits of the Criminal Law, Volume 3, 1989.

Feuerbach, Anselm von: Lehrbuch des gemeinen in Deutschland geltenden Peinlichen Rechts, 1801.

Firnkorn, Hans-Jürgen (Hrsg.): Hirntod als Todeskriterium, 2000.

Freund, Georg: Erfolgsdelikt und Unterlassen: Zu den Legitimationsbedingungen von Schuldspruch und Strafe, 1992.

Freund, Georg: Richtiges Entscheiden – am Beispiel der Verhaltensbewertung aus der Perspektive des Betroffenen, insbesondere im Strafrecht, GA 1991, S. 387 ff.

Freund, Georg: Der Zweckgedanke im Strafrecht?, GA 1995, S. 4 ff.

Freund, Georg: Der Entwurf eines 6. Gesetzes zur Reform des Strafrechts – Eine Würdigung unter Einbeziehung der Stellungsnahme eines Arbeitskreises von Strafrechtslehrern, ZStW 109 (1997), S. 455 ff.

Freund, Georg: Recht als Weg zur Gerechtigkeit am Beginn und am Ende des Lebens? Gedanken zu (Spät-)Abtreibung und Sterbehilfe, in: Janich, Peter, Humane Orientierungswissenschaft, 2008, S. 149 ff.

Freund, Georg: Strafrecht, allgemeiner Teil: Personale Straftatlehre, 2. Aufl. 2009.

Freund, Georg/Klapp, Sarah: Anmerkung zum Beschluss des BayObLG v. 28.08.2002 – 5 St RR 179/2002, JR 2003, S. 431 ff.

Friedländer , Michael M.: The right to sell or buy a kidney: are we failing our patients?, in: The Lancet (359), S. 971 ff.

Frisch, Wolfgang: Leben und Selbstbestimmungsrecht im Strafrecht, in: Leipold, Dieter (Hrsg.), Selbstbestimmungsrecht in der modernen Gesellschaft aus deutscher und japanischer Sicht, 1997, S. 103 ff.

Frisch, Wolfgang: Vorsatz und Risiko: Grundfragen des tatbestandsmäßigen Verhaltens und des Vorsatzes; zugleich ein Beitrag zur Behandlung außertatbestandlicher Möglichkeitsvorstellungen, 1983.

Frisch, Wolfgang: Zum Unrecht der sittenwidrigen Körperverletzung (§ 228 StGB), in: FS für Hans Joachim Hirsch, 1999, S. 485 ff.

Frisch, Wolfgang: Rechtsgut, Recht, Deliktsstruktur und Zurechnung im Rahmen der Legitimation staatlichen Strafens, in: Hefendehl/von Hirsch/Wohlers, Die Rechtsgutstheorie – Legitimationsbasis des Strafrechts oder dogmatisches Glasperlenspiel, 2003, S. 215 ff.

Fritzweiler, Jochen: Gefährliches Boxen und staatliches Verbot?, SpuRt 1995, S. 156 f.

Geddert-Steinacher, Tanja: Menschenwürde als Verfassungsbegriff – Aspekte der Rechtsprechung des Bundesverfassungsgerichts zu Art. 1 Abs. 1 Grundgesetz, 1990.

Gern, Alfons: Die Rangfolge der Auslegungsmethoden von Rechtsnormen, Verwaltungsarchiv 80 (1989), S. 415 ff.

Glaser, Fritz: Die Religionsdelikte nach dem Vorentwurfe und nach dem Gegenentwurfe zu einem deutschen Strafgesetzbuch, ZStW 33 (1912), S. 825 ff.

Gössel, Karl-Heinz: Alte und neue Wege der Fahrlässigkeitslehre, in: FS für Bengl, 1984, S. 23 ff.

Gössel, Karl-Heinz: Norm und fahrlässiges Verbrechen, in FS für Bruns, 1978, S. 43 ff.

Gragert, Jörg: Strafrechtliche Aspekte des Organhandels, 1997.

Gronimus, Andreas: Forum: Noch einmal Peep-Show und Menschenwürde, JuS 1985, S. 174 ff.

Gropp, Walter: Strafrecht, Allgemeiner Teil, 3. Aufl. 2005.

Grünhut, Max: Methodische Grundlagen der heutigen Strafrechtswissenschaft, in: FS für Frank, Band I, S. 1 ff.

Guhra, Emanuel: Das vorsätzlich-tatbestandsmäßige Verhalten beim beendeten Versuch: ein Beitrag zur personalen Unrechtslehre, 2002

Günther, Hans-Ludwig: Die Genese eines Straftatbestandes, JuS 1978, S. 8 ff.

Gürtner, Franz: Das kommende deutsche Strafrecht BT, 2. Aufl. 1936.

Gutmann, Thomas: Probleme einer gesetzlichen Regelung der Lebendspende von Organen, MedR 1997, S. 147 ff.

Gutmann, Thomas: Freiwilligkeit als Rechtsbegriff, 2001.

Gutmann, Thomas: Patientenautonomie am Beispiel der Lebendorganspende, 1. Aufl. 2006.

Gutmann, Thomas: Für ein neues Transplantationsgesetz: eine Bestandsaufnahme des Novellierungsbedarfs im Recht der Transplantationsmedizin, 2006.

Haas, Volker: Kausalität und Rechtsverletzung: Ein Beitrag zu den Grundlagen strafrechtlicher Erfolgshaftung am Beispiel des Abbruchs rettender Kausalverläufe, 2002.

Häberle, Peter: Die Abhörentscheidung des BVerfG vom 15.12.1970, JZ 1971, S. 145 ff.

Hamm, Rainer: Monokeltests und Menschenwürde, NJW 1999, S. 922 f.

Hassemer, Winfried: Theorie und Soziologie des Verbrechens – Ansätze zu einer praxisorientierten Rechtsgutslehre, 1973.

Hassemer, Winfried: Darf es Straftaten geben, die ein strafrechtliches Rechtsgut nicht in Mitleidenschaft ziehen?, in: Hefendehl, Roland/Hirsch, Andrew von/ Wohlers, Wolfgang, (Hrsg.), Rechtsgutstheorie – Legitimationsbasis des Strafrechts oder dogmatisches Glasperlenspiel?, 2003, S. 57 ff.

Hassemer, Winfried: Strafrechtlicher Rechtsgüterschutz unter der Verfassung, in: FS für Androulakis, S. 207 ff.

Hauck, Waltraud/Müller, Frank: Zur Sache: Organspende, 1994.

Hebborn, Ansgar: Möglichkeiten und Grenzen eines Marktes für Organtransplantate, 1998.

Hefendehl, Roland: Kollektive Rechtsgüter im Strafrecht, 2002.

216

Hefendehl, Roland: Die Materialisierung von Rechtsgut und Deliktstruktur, GA 2002, S. 21 ff.

Hefendehl, Wolfgang: Das Rechtsgut als materialer Ausgangspunkt einer Strafnorm, in: Hefendehl, Roland/Hirsch, Andrew von/Wohlers, Wolfgang, Die Rechtsgutstheorie – Legitimationsbasis des Strafrechts oder dogmatisches Glasperlenspiel?, 2003, S. 119 ff.

Heghmanns, Michael: Grundzüge einer Dogmatik der Straftatbestände zum Schutz von Verwaltungsrecht oder Verwaltungshandeln, 2000.

Heinig, Hans Michael: Paternalismus und Sozialstaat, in: Anderheiden, Michael (Hrsg.), Paternalismus und Recht – In memoriam Angela Augustin (1968–2004), 2006, S. 157 ff.

Hellermann, Johannes: Die sogenannte negative Seite der Freiheitsrechte, 1993.

Herdegen, Matthias: Die Menschenwürde im Fluß des bioethischen Diskurses, JZ 2001, S. 773 ff.

Herzog, Felix/Nestler-Tremel, Cornelius: Aids und Strafrecht – Schreckensverbreitung oder Normstabilisierung?, StV 1987, S. 360 ff.

Hinrichs, Ulrike: „Big Brother" und die Menschenwürde, NJW 2000, S. 2173 ff.

Hirsch, Andrew von: Direkter Paternalismus: Sollten Selbstschädigungen bestraft werden?, in: Anderheiden, Michael (Hrsg.), Paternalismus und Recht – In memoriam Angela Augustin (1968–2004), 2006.

Hirsch, Hans Joachim: Hauptprobleme einer Reform der Delikte gegen die körperliche Unversehrtheit, ZStW 83 (1971), S. 140 ff.

Hirsch, Hans Joachim: Anmerkung zum Urteil des BGH v. 26.05.2004 – 2 StR 505/03 –, JR 2004, S. 475.

Hesse, Konrad: Grundzüge des Verfassungsrechts der Bundesrepublik Deutschland, 20. Aufl. 1999.

Hoerster, Norbert: Forum: Das „Recht auf Leben" der menschlichen Leibesfrucht – Rechtswirklichkeit oder Verfassungslyrik?, in: JuS 1995, S. 192 ff.

Höfer, Yvonne: Organtransplantation und medizinische Ethik, 2001.

Hofmann, Hasso: Die versprochene Menschenwürde, AöR 118 (1993), S. 353 ff.

Hohmann, Olaf: Das Rechtsgut der Umweltdelikte: Grenzen des strafrechtlichen Umweltschutzes, 1991.

Honig, Richard: Die Einwilligung des Verletzten, 1919.

Hörnle, Tatjana: Grob anstößiges Verhalten – Strafrechtlicher Schutz von Moral, Gefühlen und Tabus, 2005.

Hubmann, Heinrich: Das Persönlichkeitsrecht, 2. Aufl. 1967.

Isensee, Josef/Kirchhof, Paul: Handbuch des Staatsrechts der Bundesrepublik Deutschland, Band 6, 1989.

Jäger, Herbert: Strafgesetzgebung und Rechtsgüterschutz bei Sittlichkeitsdelikten: eine kriminalsoziologische Untersuchung, 1957.

Jäger, Christian: Die Abwägbarkeit menschlichen Lebens im Spannungsfeld von Strafrechtsdogmatik und Rechtsphilosophie, ZStW 115 (2003), S. 765 ff.

Jakobs, Günther: Strafrecht Allgemeiner Teil, 2. Aufl. 1991.

Jakobs, Günther: Einwilligung in sittenwidrige Körperverletzung, in: FS für Friedrich Christian Schroeder, 2006, S. 507 ff.

Jarass, Hans D./Pieroth, Bodo: Grundgesetz für die Bundesrepublik Deutschland: Kommentar, 9. Aufl. 2007.

Jerouschek, Günter: Vom Wert und Unwert der pränatalen Menschenwürde – Anmerkungen zu den Kontroversen um das Abtreibungsverbot der §§ 218 ff. StGB –, JZ 1989, S. 279 ff.

Jescheck, Hans-Heinrich/Weigend, Thomas: Lehrbuch des Strafrechts Allgemeiner Teil, 5. Aufl., 1996.

Jhering, Rudolf von: Der Zweck im Recht, 1904, S. 419 ff.

Joecks, Wolfgang/Miebach, Klaus: Münchener Kommentar zum Strafgesetzbuch, Band 1, §§ 1–51, 2003.

Jonas, Hans: Technik, Medizin und Ethik. Praxis des Prinzips Verantwortung, 1987.

Kahlo, Michael: Über den Zusammenhang von Rechtsgutsbegriff und objektiver Zurechnung im Strafrecht, in: Hefendehl/von Hirsch/Wohlers, Die Rechtsgutstheorie – Legitimationsbasis des Strafrechts oder dogmatisches Glasperlenspiel, 2003, S. 39 ff.

Kant, Immanuel: Grundlegung zur Metaphysik der Sitten, 1785.

Kaufmann, Erich: Kritik der neukantischen Rechtsphilosophie, Neudruck der Ausgabe Tübingen 1921, 1964.

Kindhäuser, Urs: Strafrecht Allgemeiner Teil, 3. Aufl. 2008.

Kliemt, Hartmut: Zur Kommodifizierung menschlicher Organe im freiheitlichen Rechtsstaat, in: Taupitz, Jochen (Hrsg.), Kommerzialisierung des menschlichen Körpers, 2007, S. 95 ff.

Kloepfer, Michael: Humangenetik als Verfassungsfrage, JZ 2002, S. 417 ff.

Kloepfer, Michael: Leben und Würde des Menschen, in: FS 50 Jahre BVerfG, Bd. II, S. 98 ff.

Köhne, Michael: Abstrakte Menschenwürde, GewArch 2004, S. 285 ff.

Kölbel, Ralf: Über die Wirkung außerstrafrechtlicher Normen auf die Strafgesetzgebung, GA 2002, S. 403 ff.

König, Peter: Strafbarer Organhandel, 1999.

Koriath, Heinz: Zum Streit um den Begriff des Rechtsguts, GA 1999, S. 561 ff.

Kreuzer, Arthur: Die Haschisch-Entscheidung des BVerfG, NJW 1994, S. 2400 ff.

Kübler, Heidrun: Verfassungsrechtliche Aspekte der Organentnahme zu Transplantationszwecken, 1977.

Kudlich, Hans: Anmerkung zum Urteil des BGH v. 22.04.2005 – 2StR 310/04, JR 2005, S. 342 ff.

Kühl, Kristian: Die sittenwidrige Körperverletzung, in: FS für Friedrich Christian Schroeder, 2006, S. 521 ff.

Lackner, Karl/Kühl, Kristian: Strafgesetzbuch: Kommentar, 26. Aufl. 2007.

Lagodny, Otto: Strafrecht vor den Schranken der Grundrechte, 1996.

Langer, Winrich: Die Sonderstraftat – Eine gesamtsystematische Grundlegung der Lehre vom Verbrechen, 2. Aufl. 2008.

Liszt, Franz von: Rechtsgut und Handlungsbegriff im Bindingschen Handbuche, ZStW 6 (1886), S. 663 ff.

Liszt, Franz von: Lehrbuch des deutschen Strafrechts, 3. Aufl. 1888.

Luhmann, Niklas: Grundrechte als Institution – Ein Beitrag zur politischen Soziologie, 1965.

Mangoldt, Hermann von: Die Grundrechte, DÖV 1949, S. 261 ff.

Mangoldt, Hermann von/Klein, Friedrich/Starck, Christian: Kommentar zum Grundgesetz, Bd. 1, Präambel, Art. 1–19, 5. Aufl. 2005.

Marckmann, Georg: Menschliches Blut – altruistische Spende für kommerzielle Zwecke?, in: Taupitz, Jochen (Hrsg.), Kommerzialisierung des menschlichen Körpers, 2007, S. 69 ff.

Marx, Karl: Zur Kritik der hegelschen Rechtsphilosophie (1844), in: Frühschriften, hrsg. von Siegried Landshut, 1964.

Marx, Michael: Zur Definition des Begriffs „Rechtsgut" – Prolegomena einer materialen Verbrechenslehre, 1971 (zit: Marx, Rechtsgut).

Maunz, Theodor/Dürig, Günter: Grundgesetz Kommentar, Band I, Art. 1–10, Lieferungen 1 bis 34, 1998.

Maunz, Theodor/Dürig, Günter: Grundgesetz Kommentar, Band I, Art. 1–5, 2007.

Maurach, Reinhart/Zipf, Heinz: Grundlagen des Strafrechts und Aufbau der Straftat, 8. Aufl. 1992.

Maurer, Hartmut: Staatsrecht I – Grundlagen, Verfassungsorgane, Staatsfunktionen, 5. Aufl. 2007.

Maurer, Hartmut: Die medizinische Organtransplantation in verfassungsrechtlicher Sicht, DÖV 1980, S. 7 ff.

Mayer, Hellmuth: Strafrecht: Allgemeiner Teil, 1967.

Meyer, Frank: Strafbarkeit und Strafwürdigkeit von „Stalking" im deutschen Recht, ZStW 115 (2003) , S. 249 ff.

Mill, John Stuart: On Liberty, Mit einer Einführung von Currin V. Shields, 1956.

Mir Puig, Santiago: Die „ex-ante"-Betrachtung im Strafrecht, in: FS für Jescheck, 1985, S. 337 ff.

Mir Puig, Santiago: Über das Objektive und das Subjektive im Unrechtstatbestand, in: GS für Armin Kaufmann, 1989, S. 253 ff.

Mir Puig, Santiago: Objektive Rechtswidrigkeit und Normwidrigkeit, ZStW 108 (1996), S. 759 ff.

Mitsch, Wolfgang: Recht der Ordnungswidrigkeiten, 2. Aufl. 2005.

Möller, Kai: Paternalismus und Persönlichkeitsrecht, 2005.

Müller-Emmert, Adolf: Sozialschädlichkeit und Strafbarkeit, GA 1976, S. 291 ff.

Münch, Ingo von/Kunig, Philip: Grundgesetz – Kommentar, Band 1, 5. Aufl. 1999.

Münzberg, Wolfgang: Verhalten und Erfolg als Grundlagen der Rechtswidrigkeit und Haftung, 1966.

Müssig, Bernd: Schutz abstrakter Rechtsgüter und abstrakter Rechtsgüterschutz, 1. Aufl. 1994.

Nelles, Ursula/Velten, Petra: Einstellungsvorschriften als Korrektiv für unverhältnismäßige Strafgesetze?, Anm. zum Cannabis-Beschluß des BVerfG, NStZ 1994, S. 366 ff.

Neumann, Ulrich/Puppe, Ingeborg/Schild, Wolfgang (Gesamtredaktion): Nomos Kommentar zum Strafgesetzbuch, Band 4, 1. Aufl., 1995.

Neumann, Franz Leopold/Nipperdey, Hans Carl/Scheuner, Ulrich: Die Würde des Menschen, in: Neumann/Nipperdey/Scheuner (Hrsg.), Die Grundrechte, Band II, 1954.

Oduncu, Fuat S./Schroth, Ulrich/Vossenkuhl, Wilhelm (Hrsg.): Transplantation: Organgewinnung und -allokation, 2003.

Olshausen, Henning von: Menschenwürde im Grundgesetz: Werteabsolutismus oder Selbstbestimmung?, NJW 1982, S. 2221 ff.

Otto, Harro: Grundkurs Strafrecht, Allgemeine Strafrechtslehre, 7. Aufl. 2004.

Otto, Harro: Eigenverantwortliche Selbstschädigung und -gefährdung sowie einverständliche Fremdschädigung und -gefährdung, in: FS für Tröndle, S. 157 ff.

Pater, Siegfried/Raman, Ashwin: Zum Beispiel Organhandel, 2000.

Peters, Hans: Die freie Entfaltung der Persönlichkeit als Verfassungsziel, in: FS für Rudolf Laun, 1953, S. 669 ff.

Pfeiffer, Alexandra: Die Regelung der Lebendorganspende im Transplantationsgesetz, 2004.

Pieroth, Bodo/Schlink, Bernhard: Grundrechte Staatsrecht II, 23. Aufl. 2007.

Radtke, Henning: Die Dogmatik der Brandstiftungsdelikte: zugleich ein Beitrag zur Lehre von den gemeingefährlichen Delikten, 1997.

Reus, Katharina: Transplantation von Organen und Geweben lebender Spender – Zwischen staatlicher Bevormundung und angemessenem Spenderschutz, KliFoRe 2007, Heft 5, S. 136 ff.

Ried, Jens: Lebendorganspende und Selbstbestimmung. Anthropologische, ethische und rechtliche Überlegungen zum Zusammenhang von Würde und Freiheit, in: Taupitz, Jochen (Hrsg.), Kommerzialisierung des menschlichen Körpers, 2007, S. 185 ff.

Rieger, Hans-Jürgen: Verantwortlichkeit des Arztes und des Pflegepersonals bei der Dialysebehandlung, NJW 1979, S. 582 ff.

Rönnau, Thomas: Willensmängel bei der Einwilligung im Strafrecht, 2001.

Roßhirt Conrad Franz: Entwicklung der Grundsätze des Strafrechts nach den Quellen des gemeinen deutschen Rechts, 1828.

Roxin, Claus: Sinn und Grenzen staatlichen Strafens, JuS 1966, S. 377 ff.

Roxin, Claus: Verwerflichkeit und Sittenwidrigkeit als unrechtsbegründende Merkmale im Strafrecht, JuS 1964, S. 373 ff. (Roxin, Jus 1964).

Roxin, Claus: Das strafrechtliche Unrecht im Spannungsfeld von Rechtsgüterschutz und individueller Freiheit, ZStW 116 (2004), S. 929.

Roxin, Claus: Strafrecht Allgemeiner Teil, Band I, Grundlagen – der Aufbau der Verbrechenslehre, 4. Aufl. 2006.

Roxin, Claus/Schroth, Ulrich: Handbuch des Medizinstrafrechts, 3. Aufl., 2007.

Rudolphi, Hans-Joachim: Die verschiedenen Aspekte des Rechtsgutsbegriffs, in: FS für Honig, S. 152.

Rudolphi, Hans-Joachim (Hrsg.): Systematischer Kommentar zum Strafgesetzbuch, Loseblattsammlung.

Rudolphi, Hans-Joachim: Literaturbericht Strafrecht – Allgemeiner Teil, ZStW 86 (1974), S. 68 ff.

Rudolphi, Hans-Joachim: Der Zweck staatlichen Strafrechts und die strafrechtlichen Zurechnungsformen, in: Schünemann, Bernd (Hrsg.), Grundfragen des modernen Strafrechtssystems, 1984, S. 69 ff.

Rudolphi, Hans-Joachim: Rechtfertigungsgründe im Strafrecht, in GS für Armin Kaufmann, 1989, S. 371 ff.

Rudolphi, Hans-Joachim: Anmerkung zum Urteil des AG Tiergarten, Beschl. v. 2.3.1990 – (255a) 52 Js 889/89 (143/89), NStZ 1991, S. 237 ff.

Rüping, Hinrich: Der Schutz der Pietät, GA 1977, S. 299 ff.

Sachs, Michael (Hrsg.): Grundgesetz Kommentar, 4. Aufl. 2007.

Sack, Rolf: Das Anstandsgefühl aller billig und gerecht Denkenden und die Moral als Bestimmungsfaktor der guten Sitten, NJW 1985, S. 761 ff.

Sasse, Ralf: Zivil- und strafrechtliche Aspekte der Veräußerung von Organen Verstorbener und Lebender, 1996.

Sax, Walter: Tatbestand und Rechtsgutsverletzung (I), JZ 1976, S. 10 ff.

Schmidhäuser, Eberhard: Strafrecht, Allgemeiner Teil: Studienbuch, 2. Aufl. 1984.

Schmidhäuser, Eberhard: Der Unrechtstatbestand, in: FS für Karl Engisch, 1969, S. 433 ff.

Schmitz, Martin: Die Funktion des Begriffs Unglücksfall bei der unterlassenen Hilfeleistung unter Berücksichtigung spezieller inhaltlicher Problemfelder: ein Beitrag zum personalen Verhaltensunrecht und zum Erfolgssachverhalt des § 323 c StGB, 2006.

Schnapp, Friedrich E.: Wie macht man richtigen Gebrauch von seiner Freiheit?, NJW 1998, S. 960 ff.

Schneider, Ingrid: Ein Markt für Organe? Die Debatte um ökonomische Anreize zur Organspende, in: Oduncu, Fuat S./Schroth, Ulrich/Vossenkuhl, Wilhelm (Hrsg.), Transplantation: Organgewinnung und -allokation, 2003, S. 189 ff.

Schneider, Ingrid: Die Nicht-Kommerzialisierung des Organtransfers als Gebot einer Global Public Policy: Normative Prinzipien und gesellschaftspolitische Begründungen, in: Taupitz, Jochen (Hrsg.), Kommerzialisierung des menschlichen Körpers, 2007, S. 109 ff.

Schöner-Seifert, Bettina: Kommerzialisierung des menschlichen Körpers: Nutzen, Folgeschäden und ethische Bewertungen, in: Taupitz, Jochen (Hrsg.), Kommerzialisierung des menschlichen Körpers, 2007, S. 37 ff.

Schönke, Adolf/Schröder, Horst: Strafgesetzbuch, Kommentar, 27. Aufl. 2006.

Schreiber, Hans-Ludwig: Wann darf ein Organ entnommen werden? – Recht und Ethik der Transplantation –, in: FS für Erich Steffen, 1995, S. 451 ff.

Schroeder, Friedrich-Christian: Gegen die Spendenlösung bei der Organgabe, ZRP 1997, S. 265 ff.

Schroth, Ulrich: Die strafrechtlichen Tatbestände des Transplantationsgesetzes, JZ 1997, S. 1149 ff.

Schroth, Ulrich: Das Organhandelsverbot, in: FS für Claus Roxin, 2001, S. 869 ff.

Schroth, Ulrich/König, Peter/Gutmann, Thomas/Oduncu, Fuat: Transplantationsgesetz Kommentar, 2005.

Schünemann, Bernd: Moderne Tendenzen in der Dogmatik der Fahrlässigkeits- und Gefährdungsdelikte, JA 1975, S. 435 ff.

Schünemann, Bernd: Strafrechtsdogmatik als Wissenschaft, in: FS für Claus Roxin, 2001, S. 1 ff.

Schünemann, Bernd: Ein Gespenst geht um in Europa – Brüsseler „Strafrechtspflege" intra muros –, GA 2002, S. 201 ff.

Schünemann, Bernd: Das Rechtsgüterschutzprinzip als Fluchtpunkt der verfassungsrechtlichen Grenzen der Straftatbestände und ihrer Interpretation, in: Hefendehl/von Hirsch/Wohlers, Die Rechtsgutstheorie – Legitimationsbasis des Strafrechts oder dogmatisches Glasperlenspiel, 2003, S. 133 ff.

Schutzeichel, Corinna Iris: Geschenk oder Ware? Das begehrte Gut Organ. Nierentransplantation in einem hoch regulierten Markt, 2002.

Schwabe, Jürgen: Rechtsprobleme des „Lügendetektors", NJW 1979, S. 576 ff.

Schwabe, Jürgen: Der Schutz des Menschen vor sich selbst, JZ 1998, S. 66 ff.

Schwinge, Erich: Teleologische Begriffsbildung im Strafrecht, 1930.

Schwinge, Erich/Zimmerl, Leopold: Wesensschau und konkretes Ordnungsdenken im Strafrecht, 1937.

Seher, Gerhard: Prinzipiengestützte Strafnormlegitimation und der Rechtsgutsbegriff, in: Hefendehl/von Hirsch/Wohlers, Die Rechtsgutstheorie – Legitimationsbasis des Strafrechts oder dogmatisches Glasperlenspiel, 2003, S. 39 ff.

Seibel, Karin: Zum Begriff des Tabus, 1990.

Sina, Peter: Die Dogmengeschichte des strafrechtlichen Begriffs „Rechtsgut", 1962.

Skinner, Burrhus F.: Jenseits von Freiheit und Würde, 1973.

Stächelin, Gregor: Strafgesetzgebung und Verfassungsstaat: normative und empirische materielle und prozedurale Aspekte der Legitimation unter Berücksichtigung neuerer Strafgesetzgebungspraxis, 1998.

Starck, Christian: Menschenwürde als Verfassungsgarantie im modernen Staat, JZ 1981, S. 457 ff.

Stein, Ulrich: Die strafrechtliche Beteiligungsformenlehre, 1988.

Stein, Ekkehart/Götz, Frank: Staatsrecht, 20. Aufl. 2007.

Stern, Klaus: Das Staatsrecht der Bundesrepublik Deutschland, Band III/1, Allgemeine Lehren der Grundrechte, 1988.

Stern, Klaus: Das Staatsrecht der Bundesrepublik Deutschland, Band IV/1, Die einzelnen Grundrechte, 2006.

Sternberg-Lieben, Detlev: Strafrechtlicher Schutz der toten Leibesfrucht (§ 168 StGB n. F.), NJW 1987, S. 2062 f.

Sternberg-Lieben, Detlev: Die objektiven Schranken der Einwilligung im Strafrecht, 1997.

Sternberg-Lieben, Detlev: Strafbare Körperverletzung bei einverständlichem Verabreichen illegaler Betäubungsmittel – BGH, NJW 2004, 1054, JuS 2004, S. 954 ff.

Stratenwerth, Günter: Zukunftssicherung mit den Mitteln des Strafrechts?, ZStW 105 (1993), S. 679 ff.

Stratenwerth, Günter: Zum Begriff des „Rechtsgutes", in: FS für Theodor Lenckner, 1998, S. 377 ff.

Stratenwerth, Günter: Strafrecht, Allgemeiner Teil, 4. Aufl. 2000.

Taupitz, Jochen: Das Verbot der Kommerzialisierung des menschlichen Körpers und seiner Teile: Lässt es sich rational begründen? – Zugleich Einführung in das Tagungsthema, in: Taupitz, Jochen (Hrsg.), Kommerzialisierung des menschlichen Körpers, 2007, S. 1 ff.

Tröndle, Herbert/Fischer, Thomas: Strafgesetzbuch und Nebengesetze, 55. Aufl. 2008.

Van den Daele, Wolfgang: Gewinnverbot: Die ambivalente Verteidigung einer Kultur als Gabe, in: Taupitz, Jochen (Hrsg.), Kommerzialisierung des menschlichen Körpers, 2007, S. 128 ff.

Verrel, Torsten: Selbstbestimmungsrecht contra Lebensschutz, JZ 1996, S. 224 ff.

Vitzthum, Wolfgang Graf: Die Menschenwürde als Verfassungsbegriff, JZ 1985, S. 201 ff.

Walter, Stefan: Die Pflichten des Geschäftsherren im Strafrecht, 2000.

Wassermann, Rudolf (Gesamthrsg.): Kommentar zum Strafgesetzbuch, Reihe Alternativkommentare, Band 1, §§ 1–21, 1990.

Weigend, Thomas: Über die Begründung der Straflosigkeit bei Einwilligung des Betroffenen, ZStW 98 (1986), S. 44 ff.

Welzel, Hans: Der allgemeine Teil des deutschen Strafrechts in seinen Grundzügen, 3. Aufl. 1944.

Wessels, Johannes/Beulke, Werner: Strafrecht, Allgemeiner Teil: die Straftat und ihr Aufbau, 38. Aufl. 2008.

Wessels, Johannes/Hillenkamp, Thomas: Strafrecht Besonderer Teil 2 Straftaten gegen Vermögenswerte, 31. Aufl., 2008.

Wohlers, Wolfgang: Deliktstypen des Präventionsstrafrechts – zur Dogmatik „moderner" Gefährdungsdelikte, 2000.

Wohlers, Wolfgang: Rechtsgutstheorie und Deliktsstruktur, GA 2002, S. 15 ff.

Wolter, Jürgen/Freund, Georg (Hrsg.): Straftat, Strafzumessung und Strafprozeß im gesamten Strafrechtssystem, 1996.

Zech, Eva: Kommerzialisierung in der Transplantationsmedizin: Welcher Eigennutz steht dem Spender zu?, in: Taupitz, Jochen (Hrsg.), Kommerzialisierung des menschlichen Körpers, 2007, S. 325 ff.

Zeitverlag Gerd Bucerius GmbH & Co. KG: Die Zeit, Das Lexikon in 20 Bänden, 2005.

Ziegler, Josef Georg: Organverpflanzung – medizinische, rechtliche und ethische Probleme, 1. Aufl. 1977.

Zieschang, Frank: Die Gefährdungsdelikte, 1998.

Zillgens, Barbara: Die strafrechtlichen Grenzen der Lebendorganspende: Betrachtungen de lege lata und de lege ferenda, 2004.

Zipf, Heinz: Kriminalpolitik: Ein Lehrbuch, 2. Aufl. 1980.

Zippelius, Reinhold: Juristische Methodenlehre, 10. Aufl. 2006.

Zippelius, Reinhold: Die Rechtswidrigkeit von Handlung und Erfolg, AcP 157, S. 390 ff.

Die Reihe RECHT UND MEDIZIN wird von den Professoren Deutsch (Göttingen), Kern (Leipzig), Laufs (Heidelberg), Lilie (Halle a.d. Saale), Schreiber (Göttingen) und Spickhoff (Regensburg) herausgegeben. Ihre Aufgabe ist es, Monographien und Dissertationen auf dem Gebiet des medizinischen Rechts zu veröffentlichen. Dieses Gebiet, das an Bedeutung noch zunehmen wird, umfaßt auf der juristischen Seite sowohl zivilrechtliche als auch straf- und öffentlich-rechtliche Fragestellungen. Die Fragen können von der juristischen oder von der medizinischen Seite aus untersucht werden. Übergreifendes Ziel ist es, den medizinrechtlichen Fragen nicht etwa ein gängiges juristisches Denkschema überzuwerfen, sondern die besonderen Probleme der Regelung medizinischer Sachverhalte eigenständig aufzufassen und darzustellen.

Manuskriptzusendungen an die Herausgeber bitte per Brief- bzw. Paketpost. Die Adressen der Herausgeber sind:

Prof. Dr. Dr. h.c. Erwin Deutsch (Zivilrecht und Rechtsvergleichung)
Höltystraße 8
37085 Göttingen

Prof. Dr. Bernd-Rüdiger Kern (Rechtsgeschichte und Arztrecht)
Universität Leipzig
Juristenfakultät / Lehrstuhl für Bürgerliches Recht, Rechtsgeschichte
und Arztrecht
Burgstraße 27
04109 Leipzig

Prof. Dr. Dr. h.c. Adolf Laufs (Zivilrecht, Medizinrecht und Rechtsgeschichte)
Kohlackerweg 12
69151 Neckargemünd

Prof. Dr. Hans Lilie (Strafrecht, Strafprozessrecht und Medizinrecht;
federführender Reihenherausgeber)
Martin-Luther-Universität Halle-Wittenberg
Juristische Fakultät: Strafrecht
Universitätsplatz 6
06108 Halle a.d. Saale
hans.lilie@jura.uni-halle.de

Prof. Dr. Dr. h.c. Hans-Ludwig Schreiber (Strafrecht und Rechtstheorie)
Grazer Str. 14
30519 Hannover

Prof. Dr. Andreas Spickhoff (Zivil- und Zivilprozessrecht, Internationales und
Vergleichendes Medizinrecht)
Universität Regensburg
Juristische Fakultät
Universitätsstraße 31
93053 Regensburg

RECHT UND MEDIZIN

www.peterlang.de

Printed by
CPI books GmbH, Leck

Zeitfracht Medien GmbH
Ferdinand-Jühlke-Straße 7
99095 Erfurt, Deutschland
produktsicherheit@kolibri360.de